나는 펜션 창업으로
억대 연봉 사장이 되었다

펜션 사업자가 알아야 할 100가지 질문과 답

나는
펜션 창업으로
억대 연봉
사장이
되었다

김성택 지음

한국경제신문*i*

안전하고 성공적인
펜션 사업을 하기 위한 지침서!

이 책은 지난 10여 년 동안 김성택 작가가 운영하고 있는 네이버 카페 〈대박 펜션의 비밀〉(펜션 사업 관련 카페)에 올라온 수많은 질문 중 가장 많이 받은 질문과 가장 중요하다고 생각하는 질문을 기반으로 엮은 책이다.

책에서 소개하는 〈펜션 창업 계획〉, 〈펜션 운영 방법〉, 그리고 〈펜션 관리 방법〉까지를 모두 이해하고 펜션 사업을 시작한다면 누구나 안전한 펜션 사업을 시작할 수 있으리라고 생각된다.

나는 지난 10여 년간 펜션 사업에 대한 컨설팅을 해오며, 많은 예비 창업자와 펜션 업주들을 만났다. 그들을 만날 때마다 매번 느꼈지만 많은 이들이 생각보다 펜션 사업에 대한 정보 없이 이 사업에 뛰어들고 있다는 걸 알게 됐다. 자신의 전 재산을 걸고 이 사업에 뛰어든 사람들이라고 믿기 힘들 만큼 펜션을 하기 좋은 부지, 소비자들에게 주목받는 건축물이 어떻게 생겼는지조차도 모르는 사람들이 태반이었다. 이뿐만

이 아니라 펜션 사업에 전반적인 정보에 밝지 않은 상태에서 많은 돈을 쓸 준비만 돼있는 듯 했다. 내 눈에 그들은 부족한 정보를 기반으로 위험한 도박을 하는 것처럼 보였다. 실제로 내가 펜션 컨설팅을 한 분들 중 몇몇은 내 앞에 마주앉아 자신의 과오 때문에 후회하며 눈물을 흘리는 분도 있었다.

그들에게는 정보가 필요하다. 이미 펜션 사업은 레드오션이라는 말까지 나올 정도로 많이 만들어지고 있는데 이 사업에 대한 정보는 턱없이 부족한 상황이다. 예비 펜션 사장들이 펜션 사업에 대해 배울 수 있는 곳은 많지 않고 이에 관련한 책도 내가 집필한 몇 권의 펜션 사업 관련 책 외에는 전무하다고 할 수 있다. 물론 그동안에 숙박업에 관한 책이 없었던 것은 아니다. 하지만 대부분 희망적인 이야기만 가득한 자기계발서에 가까운 책이 전부였다. 그래서 나는 좀 더 솔직하고 현실적인 내용을 이 책에 담기로 했다.

펜션 창업 예정자가 가장 궁금해하고 필요한 정보.

펜션과 무관한 직업을 갖고 있던 사람은 펜션 사업에 관한 법령이나 건축, 광고 마케팅에 관한 전문 용어는 생소하게 들린다. 예를 들어 인터넷에 '건축법'이라고 검색하면 매우 상세하게 소개된 글을 많이 발견할 수 있다. 하지만 이 분야를 처음 접한 이들은 소개된 단어의 뜻을 정확히 이해하지 못하는 경우가 많다. 하지만 이제 이 책을 통해서 펜션 사업을 운영해야만 알 수 있는 전문용어나 생소한 사례들을 쉽게 이해할 수 있게 될 것이다.

그동안 나는 연령대, 지식수준, 지역 등 계층이 다양한 수많은 펜션 창업 예정자들을 만나 컨설팅을 하며 이야기를 나눴다. 그들은 각자의 전문 분야가 있었고 각자가 생각하는 틀이 달랐기 때문에 다양성을 갖고 있는 그들과 소통을 원활하게 하기 위해서는 눈높이를 맞춘 대화를 해야 했다. 이 책도 역시 독자들의 눈높이를 맞추기 위해 노력해서 집필했다.

펜션 사업을 시작하는 대부분의 예비 사장들은 자신의 꿈을 이루기 위해서 펜션을 시작한다. 여유로운 시간을 갖는 꿈을 꿀 수도 있고 더 건강한 삶이 목적이 되는 것이 꿈이 될 수도 있다. 하지만 무엇보다 가장 중요한 것은 풍요로운 삶을 유지하도록 하는 수익이다. 많은 창업 예정자들에게 수익에 대해서 물어보면 그들은 큰 욕심은 갖지 않고 그저 부부가 소소하게 먹고살 정도로 벌면 그걸로 만족한다는 답을 한다. 하지만 애석하게도 부부가 먹고살 만큼 소소한 수익을 벌어들이는 펜션은 전국에 절반도 안 된다. 본전은커녕 마이너스가 되는 경우 또한 많다. 그렇기 때문에 펜션은 수익성을 염두에 두고 창업을 하지 않으면 안 된다. 각각의 펜션은 창업자의 의도에 따라 지역, 규모, 투자금, 운영 방법 등 여러 형태로 나뉜다. 이 책이 모든 펜션 창업자에게 해당하는 교과서는 될 수는 없겠지만 적어도 중소형 펜션을 운영하려는 독자들에게는 충분한 지식을 전달하는 책이 될 수 있으리라 생각된다.

이제 이 책에서 펜션 창업에 대한 답을 찾길 바란다.

김성택

| 차례 |

펜션 운영

펜션 관리

PART

01

펜션 창업 계획

펜션 사업의 영업 방법은 사실 매우 단순하다. 고객에게 '숙소와 편의 시설을 제공'하고 이익을 얻는 것이다. 이처럼 누구나 할 수 있는 쉬운 사업 구조 때문에 많은 예비 창업자들이 펜션 사업에 뛰어들고 있지만 펜션 사업을 하기 위한 법령은 이해가 어려운 부분이 꽤 많다. 오랜 시간을 펜션 사업이 아닌 다른 직종의 일을 해오던 사람들에게 펜션 사업 기획, 토지, 건축, 허가에 관련 법령에 대한 이해는 낮을 수밖에 없다. 직접 펜션 사업을 해보지 않고서는 이해기 어려운 부분이 분명히 있다. 하지만 병을 고치기 위해 의사가 될 필요가 없듯 펜션 사업에 관한 모든 법령을 이해할 필요는 없다. 사업에 필요한 계약이나 건축 법령 등은 펜션 사업을 위해 일을 맡긴 곳(부동산 중개업자, 건축회사)에서 많은 부분을 처리해주기 때문이다. 하지만 구체적으로 사업 계획을 세우고 안전하게 사업을 시작하기 위해서 펜션 사업자가 꼭 알아야 할 부분은 있다. 펜션은 사업 초기 잘못된 방향으로 나아가게 되면 개인사업자가 감당하기 힘든 큰 비용이 새어나갈 수도 있게 된다. 내가 지난 15년 동안 만난 펜션 사업자 중 일부는 너무나도 기본적인 것들을 이해하지 못해서 땅을 매입한 후에 펜션 사업을 접는 이들도 있었고, 건물을 짓는 중에 펜션 사업을 접는 이들도 있었다. 그리고 펜션이 다 완성된 후에

도 마치 도둑질을 하듯 숨죽이며 불법 영업을 했던 펜션도 수두룩했다. 그리고 여건에 맞게 창업했다고 해도 여러 가지 이유로 펜션을 운영한 지 얼마 되지 않아 심각한 영업 위기를 맞은 펜션들도 많았다. 펜션 사업에 대한 기본을 숙지하지 못하고 성급하게 창업을 했기 때문에 안 좋은 결과를 만들게 된 것이다.

그들은 펜션 창업에 수억 원에서 수십억 원을 투자하면서 왜 그렇게 성급하게 창업을 할까?

이 답을 얻기 위해 한참 동안 고민을 해본 적이 있다. 여러 가지 이유가 있겠지만 앞서 이야기한대로 펜션 사업의 구조가 매우 간단하기 때문이라고 생각한다. 얼핏 보면 누구나 할 수 있는 사업으로 보이기 때문에 사업 시작도 쉽다고 생각한다. 웃는 얼굴로 손님을 맞이하고, 객실을 내어주고, 손님이 나간 후 청소하면 되는 간단한 일처럼 보인다. 하지만 이 사업은 절대로 그렇지 않다.

내 오랜 경험으로 볼 때, 창업 직후부터 승승장구하며 1년 이내에 지역을 대표하는 펜션으로 거듭난 펜션들을 보면 우연히 유명해진 펜션들은 없었다. 10여 년 전에는 그런 우연도 가끔은 있었지만 현재 그런 일은 좀처럼 일어나지 않는다. 전국 3만여 개 펜션 중에 내 펜션이 우연히 소비자들을 사로잡는 펜션이 될 확률은 너무나도 낮다. 창업 직후부터 승승장구한 펜션들은 그만큼 고민하고 철저하게 준비해서 창업한 펜션들이다.

펜션 사업에 실력이 있는 사람들은 펜션 성공 확률을 3만대 1에서 3

천대 1로 바꿀 수 있고, 펜션 사업에 더 탁월한 전문가들은 펜션 성공 확률을 3천대 1에서 3백대 1로 바꿀 수 있을 것이다. 실패 확률을 줄이고 성공 확률을 높이는 방법을 철저히 연구하고 시작해야 한다.

이제 펜션 사업을 위해 기본적으로 알아야 할 관련 법령을 간단히 알아보고 펜션 사업을 잘 하기 위한 방법을 소개해보려고 한다.

1

펜션 사업이란
무엇인가요?

 펜션 사업은 사업자를 내지 않고도 할 수 있는 사업이라고 생각하는 사람들도 꽤 많다. 펜션 사업은 손님들에게 숙박과 취사시설 그리고 즐길 거리를 제공해 '수익을 얻는 사업'이다. 그러므로 어떠한 형태로든 '사업 수익'이 발생되면 세금을 내야 하고 프리랜서가 아니라면 사업자를 내야 한다. 즉, '민박사업자는 세금을 내지 않아도 된다'는 말은 잘못된 정보다.

 농어촌민박업으로 등록된 '민박집'도 펜션이라는 개념상의 용어를 사용할 수 있다. 그리고 작은 주택으로 펜션을 운영하는 사업자 중 매우 낮은 수익을 버는 경우에만 '비과세'에 해당한다. 즉, 농어촌민박업자도 비과세를 인정하는 범위 이상의 수익이 발생한다면 당연히 세금을 내야만 한다. 그리고 '작은 규모의 펜션들은 사업신고를 하지 않고 운영할 수도 있지 않느냐?'고 말하는 이들도 있지만 이는 잘못된 생각이다. 작은 펜션의 경우 즉, 건물이 230㎡ 내의 「농어촌정비법」을 따르는 경우에는 숙박업이 아닌 농어촌민박업으로 운영할 수 있다. 아마도 농어촌민박업은 「공중위생관리법」 법령의 영향을 받지 않는다는 것을 사업

신고를 하지 않아도 된다고 오해한 것이 아닐까 생각된다. 민박업의 법령은 숙박업의 법령에 비해서 훨씬 덜 까다롭다. 농어촌민박업 등록이 간소화된 이유는 농어촌의 소득 증대를 위함이기 때문이다. 하지만 최근 몇 년 동안 간소한 신고로 운영이 가능한 농어촌민박업의 이점을 이용해 외지인들이 큰 규모로 투자한 펜션이 전국 곳곳에 많이 만들어지고 있다. 이에 각 기관에서는 좀 더 까다롭고 정확한 기준을 내세워 민박 또는 숙박업이 가능하도록 대책을 마련하고 있다. 개인적으로는 숙박업과 민박업을 하기 위한 규제가 까다로워지는 것은 바람직하지 못하다고 생각한다. 지금 도시와 시골의 거주자 수의 차이와 소득 양극화 현상을 보면 시골에서 농사를 짓는 일 외에 숙박업과 관광업으로 여행자들을(외지인) 끌어들이고 지역 내에서 소비를 하도록 만드는 일은 지역 발전에 분명히 도움이 된다고 생각하기 때문이다. 하지만 앞으로 펜션 사업을 위한 조건은 더욱 까다롭고 강화될 것으로 예상된다.

2

펜션 창업 비용은
얼마나 드나요?

펜션 창업을 하는 방법은 신축, 매수, 임차 등 여러 가지 형태가 있기 때문에 딱 잘라 얼마가 드는지 말하기 어렵다. 그래서 지금까지 내가 지켜봐왔던 펜션들의 평균치에 해당하는 창업 비용을 설명해보려고 한다.

임차

가장 쉽게 창업할 수 있는 방법은 임차다. 말 그대로 임대로 나온 펜션 건물을 임차해서 운영하는 방식인데, 펜션의 위치와 규모, 전년 대비 매출에 따라 임차 비용이 달라진다. 최근에는 전세 펜션은 사라지는 추세이며, 월세보다는 연세로 받는 펜션이 늘어났다. 객실 수가 10개 정도의 오래되고 규모가 꽤 큰 펜션의 연세는 보통 2천만 원대 중반부터 3천만 원대 초중반 정도가 되고, 커플 펜션으로 운영해도 될 만큼 화려하고 멋진 펜션들은 4천만 원대 이상부터 1억 원 정도까지 다양하다. 하지만 아쉽게도 화려한 풀빌라처럼 커플 여행자들에게 충분히 어필할 만한 펜션들은 아직까지 좋은 임차 가격으로 나온 곳들이 많지 않고 대부분은 연식이 오래된 평범한 1세대 펜션들이 임대 매물로 많이 나와 있는 상태다. 최근에 만들어진 화려한 펜션들은 영업이 할 만하기 때문이다. 그래서 임차를 해서 펜션을 운영하려는 사람들은 대부분 영업실적이 좋지 않은 오래되고, 평범한 펜션 그리고 객실 수가 넉넉한 펜션을 선택할 확률이 매우 높다. 다만 이런 펜션을 임차하기 전에 평범함 속에서 완벽한 컨셉을 만들 수 있는 펜션인지 아닌지를 파악하고 결정해야 한다.

낡은 것과 빈티지한 것과는 큰 차이가 있다. 펜션을 임차하려는 사업자는 낡았지만 오래된 멋을 살려낼 수 있는 펜션인지 아닌지를 파악할 수 있는 안목을 가져야 한다.

매수

기존에 운영되던 펜션을 매수하는 방법도 있다. 기존 펜션을 매수하려는 분들과 상담을 하다 보면 많은 이들이 이처럼 답한다.

"펜션 부지를 사들여서 허가받고 고생 고생하면서 건축하고 오픈하는 과정이 힘들 거 같아서 그냥 기존 펜션을 사려고 합니다. 그다음 리모델링하죠, 뭐."

이와 같은 마음으로 신축이 아니라 매수를 하는 분들도 많은데 신축을 해서 허가를 받는 과정은 생각보다 복잡하지 않다. 만약 기존 펜션을 인수한다면 과하게 높은 가격의 펜션은 가급적 피하는 것이 좋다. 그리고 객실이 10개도 안 되는 1세대 펜션을 10억 원이 넘는 돈으로 인수하는 분들도 있는데 그들이 인수한 펜션을 보면 하나같이 땅은 꽤 넓지만 수익형으로는 너무나도 부족한 펜션을 인수하는 경우가 많았다. 이미 매물로 나온 펜션은 대부분 장사가 되지 않기 때문에 시장에 나온 펜션이다. 그런 펜션을 과한 투자금으로 인수할 필요는 없다. 매물로 나온 펜션들은 큰 리스크를 안고 있는 경우가 많다. 지역 땅값이 제각기달라 정의를 내리긴 어렵지만 10억 원 정도의 투자금이라면 적당한 지역에 땅을 사고 10개 정도의 객실을 모두 풀빌라로 만들 수도 있을 만한 돈이다(실제로 작년에 필자가 컨설팅한 펜션은 8억 원의 예산으로 땅부터 최고급 풀빌라까지 풀세팅을 한 곳이 3곳이나 된다). 그러니 매수를 할 만한 펜션이 나타났다면 펜션을 그대로 받아서 운영할 생각을 하지 말아야 한다. 다시 완벽하게 리모델링을 하고 이름도 바꾸고 완전히 새롭게 시작해야 하기 때문에 가급적 낮은 금액으로 책정된 매물을 먼저 보는 것이 좋다. 높게 책정된 펜션 매물들은 대부분 메리트가 없다. 그러니 매도자가 말하는 펜션의 고정 고객 수나 이전의 매출 따위는 신경을 쓸 필요가 없다. 그저 땅과 건물의 골조만 사들인다고 생각하는 것이 편하다. 어차피 매수한 펜션을 다른 펜션으로 만들기 위한 작업을 해야 하기 때문이다. 그리고 또 하나 잘못 생각하는 것이 있는데 바로 전년 대비 매출을 보고 매수 결정을 하는 것이다. 전 사장이 잘 운영하던 펜션을 그대로 넘겨받아서 운영하면 잘될 거라고 생각하는데 실상은 그렇지 않다. 펜션은 결국 인터넷에서 성패가 결정되기 때문에 인터넷을 이용한 연출 능력이 없는 사람이 펜션을 매수했다면, 아무리 멋진 펜션을 인수했다고 해도 안 좋은 결과가 만들어질 수도 있다.

펜션 매수 금액은 지역에 따라 편차가 꽤 커서 정의를 하긴 어렵다. 하지만 대략적인 매수 비용을 생각한다면, 객실 10개 정도의 펜션은 보통 6억 원 이상 10억 원 미만인 경우가 가장 많다. 물론 그 이하의 펜션도 있지만 그 이하의 펜션은 지금까지 내 경험상 좋은 펜션은 많지 않았다. 그리고 10억 원 이상의 경우도 그만큼의 가치가 있는 펜션을 본 일이 많지 않다.

건축

마지막으로 펜션을 건축해서 시작하는 방법이다. 사실 이 방법이 가장 바람직하다. 건축 설계 당시부터 현 시점에서 가장 인기가 있을 법한 스타일로 건축을 하고 거기에 건축주가 생각한 방향으로 꾸미며 창업하는 방식이다. 앞서 두 가지 창업 방법보다 당연히 성공 확률이 더 높다. 하지만 땅을 매입하고 건축을 하는 데 큰 부담을 느끼는 사람들이 적지 않다. 개인이 건물을 짓는다는 것은 평생에 한두 번 정도다. 건축업자가 아닌 이상 일반적인 사람들이 평생에 2개 이상의 건축을 하

● 전형적인 1세대 펜션들이 매매로 많이 나와 있다

는 경우는 드물다. 결국 이미 만들어진 펜션들도 누군가 일생에 한번 만들어 본 건축물이다. 큰 부담을 갖지 말고 하나씩 하나씩 완성하다 보면 크게 어려운 문제가 아니란 걸 알 수 있다.

3
펜션 사업의
전망은 밝은가요?

성의 없는 답처럼 들릴 수도 있겠지만, 펜션 사업을 아는 사람에겐 전망이 밝은 사업이고 모르는 사람에겐 밝지 않은 사업이 될 수 있다. 펜션이 분명 과열경쟁에 돌입한 것은 맞다. 하지만 우리나라에서 과열 경쟁이 아닌 사업이 과연 몇이나 될까? 그럼 펜션이 아닌 음식점은 어떨까? 과연 펜션보다 할 만할까? 서울 홍대 인근에서 음식점을 창업한다고 가정하자. 과연 파격적이고 톡톡 튀는 영업 전략을 구사하는 젊은 장사꾼들을 이길 자신은 있는가? 미안하지만 좀 더 냉정하게 말하자면, 평생 직장생활만 하다가 나이가 들어 시골로 내려가 펜션 사업을 2~3년 정도 한 연세가 좀 지긋한 사장들과 경쟁하는 것이 더 쉬울 수도 있다. 요즘 펜션 사장들의 나이가 젊어지는 추세이기는 하지만 아직까지 펜션 사업은 연세가 어느 정도 있는 분들이 많이 시작한다.

그럼 펜션 사업은 어떻게 운영해야 밝은 전망의 사업이 될 수 있을까? 펜션은 음식장사처럼 미묘한 서비스의 차이로 매출이 크게 갈리는 사업이 아니다. 펜션 상품은 1회성이기 때문이다. 펜션 상품은 소비자들이 펜션 객실을 자주 구입하면서 상품의 가치를 철저하게 분석할 수 있는 상품이 아니다. 펜션 사업은 여행업에 속한다. 대부분의 여행자들은 한번 가봤던 여행지를 다시 가기보다는 새로운 여행지를 찾기 때문에 결국 펜션은 재구매율이 매우 떨어지는 상품이라고 할 수 있다. 그렇기 때문에 펜션 상품 자체를 잘 가꿔 관리하는 사람 보다 펜션을 잘 포장해서 인터넷에 보여주는 영업방식을 잘 사용하는 사장들이 높은 매출을 만들어낼 수 있다. 바꿔 말하면 음식장사의 경우에는 대부분 단골이 있고 단골들로 인해 고정 매출이 쌓이게 된다. 음식 맛은 그저 그런데 전단지나 현수막만 멋지게 만들어서 광고한다고 해서 장사가 잘 되는 것은 아니다. 음식점은 음식 자체의 만족도가 높아야만 살아남을 수 있다. 물론 펜션도 상품 자체가 좋아야겠지만 음식점만큼은 아니다. 즉, 펜션은 음식점 운영하듯 장사하면 안 된다.

펜션은 비슷한 조건일 때 누가, 어떻게 운영하느냐에 따라 매출의 편차가 너무나도 크게 난다. 필자도 펜션을 직접 운영하는데, 이전에 태안의 M펜션을 운영할 때에는 연 평균 3억 원 이상의 매출을 만들었다. 사실 그 펜션은 내가 운영하기 전에는 연 1억 원도 만들지 못 하는 펜션이었다. 성공적으로 태안의 펜션을 운영하다 지금은 강원도 양양의 1세대 펜션을 운영하기 시작했고 이제 막 4개월 정도 지났다. 전년과 동일한 기간 동안 올린 매출을 비교해보니 딱 3배 정도가 됐다. 아직은 오픈 후 영업 정상화를 위해 노력하는 시점이지만 이대로 큰 변수 없이 성수기 시즌까지 보낸다면 이 펜션도 전년보다 약 2배에 가까운 매출을 만들 것이다. 같은 건물이지만 매출의 차이는 충분히 2배 이상 날 수도 있는 것이다(인수 직후 꼭 필요한 레노베이션은 마쳤다). 물론 잘 되지 않던 펜션을 인수 후 높은 매출을 만들기 위해서는 최선을 다해야 한다. 펜션 사업에 전문가인 나 역시도 새로운 펜션을 인수 후 운영을 시작하면, 펜션이 자리를 잡기 전까지는 밤낮없이 최선을 다한다.

분명한건 유유자적 전원생활에 목적을 두고 펜션 사업을 시작한다면 분명히 실패할 확률이 매우 크다. 결국 독하게 펜션을 운영하는 경쟁자들에게 먹혀버리는 형국이 될 수밖에 없다. 하지만 펜션 사업을 이해하고 무엇을 얼마나 노력해야 하는지 정확히 알고 시작한다면 성공적인 운영도 가능하다. 이 사업은 과열경쟁이 붙은 상태지만 아직까지는 할 만하다고 말할 수 있다.

● 펜션 창업 전 컨설팅을 받는 단양 펜션 덕담 사장님 부부

여름 성수기에
정말 1년 치 생활비를
벌 수 있나요?

여름 한 철만 보고 펜션 사업을 하겠다고 하는 이들도 있다. 과연 여름 한 철 장사로 1년 치 먹고살 수익을 만들 수 있을까? 결론부터 말하자면, 쉽지는 않지만 가능하다. 하지만 다음과 같은 조건이 있어야 여름철 대박을 칠 수 있다. 여름 한 철로 높은 매출을 올리기 위해서는 한정된 여름휴가 기간 약 20~25일 동안 많은 모객을 해야 하기 때문에 객실 수가 많아야 한다. 당연히 객실이 많으면 한정된 시간에 많이 채울 수 있다. 그래서 혹자는 '객실 수가 적더라도 객실 수준을 높이고 더 비싼 요금을 받으면 되는 것 아니냐?'라고 반문을 하기도 한다. 예를 들어 20만 원짜리 방 10개를 판매하나 40만 원짜리 방 5개를 판매하나 같은 것 아니냐고 말한다. 맞는 말이다. 하지만 여름 성수기는 다르다. 20만 원짜리 방을 30만원 또는 40만원으로 올려 받을 수는 있지만, 원래 가격 40만 원짜리 방을 성수기라는 이유로 60만원이나 80만원을 받기 힘들기 때문이다. 당연히 객실료를 과하게 높인다면 가격 경쟁력과 예약률은 현저히 떨어지게 된다.

평소 20만 원이던 객실을 성수기 요금 30만 원으로 만들고 10개 객실을 팔면 하루 300만 원의 이익이 생긴다. 반면에 40만 원에 판매하던 객실을 60만 원이나 80만 원으로 올리기는 힘들다. 준성수기 기간에도 평소보다 객실 가격을 올릴 수 있는데 요즘 같은 때에 30% 이상 인상은 무리다. 가격 경쟁력이 매우 떨어지기 때문이다.

단체여행이 아닌 이상 소규모의 한 가족(2~4인)이 하룻밤에 쓸 수 있는 최대치는 내 경험상 50만 원이 넘지 않는 것이 좋다. 원래 40만 원이던 객실을 60만 원까지 올리기 힘들기 때문에 50만 원 정도까지 올린다면 하루 250만 원의 수익이 발생한다. 전자의 많은 객실을 보유한 펜션이 하루에 50만 원을 더 번다. 10일이면 500만 원이고 한 달이면 1,500만 원을 더 번다. 프러포즈나 큰 이벤트를 해야 할 커플 여행자들의 경우 무리한 객실료를 지불해서라도 멋진 이벤트를 만들려고 하겠지만 일반적으로 한 가족이 하루 숙박료로 50만 원 이상을 쓴다는 건 쉽지 않다. 이유는 더 좋은 대체상품이 있기 때문이다. 3박을 하면 150만 원인데 이 비용은 사실 해외여행을 할 수도 있는 비용이다. 요즘 필리핀 세부 여행이나 방콕 파타야 여행 요금이 1인 50만 원도 안 하는 상품이 수두룩하다. 비행기도 타고 좋은 호텔에 먹여주고 태워주고 관광지 다 보여주고 3박 5일 동안 1인 5~60만원이면 충분하다. 즉, 너무나도 높은 펜션 객실료는 소비자의 환심을 사지 못 한다.

또 다른 조건은 객실의 크기다. 성수기 기간에 요금을 높이 올릴 만큼 기준 인원을 높게 설정할 수 있는 객실이어야 성수기 요금을 높게 받을 수 있다. 아무리 예뻐도 좁은 원룸과 같은 방은 성수기 매출을 키우기가 힘들다. 그리고 여름철 비싼 성수기 요금을 지불하고도 해당 펜션에 꼭 놀러가야만 하는 명분이 확실한 컨셉을 소비자들에게 잘 전달할 수 있는 펜션이어야 한다. 그런 매력적인 컨셉을 잘 만들어서 광고 한다면 소비자는 자신의 휴가 일정을 조정해서라도 해당 펜션에 예약 하려 할 것이다. 실제로 이런 상황이 매년 만들어지는 펜션들이 있다. 잘 된다는 펜션들은 일반적인 펜션들에 비해서 10일에서 20일 이상 여름철 만실을 채우기도 한다. 보통 펜션들의 여름 성수기 만실 기간이 20~25일이 채 안 되는 데에 반해 필자가 컨설팅을 했던 정선의 도원 펜션은 여름 성수기 기간 경쟁 펜션에 비해 두 배의 매출을 올린 적이 있었다. 여름철 약 70일가량 만실을 채운 것이다.

평일 객실료가 10만 원, 주말에 15만 원 정도 되는 펜션은 여름 성수기 기간 보통 25~30만 원 정도의 객실료를 받는다. 1박 객실료를 25만 원이라고 가정하고 객실이 10개가 있다고 가정하면 하루 250만 원의 수익이 발생된다. 그리고 한 달이면 7,500만 원의 수익이 발생된다. 취소나 하루 이틀 공실이 발생된다고 가정해도 약 7,000만 원 가까운 매출을 한 달 성수기 기간에 만들어낼 수 있다. 물론 바빠진 기간만큼 아르바이트 비용 등 운영비가 더 늘겠지만 여름 한 철 장사만 잘해도 그럭저럭 1년 생활비를 충분히 만들어낼 수도 있다. 여름 성수기를 어떻게 보내느냐에 따라 가을 비수기와 겨울을 어떻게 보낼지가 결정된다. 여름 성수기에 최대의 매출을 만들어 놓아야 비수기 기간 레노베이션과 광고 예산을 만들어 공급보다 수요가 턱없이 부족한 겨울 시즌에 넉넉한 운영자금으로 든든하게 버틸 수 있게 된다.

5

소형 대박 펜션들의
수익은 얼마나
되나요?

"선생님께서 처음부터 컨설팅을 한 펜션 중에 대박 펜션들이 있죠? 그분들은 도대체 얼마나 버나요?" 이처럼 막연한 호기심에 소형 대박 펜션의 수익을 묻는 창업 예정자들이 꽤 많이 있다. 아마 불안함 때문일 것이다. 객실을 5~6개 정도밖에 만들지 못하는 작은 땅에 농어촌 민박사업자로 작게 펜션을 시작하려는 분들이 염려스러운 마음에 이와 같은 질문을 많이 했다. 자신과 비슷한 상황의 펜션 사장들이 얼마나 버는지 한번 가늠해보고 싶은 마음은 충분히 이해가 간다. 앞서 펜션 창업 시 객실이 8~10개 정도는 돼야 수익을 만들기 유리하다고 설명했다. 하지만 예외도 있다. 예전에 내가 컨설팅을 했던 제주의 K 펜션은 일반적이지 않은 상태로 펜션 사업을 시작하게 됐다. 제주 서귀포 인근에 규모가 꽤 큰 고급 빌라를 두 채 분양을 받아 이를 사업신고를 한 후 펜션으로 운영하고 있다. 단 두 채밖에 없기 때문에 큰 수익을 만들기엔 무리가 있었다. 그래서 나는 제주 K 펜션 사장에게 펜션의 수준을 최대로 끌어올려 객실료를 35만 원 이상으로 받아야 한다고 조언했다. 만약 조금이라도 평범한 모습이 만들어져서 객실료가 25만 원

아래로 내려간다면 이 사업은 안 하는 것이 낫다고 말했다. 결국 K펜션 사장은 객실에 많은 투자를 해서 수준을 높이게 됐다. 현재 K 펜션 객실료는 35~45만 원으로 요일에 따라 다르며 평균 객실료는 40만 원 정도다. 한 개 동은 3개 층으로 나뉘어져있으며 3개의 방을 통째로 이용하기 때문에 객실료는 높아질 수밖에 없다. 가족 여행자들이 이용해도 충분하고 프러포즈나 생일 파티 등의 이벤트를 즐겨도 좋을 만큼 럭셔리한 객실 모습이다. 그리고 제주도 여행을 하는 사람들의 경우 제주도에서 1박 이상을 하는 경우도 많기 때문에 연박에 대한 혜택도 주고 자주 이벤트를 노출시켜 2박 이상의 투숙객을 많이 모객했다.

얼마 전 펜션 사장과 이야기를 나누며 펜션의 매출에 대해서 듣게 됐는데, K 펜션은 비수기 한 달 반 동안 약 1,000만 원 정도의 매출을 냈다고 한다. K 펜션의 사장은 건물이 만들어지는 시점부터 '어떻게 영업을 해야 더 좋은 매출을 낼 것인가'에 대한 고민을 하며 철저하게 분석하고 준비했다. 건물이 완성되기 전부터 객실료를 미리 정했고 그에 맞는 수준의 객실로 꾸몄고 광고한 결과다. 분명히 일반적인 결과는 아니지만 적은 수의 객실로도 충분히 좋은 매출을 낼 수도 있다.

일반적인 민박사업자로 등록해서 운영하는 사례 중 더 좋은 사례를 꼽자면 거제도 P 펜션이 좋은 예가 될 수 있다.

거제도의 P 펜션은 여름철 만실률이 경쟁업체들에 비해 크게 늘어나 약 40일 동안에 160개의 객실을 높은 성수기 요금으로 판매한 적도 있다. 거제도 P 펜션은 여름 성수기 기간 평균 객실료가 약 40만 원이다. 40만 원짜리 방을 160번 판매했으니 수익은 6,400만 원 정도가 된 것이다. 거제 P 펜션은 비수기에도 평균 30만 원짜리 방을 80개를 판매하고 있다. 비수기 기간의 수익임에도 2,400만 원의 수익을 만들고 있는 샘이다.

며칠 전 거제도 P펜션 사장은 나와 술 한 잔 하고 싶다며 거제도에서 인천 부평까지 나를 찾아와 오랜만에 마주 앉아 이야기를 나누게 됐다. 소주 한 잔 하면서 지난해 영업이 얼마나 잘됐는지를 여쭤봤다. 한참을 우물쭈물 하던 그는 더 열심히 해야 한다고 말을 꺼내더니 이처럼 답했다.

"작년 한 해 동안 객실 여섯 개로 3억을 했습니다. 3억에서 조금 못 미치죠. 올해는 그것보다 50%나 100% 더 잘해야겠다고 생각하지는 않습니다. 객실 수가 한계가 있으니까요. 그저 2~3천만 원 정도만 더 들어왔으면 좋겠습니다. 펜션이라는 게 고정비용이 별로 안 들어가니 2억 이상의 순이익은 제 가족이 충분히 쓰고도 남습니다."

객실 6개로 만든 매출이라고는 믿을 수 없을 만큼 대단한 성과를 얻게 된 것이다. 물론 앞서 설명한 예는 일반적이지는 않을 수 있다. 이 두 펜션의 사장은 펜션 창업에 대한 구상을 하기 시작한 직후 필자에게 펜션 창업 및 광고 등의 컨설팅을 받으며 매우 전략적으로 기획하고 실행했던 펜션 사장들이다. 처음부터 커플 펜션으로 컨셉을 결정하고 그에 맞는 건축을 시작했고 그에 맞는 홈페이지가 제작됐으며, 그에 맞는 광고와 홍보 방법이 사용됐다. 그렇기 때문에 최대치 매출을 만들 수 있었던 것이다. 하지만 일반적으로 5개 객실을 갖고 있는 소형 펜션일 경우 연 5,000만 원도 벌지 못하는 펜션들이 수두룩하다.

많은 펜션 창업자들이 본인이 구상한 대로 펜션을 만들어 놓고 낭패를 보는 경우가 많다. 펜션 사장 본인이 아무리 젊고 뛰어난 감각을 갖고 있더라도 고객층을 확실히 파악하지 못 한다면 엉성한 펜션이 만들어지게 된다. 창업 초기 사장 스스로는 매우 만족스러운 펜션이 될 수 있으나 1년이 지나고 2년이 지난 후에 뒤늦게 깨닫고 재투자를 하는 경우가 허다하다.

많은 펜션 예비 창업자들은 펜션을 멋지게 건축하고, 준공허가를 받고 그리고 사업자등록을 한다. 그리곤 나에게 이렇게 질문한다. "이제 오픈을 하기 위한 준비는 다 끝난 거 같은데요. 객실료는 얼마를 받으면 되죠?" 이런 식의 사업 기획은 매우 좋지 않다. 작은 펜션이든 큰 펜션이든 수익에 대한 목표를 먼저 명확히 만들어 놓고 그에 맞는 형태로 건축하고 운영해야 한다. 첫 삽을 뜨기 전에 1박에 얼마짜리 객실을 만들 깃인지를 꼼꼼히 확인하고 그런 건축을 할 수 있는 사람을 만나야 하며, 소비자로 하여금 합당한 객실료로 보이도록 잘 포장해서 노출하는 방법을 알아야 한다.

● 속초 설레다 펜션 시찰 중인 김성택 작가

6

펜션 혼자
운영할 수
있을까요?

나는 인기 있는 프로그램인 〈나는 자연인이다〉라는 프로그램을 자주 보는 편인데, 사실 그 프로그램을 보면 나도 이젠 치열한 삶보다는 조용하고 여유로운 삶을 살고 싶다는 생각을 할 때가 자주 있다. 아마 나뿐만이 아니라 은퇴를 결심한 중년의 남자 대부분 이와 같은 생각을 하고 있는 듯하다. 경치 좋은 산속에 멋진 집을 만들어 놓고 혼자 살 수는 있다. 하지만 여행자들을 상대해야 한다면 이야기가 달라진다.

"펜션을 혼자 운영할 수 있을까요?" 최근에 이런 질문을 참 많이 받았다. 아내와 자식들은 모두 도시에 머물고 아빠 혼자 시골에 들어가 주말에만 작은 펜션을 운영하며 노후를 준비하며 약간의 수익을 얻으면 좋겠다고 생각하는 것이다. 물론 몇몇 펜션들은 이처럼 혼자 운영을 하면서 잘되는 곳들이 있다. 양양 초록수채화 펜션, 단양 가고픈흙집, 서천 반하다 펜션 등이 그러하다. 하지만 펜션의 규모가 매우 작은 경우에만 가능하다. 객실 수가 적다면 혼자 상담 전화도 받고, 오고 가는 손님들을 챙기고, 시간 여유가 생기면 홍보작업도 하고 펜션의 관리도 할 수 있다. 하지만 주말의 경우엔 다르다. 객실 수가 5개만 넘어가면 최소 2인 이상이 관리를 해야 한다. 가장 기본적인 청소만 해도 그렇다. 주말에는 거의 비슷한 시간에 투숙객이 들어오기 때문에 손님 응대와 관리가 힘들어질 수도 있다. 그리고 퇴실과 입실이 거의 동시에 이뤄질 때에는 한두 시간 내에 5~6개의 객실을 모두 청소하며 여러 가지 일을 봐야 할 때도 있다. 물론 바쁘겠지만 다 해낼 수도 있을 것이다. 하지만 이 과정에서 손님들을 밖에서 기다리게 하거나 펜션을 찾아온 손님들을 제대로 응대하지 못하고 허둥지둥 거리는 모습을 보여준다면 결국 좋은 평은 듣기 힘들어진다.

혼자 다 해결하기는 쉽지 않다. 그래서 작은 펜션을 운영할 때 최소의 인원은 2인 이상이 운영하는 것이 좋다. 이 인원도 주말이나 성수기에 들어서면 부족할 수 있다. 그러니 일요일 모든 투숙객이 퇴실한 후에는 아르바이트를 한 명 이상 두는 것이 좋고 성수기 기간에는 한 달 정도 지속적으로 아르바이트를 둬야 한다. 많은 펜션 사장들이 공감하겠지만 아르바이트와 호흡을 맞추지 못한 경우에는 그들의 일하는 속도가 마음에 들지 않을 수 있다. 객실 하나 청소하는데 펜션 사장보다 훨씬 더 늦다고 불만족스러울 수도 있으며, 청소를 꼼꼼하게 하지 않는 것 같아 불만을 가질 수도 있다. 그래서 펜션을 시작할 때부터 펜션의 일을 전담해서 봐줄 사람을 구해두고 손발을 맞춰놓아야 한다. 그리고 청소나 어떤 일들이 마무리가 된 후에는 항상 사장이 직접 체크해봐야 한다.

7

민박업, 일반 펜션,
관광 펜션, 휴양 펜션은
어떻게 구분하는 건가요?

펜션은 여러 형태로 나뉘는데 「농어촌정비법」의 법령을 따른 '농어촌
민박업'이 있고 「공중위생관리법」에 따른 '일반 펜션'과 「관광진흥법」에
따른 '관광 펜션' 그리고 「제주특별자치도 설치 및 국제자유도시 조성을
위한 특별법」에 따른 '휴양펜션'이 있다. 하지만 이 모든 펜션들은 대부
분 숙박업의 근거 하에 나뉘게 된다. 그리고 230제곱미터 이상의 건물
로 운영되는 대부분의 숙박업소는 「공중위생관리법」의 법령을 따른다.

'펜션'이란 일반적으로 농어촌에서 운영되는 소규모 숙박시설을 일컫
는 용어로 법령상의 용어가 아니다. 우리가 알고 있는 대부분의 펜션은
일반 펜션의 유형에 속하는데 이는 '농어촌민박업 시설'과 '일반 숙박업
소'로 나뉜다. 규모가 작은 농어촌민박업 230제곱미터 이내의 시설은
'농어촌민박업자'로 영업신고를 해야 하고 「농어촌정비법」의 법령에 근
거한다. 그리고 규모가 큰 '일반 숙박시설'은 '숙박업'으로 신고해서 영
업을 해야 하며 「공중위생관리법」의 법령에 근거한다. 하지만 펜션 규
모나 숙박업, 민박업에 상관없이 펜션이란 이름으로 운영되고 있다. 다

시 말하지만 펜션은 법령상의 용어가 아니라 개념상의 용어이기 때문이다.

「농어촌정비법」을 따른 펜션(민박)

농어촌민박업은 농어촌지역과 준농어촌지역의 주민이 거주하고 있는 건축법 시행령에 따른 단독주택과 다가구주택을 이용해서 농어촌 소득을 늘릴 목적으로 숙박, 취사시설 등을 제공하는 사업을 말한다. 다시 말해 농어촌에 위치한 하나의 작은 주택을 이용해 손님에게 방을 내어주는 사업이다.

농어촌민박업을 하려면 「농어촌정비법」에 따른 까다롭지 않은 몇 가지 요건을 충족해야 한다.

민박업 충족요건

1. 주택 연면적이 230제곱미터 미만일 것(단, 「문화재보호법」 제2조2항에 따른 지정문화재로 지정된 주택의 경우에는 규모의 제한을 두지 않음)
2. 「소방시설 설치, 유지 및 안전관리에 관한 법률 시행령」 제3조에 따른 수동식 소화기를 1조 이상 구비하고, 객실마다 단독 경보형 감지기를 설치할 것(단, 객실 내 스프링클러설비 등 단독 경보형 감지기를 대체할 시설이 설치된 경우는 제외)

앞서 소개한 대로 사업자격은 농어촌지역의 주민이어야 한다. 건물의 용도는 단독주택이어야 하며, 수동식 소화기가 비치돼야 한다(스프링클러 설치 시 제외). 그리고 소득세는 과세 대상이다. 다만, 연 1,800만 원 이하의 매출일 경우에는 소득세가 비과세가 된다.

관광 펜션

일반 펜션과 같이 숙박업신고 또는 민박사업자 신고 후 관광펜션으로 지정될 수 있다. 그리고 규모가 큰 펜션들은 「공중위생관리법과 관광진흥법」 법령을 따라야 하며, 규모가 작다면 「농어촌정비법과 관광진흥법」의 법령을 따라야 한다.

숙박업은 손님이 자고 머물 수 있도록 시설 및 설비 등의 시설을 제공하는 영업을 말한다.(「공중위생관리법」 제2조 제1항 제2호) 대부분의 일반 펜션들이 공중위생관리법에 따른 숙박업이다. 하지만 공중위생관리법에 의한 펜션에서 제외되는 펜션들이 있는데 「농어촌정비법」에 따른 숙박업의 경우가 그렇다. 쉽게 말해 규모가 작은 민박, 펜션이 이에 적용된다. 「농어촌정비법」에 적용되는 작은 규모의 민박사업자(펜션) 외에도 「공중위생관리법」에서 제외가 되는 숙박업이 있는데 자연휴양림에 설치된 시설들과 청소년 수련시설, 외국인 관광 도시민박업 시설(북촌의 게스트하우스 등) 등이 있다. 그리고 「농어촌정비법」에 적용되는 규모가 작은 민박(펜션)도 「관광진흥법」에서 규정하는 요건을 갖춘다면 관광펜션으로 지정받을 수도 있다.

이 책은 펜션에 관한 이야기를 담고 있으니 청소년 수련 시설이나 외국인 대상 게스트하우스에 관련한 내용은 논외로 하고, 우리가 관심을 갖아야 할 형태인 관광 펜션에 대해서 좀 더 알아보도록 한다.

펜션 사업자 중 관광 펜션으로 숙박업을 시작하려고 노력하는 경우가 있다. 관광 펜션으로 지정이 되면 펜션 운영에 도움이 되는 제도를 통해 몇 가지 지원을 받을 수가 있기 때문이다. 관광 펜션으로 지정이 되면 건축 시 또는 시설의 개보수 자금의 지원을 받을 수 있다. 하지만 모든 펜션이 관광 펜션으로 등록 가능한 것은 아니다. 관광 펜션업은 그에 걸맞은 시설을 갖춰야 한다(「관광진흥법」과 「관광진흥법」 시행규칙).

관광 펜션을 하기 위한 법령을 확인해보면 다음과 같다.

1. 자연 및 주변 환경과 조화를 이루는 3층 이하의 건축물일 것
2. 객실이 30실 이하일 것
3. 취사 및 숙박에 필요한 설비를 갖출 것
4. 바비큐장, 캠프파이어장 등 주인의 환대가 가능한 1종류 이상의 이용시설을 갖추고 있을 것. 단, 관광 펜션이 수 개의 건물 동으로 이뤄진 경우에는 그 시설을 공동으로 설치할 수 있음
5. 숙박시설 및 이용시설에 대해 외국어 안내 표기를 할 것

휴양 펜션

휴양 펜션은 휴양 펜션업으로 등록하며 「제주특별자치도 설치, 국제자유도시 조성을 위한 특별법」에 근거한다.

간혹 관광펜션과 휴양펜션의 개념을 이해하지 못해 질문을 하는 경우가 있다. 하지만 이는 꽤 많은 차이를 두고 있다. 「관광진흥법」은 「제주도특별자치도 설치 및 국제자유도시 조성을 위한 특별법」의 적용을 받는 지역에는 적용되지 않는다. 즉, 휴양 펜션은 제주도특별자치도 관할 구역 내에서 규정을 하며, 「제주특별자치도 설치 및 국제자유도시

조성을 위한 특별법」을 따른 펜션이라 할 수 있다.

휴양 펜션도 일반적인 펜션의 영업과 규정은 비슷하다. 하지만 몇 가지 요건을 충족해야만 가능하다.

휴양 펜션의 요건은 다음과 같다.

1. 휴양 펜션업 시설의 건물 층수가 3층 이하일 것

2. 객실 수가 10실 이하일 것

3. 객실은 숙박과 취사에 적합한 거실, 현관(출입구), 욕실, 화장실 및 취사시설을 갖출 것. 단, 1개 객실에 출입구는 현관 1개소로 해야 함

4. 객실 면적은 25제곱미터 이상 100제곱미터 이하일 것

5. 지목 여하에 불구하고 체험농장으로 사용할 330제곱미터 이상의 토지 또는 목장으로 사용할 1만 제곱미터 이상의 토지를 확보해서 자연체험을 할 수 있도록 할 것

6. 휴양 펜션업 시설부지 안에 어린이놀이터, 간이골프연습장, 게이트볼장, 풀장, 바비큐장, 그밖에 제주 고유의 전통문화를 주제로 한 체험시설 등 이용시설 중 2종 이상을 갖춰야 하며, 시설부지 또는 시설부지 경계선과 연접해서 체험 농장을 갖출 것

7. 숙박시설 및 이용시설에 대해 외국어 안내표기를 할 것

까다롭지는 않지만 관광 펜션과 휴양 펜션은 몇몇 시설을 충족시켜야 한다. 하지만 최근 만들어지는 펜션들을 보면 수영장, 캠프파이어, 연회실 등 다양한 시설들이 만들어지고 있다. 일반적으로 규모가 조금 큰 펜션 사업장에 해당하는 펜션 형태라고 볼 수 있다.

8

농어촌민박업을 했던 주택도 양도소득세를 내야 하나요? 오랫동안 지낸 내 집인데요?

우리가 일반적으로 알고 있는 작은 규모의 농어촌민박업은 집주인이 거주하는 집의 한 편에 있는 빈방을 여행자에게 내주는 방식으로 수익을 내는 것을 기본으로 하는 업이다. 물론 민박업도 시장, 군수, 구청장의 승인하에 영업신고증을 받아야 한다. 살고 있는 건물(집)로 민박사업을 시작하기는 매우 쉽다. 하지만 꼭 알아야 할 것이 있다. 바로 펜션(민박) 거래 시 세금이다.

얼마 전 나의 독자 중 답답한 마음을 하소연하는 분이 나에게 다음과 같은 메일을 보낸 일이 있다. 그리고 나에게 이메일을 보낸 그분은 혹시라도 모르는 사람들을 위해 세금에 관한 부분을 다음 책이나 나의 칼럼에 꼭 실어달라고 부탁했다.

✉ 이메일 내용

안녕하세요. 저는 선생님의 책과 칼럼을 꾸준하게 구독하고 있는 독자 중 한 명입니다.

민박사업자 양도소득세에 대해서 너무 궁금합니다. 어디 하소연을 할 곳도 없고요. 그래서 선생님께 메일을 보내어 자문을 구해봅니다.

농어촌민박 등록하고 세무서에 사업자등록 하면 이런 경우가 생기는 건가요?

일반 숙박업이 아닌 농어촌민박은 농가의 소득증대를 목적으로 법(농촌진흥법?)에 의해 장려하고 있습니다.

저는 건물 36평 1동, 25평 1동으로 펜션업을 1년 7개월가량 했는데, 소득이 적어서 폐업하고, 약 6개월 후 민박건물과 대지를 팔았는데 양도소득세를 몇 천만 원 내라고 하니, 날벼락 맞은 것 같고 속은 것 같아, 너무 억울합니다.

주변에 빈 방들로 농어촌민박 등록을 했던 많은 주민들이 이와 같은 상황이라면…….

농어촌 소득증대가 목적이 아니라 농어촌지역 조세수입 목적의 법안이었다는 생각밖에 들지 않네요. 너무 화가 나고 억울하단 생각입니다.

단 1개월이라도 민박 사업자등록을 하고 영업하다 폐업해도, 영업용으로 사용한 건물로 간주돼, 단독주택인 민박용 건물 1개만 소유한 1가구 1주택이라도, 양도소득세를 몇 천만 원씩 내야 합니다. 세상에… 저는 지금 완전 패닉 상태입니다. 다음 책이나 선생님의 칼럼에 제 사례도 소개해주셔서 다른 분들은 저처럼 억울한 상황을 맞지 않도록 해주세요.

긴 글 읽어주셔서 감사합니다.

이 메일은 얼마 전 답답한 마음에 나에게 메일을 보내어 자문을 받았던 분의 메일 내용이다. 메일을 받아보고 전화 통화도 했지만 이미 결정된 상황에서 내가 도움을 드릴 것은 아무것도 없었다. 이처럼 수익을 크게 올리지도 못하고 사업했다가 양도소득세를 크게 내야 하는 경우도 생길 수 있으니 이러한 기본적인 부분은 꼭 사업 시작 전 체크해봐야 한다. 펜션 양도소득세 계산 시 중요하게 작용하는 것은 건물이 주택용도인지 사업용 숙박 용역을 제공하는 건물인지를 판단하는 기준이다.

예를 들어 4동의 건물이 있는데 그중 한 동은 집주인이 사용하고 나머지 세 동은 숙박사업용으로 사용한다면 나머지 세 동은 주택에 포함되지 않는다. 그리고 다른 형태로 1층과 2층은 숙박용으로 사용하고 3층은 집주인이 거주할 경우는 실 주택 면적을 봐야 한다. 만약 주택 면적이 주택 외 면적(사업용 숙박 공간)보다 넓다면 건물 건체를 주택으로 보며, 주택 면적이 주택 외 면적보다 작다면 실 주거를 하는 부분만 주택으로 보고 양도소득세를 계산한다.

펜션은 어떤 법령을
따라 신고하고
운영해야 하나요?

오늘 전화 상담을 신청한 예비 펜션 사장이 나에게 사업신고에 대한 질문을 해왔다.

"저희는 숙박업으로 사업신고를 할 수 없는 지역이라서 그런지 주변 펜션들은 사업신고를 하지 않고 운영한다고 하던데요?"

"사업신고를 하지 않으면 안 되죠. 그런 지역이라면 농어촌민박업으로 내고 사업하면 되잖아요?"

"안 돼요. 안 돼. 우리 집은 연면적이 230제곱미터가 넘어서 민박업으로 신고도 안 된대요. 숙박업으로 하려면 스프링클러하고 방염작업도 해야 한다던데요. 시간도 오래 걸릴 것 같기도 해서 옆집들처럼 사업신고 안 하고 운영하면 어떨까 하고요."

"그렇게 운영하면 모두 불법입니다. 그렇게 운영할 수도 있겠지만 운영하는 동안 신고라도 들어오면 더 큰 불이익이 생기니 법 테두리 안에서 오픈하세요."

"그럼 제가 사업자가 하나가 있는데 그 사업자번호를 이용해서 등록하면 안 되나요?"

"편법이죠. 등록은 가능하나 정상적인 민박업이나 숙박업으로 등록하지 않는다면 포털 광고를 할 때 광고 승인을 해주지 않아요. 창업 시작 단계부터 불법으로 해야 하고 광고도 불리한 상황에서 펜션을 창업해야 한다면 저는 말리고 싶네요. 그러니 절차대로 시작하세요."

아직도 이와 같은 질문을 하는 사람들이 꽤 많다.

오래전 민박과 펜션에 대한 개념이 없었을 때에는 주먹구구식으로 운영되는 곳들이 참 많았다. 하지만 이제는 펜션 사업에 대한 기준이 점차 까다로워지고 있으니 정확한 절차와 법령에 따라 사업을 해야 한다. 이런 절차를 따르지 않고 사업을 시작했다가 낭패를 본 펜션들을 너무나도 많이 봤기 때문이다.

펜션 사업을 하려면 시장, 군수, 구청장에게 공중위생영업 신고를 하고, 영업신고증을 받아야 한다. 규모가 작은 펜션(민박)은 「공중위생관리법」이 아닌 「농어촌정비법」에 따라 농어촌민박업자 신고를 해야 한다. 그리고 신고를 위해 몇 가지 관련 서류를 시, 군, 구청에 제출해야 한다.

 **숙박업 신고를 위한 제출 서류**

1. 숙박업신고서(전자문서로 된 것을 포함)
2. 영업시설 및 설비개요서
3. 교육필증(위생 교육을 받은 경우 제출)

영업신고증 발급

위의 관련 서류를 제출하면 시장, 군수, 구청장에게 영업신고증을 즉시 발급받을 수 있다. 단, 해당 영업소의 시설과 설비에 대해 확인이 필요한 경우에는 영업신고증을 발급한 날부터 15일 이내에 내용 준수 확인을 하게 된다.

공중위생영업 변경신고

영업소의 상호, 영업소재지 그리고 신고된 영업장 면적의 3분의 1 이상 증감이 있는 경우에는 공중위생영업 변경신고를 해야 한다.

공중위생영업 변경신고를 위해 필요한 서류는 다음과 같다.

1. 영업신고사항 변경신고서(전자문서로 된 것을 포함)

2. 영업신고증

3. 변경 사항을 증명하는 서류

펜션을 운영하다 보면 조금씩 증축을 하는 경우도 있다. 대부분 신고되지 않은 불법 건축물일 경우가 많다. 건축 외에도 변경사항에 대해서 대충 넘어가려는 펜션 사업자들도 종종 있는데 이를 위반하게 되면 위반에 대한 제재가 따르게 된다.

변경 관련 신고를 하지 않고 운영 중에 적발 시 시정명령 또는 영업정지명령이 나올 수 있으며 최악의 상황에는 폐쇄 명령을 받을 수도 있다. 그리고 6개월 이하의 징역 또는 500만 원 이하의 벌금에 처할 수 있다. 단, 영업정지처분이 고객에게 불이익을 주거나 공익을 해칠 우려가 있을 경우 영업정지 처분 대신 3,000만 원 이하의 과징금 처분을 받게 될 수도 있다. 이런 경우까지 오게 되면 처벌받고 재오픈을 하는 경우가 대부분이지만, 만약 폐쇄 명령을 받고도 영업을 지속하면 관계 공무원에게 아래와 같은 제재를 받게 된다.

1. 해당 영업소의 간판 및 영업표지물 제거
2. 해당 영업소가 위법한 영업소임을 알리는 게시물 부착
3. 영업을 위해 필수불가결한 기구 및 시설물 봉인

영업정지 명령 또는 폐쇄 명령을 받고도 기간 내 영업을 하게 된다면 1년 이하의 징역 또는 1,000만 원 이하의 벌금에 처해진다.

10
농어촌민박업은 사업자등록증 없이 영업할 수 있나요?

민박업은 작은 규모의 사업이니 사업자등록증 없이 운영이 가능한지를 묻는 사람들이 꽤 많다.

"선생님, 저희도 사업자등록을 해야 하나요?"

"네, 물론이죠. 민박사업도 사업이니 당연히 사업등록을 해야죠."

"아, 그런가요? 저희 옆집은 사업자등록을 하지 않고 영업을 한다고 하던데요. 그래서 저희도 사업등록을 하지 않고 펜션을 하려고 했었는데… 그냥 운영하면 안 될까요?"

"안 됩니다. 운 좋게 몇 달 동안 몰래 운영할 수는 있겠죠. 하지만 누군가 신고라도 하거나 공무원에게 적발이라도 당한다면 꽤 큰 불이익을 당할 수 있습니다. 그러니 법적 테두리 안에서 제대로 펜션을 오픈하세요."

이는 잘못된 상식이다. 펜션 사업자는 앞서 설명한 「공중위생영업」으로 신고하는 것 외에 꼭 「부가가치세법」에 의한 사업자등록을 하고, 사업자등록증을 받아야 한다.

「부가가치세법」에 의하면 민박 사업자는 사업자에 해당하기 때문에 사업장 세무서장에게 「부가가치세법」에 따른 사업자등록을 해야 한다. (「부가가치세법」 제8조 제1항 및 제2항)

펜션 사업자가 사업자등록을 하지 않을 경우 관할 세무서장이 조사 후 사업자등록을 시킬 수도 있다.

신청기한 내에 사업자등록 신청을 하지 않으면 납부세액에 사업 개시일부터 사업자등록 신청을 한 날의 직전일까지 공급가액 합계액에 1%를 곱한 금액을 더해 부과된다. (「부가가치세법」 제60조 제1항 제1호)

11

간이과세자와 일반과세자의 차이는 무엇인가요?

사업등록시 간이과세자 또는 일반과세자로 등록해야 한다. 보통 펜션을 처음 시작할 때 절세에 대한 부분을 생각해 간이과세자로 등록을 하지만 결국 펜션의 연간 매출액이 4,800만 원이 넘는 경우가 대부분이기 때문에 곧 일반과세자로 전환이 된다.

매우 작은 민박 수준의 펜션을 운영하는 분들이 아닌 경우를 제외하고는 대부분 일반과세자라고 보면 된다.

간이과세자와 일반과세자의 구분은 다음과 같다.

● **간이과세자** : 연 매출액이 4,800만 원 이하이거나 이하로 될 것이라고 예상되는 사업자인 경우 간이과세자로 등록할 수 있다. 간이과세자는 매입세액의 20~40%만 공제받을 수 있고 세금계산서를 발행할 수 없다. 그렇기 때문에 기업을 상대하는 단체 펜션을 운영한다면 일반과세자로 운영하는 것이 좀 더 영업에 유리해진다. 그리고 간이과세자는 낮은 세율이 적용되는데 업종별로 다르지만 숙박업은 2%가 적용된다.

● **일반과세자** : 연 매출액이 4,800만 원이 넘거나 넘을 것이 예상되는 경우에 등록할 수 있다. 그리고 몇몇 업종은 간이과세자로 등록이 불가능한 경우도 있기 때문에 일반과세자로만 등록해야 하는 경우도 있다. 일반과세자는 세금계산서를 발행할 수 있으며, 사업을 위해 필요한 물품 구입 시 받은 세금계산서의 부가가치세액 전액을 공제받을 수 있다. 간이과세자보다 세율이 조금 더 높은데 일반과세자는 10%의 세율이 적용된다.

창업 예정자라면 내 사업이 어떤 유형으로 그리고 어느 정도의 매출이 나올지를 대략 판단해서 사업자등록 신청을 할 수 있다.

사업자등록을 하려면 관할 세무서장에게 사업자등록신청서, 영업신고증 사본, 임대차계약서 사본(사업장을 임차한 경우)을 제출한다. 신청일로부터 3일 이내에 사업자등록증을 발급받을 수 있다.

12

사업자등록증도 있는데
통신판매업 신고는
꼭 해야 하나요?

인터넷에서 상품이 결제가 되는 방식의 영업을 하고 있다면 통신판매업 신고는 꼭 있어야 한다. 일반적으로 우리가 알고 있는 인터넷 쇼핑몰은 모두 통신판매업신고증 신고를 마친 후 운영되고 있다. 인터넷에서 상품을 소비자에게 보여주고 결제도 인터넷에서 이뤄지기 때문이다. 예전에는 통신판매업 없이 펜션 사업이 가능했다. 하지만 이제는 숙박업도 대부분 결제가 인터넷에서 이뤄지면서 자유롭게 영업을 하기 위해서는 통신판매신고증이 꼭 필요하게 됐다. 물론 펜션은 통신판매신고증이 없어도 영업은 가능하다. 하지만 통신판매신고증이 없다면 인터넷에서 결제, 광고 등을 진행할 때 제약이 따르게 된다. 통신판매업 신고는 먼저 사업자등록증을 받아 놓은 후에 신고해야 하며, 시, 군, 구청에서 신고하면 바로 통신판매업신고 번호가 나온다.

펜션 영업을 홈페이지를 통해 예약하고 결제하도록 하고 네이버 등을 통해서 결제하도록 할 계획이라면 꼭 통신판매업 신고증을 받아서 운영해야 한다.

13

커플, 가족, 단체 펜션 중
어떤 형태로 사업하는
것이 좋을까요?

지금까지 우리나라의 수많은 펜션을 시찰하고 컨설팅하면서 다양한 펜션들을 확인해봤지만 커플, 가족, 단체, 키즈펜션의 형태를 두루 갖춰 대박이 난 펜션들은 거의 볼 수 없었다. 펜션은 명확한 한 가지 형태로 운영돼야 세일즈 포인트를 한 방향으로 집중하기 더 좋다. 즉, 영업활동을 하기가 더 수월해진다. 그러므로 창업 전 펜션을 어떤 형태로 운영해야 할지 확실하게 결정해야 한다. 커플, 가족, 단체, 키즈 펜션, 애견 펜션 중에서 한 가지 컨셉을 결정했다면 입지, 건축, 광고 등 모든 사업계획을 결정된 컨셉을 노출하는 데 유리한 형태의 펜션이 될 수 있도록 집중해야 한다.

"펜션 규모는 그리 크지 않게 창업하려고 합니다. 객실은 약 10개 정도를 생각하고 있는데 4개 정도는 아담하게 만들어서 커플 객실로 만들고 또 4개 정도는 조금 넓게 해서 가족형 객실로 만들고 나머지 두 개는 크게 만들어서 단체를 받을 수 있도록 할 생각입니다."

열에 아홉은 나와 마주앉아 펜션 창업 컨설팅을 받을 때면 대부분 이처럼 이야기한다. 모객이 가능한 그룹은 2개 그룹 이상을 넘지 말아야 한다. 예를 들어 펜션을 매우 예쁘게 만들어 놓고 커플과 소규모 가족 그룹이 이용할 수 있도록 만들거나 큰 단체 펜션 형태로 만든 후에 가족 그룹도 이용할 수 있도록 만드는 것이 좋다. 커플, 가족, 단체를 모두 모객하기는 힘들다. 그러니 먼저 창업자가 어떤 형태의 펜션을 운영하고 싶은지 결정하기 위해서 각각의 펜션 형태를 분석해보며 내가 운영하고 싶은 펜션을 준비해야 한다. 커플, 가족, 단체 펜션은 큰 의미에서는 여행자들에게 객실과 취사도구를 제공해주는 서비스는 같지만 운영 및 관리 방법, 광고 방법, 부대시설 운영 등 모든 것이 다르다. 이를테면 커플 펜션은 펜션 카페나 정원 등의 공동으로 사용되는 공간에 크게 투자하지 않고 객실에 집중을 해야 한다. 커플 여행자들은 대체로 폐쇄적인 형태의 펜션을 원하기 때문이다. 그들은 둘만의 시간을 보내기 위해 펜션으로 여행을 온 것이기 때문에 입실 후부터 퇴실 때까지 방에 콕 틀어박혀서 안 나오는 경우도 있다.

가족 펜션은 객실의 수준도 높여야 하지만 그 외 아이들을 위한 편의시설을 많이 갖춰야 하고 객실 수도 늘려야 한다. 이유는 다음과 같다. 커플 여행자들은 젊다. 그리고 제대로 된 직장을 잡기 전에 아르바이트를 하는 젊은이들도 많다. 그렇기 때문에 조용한 평일에 여행을 다니려는 사람들도 꽤 많다. 하지만 가족 여행자는 아빠 또는 엄마가 일을 쉬는 날만 여행을 떠나야 한다. 그렇기 때문에 연휴나 여름휴가 그리고 주말에만 가족 여행자들을 받을 수 있게 된다. 평일에는 거의 공실이라고 가정하면 적어도 금요일과 토요일에는 집중해서 매출을 높여야 펜션이 잘 운영될 수 있게 된다. 그렇기 때문에 가족형 펜션이라면 특정

날에 높은 매출을 낼 수 있도록 판매할 객실 수가 확보돼야 한다.

단체 펜션은 당연히 규모가 크고 세미나실, 단체 연회장, 운동장 등의 부대시설을 잘 갖춰야 하며, 객실은 화려하지 않아도 되고, 깔끔하고 청결한 이미지로 만들어도 괜찮다. 이유는 단체 워크숍이나 야유회로 단체 펜션을 선택한 사람들은 객실의 화려함보다는 '얼마나 행사를 잘 진행할 수 있는 펜션인지'에 더 관심이 있기 때문이다. 그리고 단체 펜션은 바비큐나 노래방 기계 대여, 세미나실 대여 등으로 여러 시설물들을 이용한 추가 수익을 얻을 수 있다.

이 외에도 광고 방법, 손님들의 접객 방법, 업무 형태 등이 모두 다르니 펜션의 수준과 규모를 떠나 내가 원하는 형태로 펜션을 운영할 수 있는지를 파악한 후에 알맞은 형태로 창업돼야 한다. 펜션의 컨셉을 어떻게 잡을지 방향을 선정하는 것은 쉽지만 어떻게 건축되고 광고가 돼야 할지 파악하는 것은 쉽지는 않다. 이러한 펜션의 컨셉 만들기에 대해서는 이전 필자가 집필했던 《대박 펜션의 비밀》에서 상세히 알아볼 수 있다.

● 대박 펜션의 비밀

14

다른 펜션
벤치마킹,
괜찮을까요?

대부분 창업자들은 펜션 사업을 위해 전 재산을 쏟아붓는다. 그리고 전 재산을 투자한 펜션이 자신의 꿈을 이뤄주길 기대하고 있다. 그래서 그들은 나름 매우 열심히 공부하고 조사도 꾸준히 한다. 하지만 애석하게도 대부분의 창업 예정자들은 펜션 건축과 디자인에 대해 잘 모른다. '그냥 건축회사에 멋지게 만들어달라고 하면 안 될까?'라고 생각하며, 건축회사가 알아서 해줄 거라고 기대하는 이들도 있다. 하지만, 건축회사 관계자들도 펜션 디자인을 모르는 경우가 허다하다. 나는 지금까지 펜션 컨설팅 일을 15년간 해왔다. 그리고 크고 작은 건축회사들도 수없이 만나봤다. 하지만 진짜 펜션 또는 여행을 위한 숙박업소의 건축과 디자인을 이해하고 잘 만들어내는 곳은 손에 꼽을 정도로 소수만 만나볼 수 있다.

첫 단추를 잘 꿰어야 한다. 펜션 건축은 펜션 사업의 기본이고 가장 중심이 된다. 사업의 시작부터 틀어지게 되면 전 재산을 투자한 이 사업은 걷잡을 수 없이 잘못된 방향으로 갈 수 있기 때문에 기획부터 제대로 된 방향으로 가야만 한다. 다시 말하지만 펜션 사업의 가장 기본은 건축물이다.

　나와 마주 앉아 펜션 창업에 대한 계획을 이야기하는 창업 예정자 중에 좀 더 적극적인 분들은 스마트폰에 저장한 몇몇 펜션들을 나에게 보여주며 "이렇게 만들면 어떨까요? 장사가 엄청 잘 된다던데…"라고 묻는다. 멋진 펜션을 찾아보는 것도 펜션을 벤치마킹하는 방법 중 하나지만 펜션의 디자인 부분을 벤치마킹하고 싶다면 해외의 럭셔리 빌라들을 살펴보는 것이 더 유리하다. 해외의 호텔(풀빌라)은 일반적이지 않고 이색적이기 때문에 소비자들에게 좀 더 임펙트 있게 다가갈 수 있다. 필자는 지난 15년 동안 해외의 호텔과 럭셔리 풀빌라들을 시찰하며, 여행과 호텔 관련 마케팅을 해왔다. 직접 투숙해본 해외 럭셔리 호텔의 수는 200개가 넘으며 시찰 한 호텔의 수는 약 900여 개에 달한다. 하지만 아직도 그 감을 잃지 않으려고 해외 휴양지에 멋진 호텔이 만들어지거나 리노베이션을 마쳤다는 소식이 들려오면 바로 날아가 시찰을 하고 있다. 많은 경험을 쌓았음에도 이런 노력을 지속하는 이유는 최신 유행의 감을 잃지 않기 위함이다. 여행자들이 선호하는 형태의 디자인을 파악하는 것은 펜션 사업에 가장 중요한 과정이다. 바비큐를 잘하는 것보다도 객실 청소를 잘하는 것보다도 더 중요하다. 그리고 소비자가 무엇을 좋아하는지 그 감을 키운 후 펜션을 매력적으로 보이도록 연출한 후 내 펜션에 호감을 갖고 찾아오도록 해야 한다.

　10여 년 전 국내 펜션에도 럭셔리 펜션의 바람이 불었는데 국내에서 인기가 있다는 펜션들의 이미지는 대부분 해외에서 인기를 끌고 있는 멋진 호텔 디자인들이 많이 차용됐다. 해외에서 스파 빌라가 붐이 일고 국내에 그 디자인이 도입됐고, 풀빌라가 인기를 끌면서 이후 국내에도 실정에 맞는 풀빌라가 많이 만들어졌다. 오래전 해외여행이 활발하지 않던 시기에는 국내의 여행지와 숙소는 조금만 눈에 들어오면 바로 인기 있는 펜션으로 알려지기도 했다. 물론 그만큼 경쟁이 치열하지도 않았다. 하지만 현재 소비자는 해외여행의 횟수가 과거에 비해 많이 늘었다. 그리고 그들은 현재 좋은 여행상품을 매우 합리적인 가격으로 쉽게 즐기고 있다. 그만큼 소비자의 눈은 높아졌고, 다양한 상품을 접할 기회가 많아진 소비자는 더 합리적인 소비를 할 수 있는 기준을 갖게 됐다. 하지만 합리적인 소비를 하는 현재의 소비자들도 여행 중 숙박료로 과감하게 지출하는 경우가 있다. 바로 허니문이다. 허니문은 특별한 날이며, 허니문에 사용되는 객실은 그만큼 특별해야 한다. 허니문은 조금 사치스러워도 된다. 만약 내 펜션이 높은 객실료로 모객을 하길 바란다면, 또는 소비자들 사이에서 특별함이 가득한 펜션이 되길 바란다면, 허니문에 이용해도 될 만큼 멋진 객실이 만들어져야 한다. 그들의 소비

● 푸껫의 5성급 호텔 객실

를 납득시키려면 그 정도 객실은 만들어져야 한다. 그런 객실들은 여전히 해외 휴양지에 많이 몰려있다. 그렇기 때문에 펜션 사업을 준비하는 단계라면 주변에 잘나가는 펜션들을 벤치마킹할 것이 아니라 해외 휴양지의 부티크 호텔들을 벤치마킹하는 것이 특별한 펜션을 만드는 데 더욱 유리하다. 우리나라에 이미 도입돼 퍼져나간 디자인을 벤치마킹한다고 해도 잘해야 2등이다. 또는 비슷비슷한 펜션이 될 수도 있기에 해외로 눈을 돌려야 한다. 해외 호텔 시찰이 필요한 이유와 럭셔리 호텔의 디자인은 필자의 유튜브 채널 '김성택 TV'에서 확인할 수 있다.

15

객실은 과연
몇 개나
만들어야 할까요?

지금까지 내가 만나본 펜션 창업 예정자들의 수가 얼마나 될까? 하루 보통 5~6통의 상담 전화를 받고 1주일에 3번 정도는 창업 컨설팅으로 창업 예정자들을 만나니 지난 15년 동안 누적 상담자 수를 생각하면 꽤 많은 사람들과 이야기를 나눴을 것이다. 하지만 그동안 컨설팅을 받기 위해 나를 찾아오는 많은 사람들 중 확실한 펜션 컨셉을 정하고 제대로 된 사업계획을 이야기하는 사람의 수는 1%가 채 안 됐다.

대다수의 예비 펜션 사장들은 자신감과 불분명한 데이터로 만들어진 사업계획을 나에게 들이밀며 감수를 부탁한다. 하지만 이전 나의 책 《대박 펜션이 비밀》에서도 상세히 소개했듯 이 사업은 결코 쉬운 사업이 아니다. 소비자들은 초보 펜션 사장의 외도대로 움직이지 않는다. 그리고 경쟁 펜션들은 전국에 무려 3만여 개나 되기 때문에 초보 사장이 생각한 대로 짠 사업계획으로는 높은 이익을 만들기 힘들다. 나에게 보여준 대부분의 사업계획은 그저 그들의 바람일 뿐 그들이 만든 사업계획은 현실을 반영하지 못한 경우가 많았다.

자신의 펜션에 수년간 수익을 투자해오며 펜션을 업그레이드시킨 노련한 펜션 사장들도 펜션 사업이 어렵다고 한다. 이 사업으로는 결코 쉽게 돈을 벌지 못 한다.

펜션 사업계획을 할 때 기본적으로 가장 먼저 알아야 할 것이 무엇일까? 바로 수익성이다.

많은 펜션 사업자들이 펜션을 인수할 때나 땅을 매입할 때에 보통 펜션의 수익성에 대한 정보를 매도자 또는 매도 관계자(부동산 중개업자)에게 듣는다. 그리고 그 정보를 믿고 매수를 결정하고 그 정보를 바탕으로 사업계획을 짠다. 너무나도 주관적인 생각으로 만들어낸 사업계획서를 나에게 보여주며 말도 안 되는 예상 수익을 만들어낸다. 하지만 펜션의 예상 수익 계산은 해당 지역에 국한해 결정해서도 안 되며, 매도 관계자의 이야기를 반영해도 안 된다(최근에는 잘못된 결정을 하지 않도록 펜션 매수 전부터 컨설팅을 받는 분들의 수가 늘고 있다).

그렇다면 대략적인 펜션 수익은 어떻게 계산해야 할까?

"수익률이 몇 퍼센트(%)가 되니까 얼마 투자 대비 몇 퍼센트(%)의 이익이 남습니다."

"10억 원이 투자가 됐으니 손익분기점이 몇 년 안에 넘게 되며 그 이후 수익은 몇 %가 됩니다."

꼼꼼히 들여다보면 매우 단순한 계산이지만, 이 사업을 처음 접한 이들에게는 단순한 계산도 '무슨 소린가?' 하며 이해를 못하는 경우가 있다. 그래서 이 책에서는 가장 중요한 수익에 관한 계산에 대해서 되도록 쉽게 설명하려고 한다.

펜션을 운영하는 데 '몇 개의 객실을 갖고 운영하느냐'는 펜션 사장 각자의 몫이다. 하지만 그동안 수많은 펜션들을 경험한 토대로 생각해보면 객실은 8~10개 이상은 돼야 수익형으로 펜션 운영이 유리해진다. 이정도 규모라면 「농어촌정비법」의 법령을 따르는 '농어촌민박업'의 규모를 넘어서게 되며 대부분 「공중위생관리법」의 법령을 따르는 '숙박업'의 형태로 운영돼야 한다.

펜션을 보통 주말장사라고 한다. 평일에는 객실이 텅텅 비지만 주말에는 그런대로 객실을 채울 수 있다는 말이다. 하지만 모든 펜션이 주말 장사가 가능한 것도 아니다. 평균 이상의 수준을 갖춘 8개 이상의 객실을 보유하고 광고를 매우 적극적으로 하는 펜션이어야 평일은 채우기 힘들더라도 금요일과 주말엔 그럭저럭 채울 수 있는 펜션으로 운영이 가능하다.

주변에 스키장이 없는 펜션들은 11월부터 극비수기를 지내게 된다. 11월부터 약 3월 중순까지는 여행자의 수가 많지 않아 펜션을 닫고 겨울을 보내는 펜션들도 심심치 않게 발견할 수 있다. 하지만 커플 펜션 외 특화된 펜션으로 운영된다면 비수기 주말에도 모든 객실을 채우기도 한다. 만약 객실이 10개인 펜션의 주말 평균 가격이 13만 원이라고 가정하면, 토요일 한 주에 10개 객실을 판매해서 130만 원의 이익을 만들 수 있다. 그리고 4주면 520만 원의 수익이 발생한다. 언뜻 보면 520만 원의 수익은 꽤 괜찮은 듯 보이지만 전기세, 금융비용 등 이것저것 다 빼고 나면 400만 원 미만의 수익만 남는 경우가 있다. 그리고 여기에 광고비도 거의 월 100만 원 정도는 들어간다. 그럼 300만 원이다. "노후를 보내기 위해 시골에 왔으니 돈 쓸 일이 없다. 생활비 300만 원이면 충분하다"라고 말할 수도 있지만 이런 경우는 극비수기를 제외한 일반 시즌의 수익이다. 진짜 비수기인 12월, 1월, 2월, 3월에는 주말에 객실의 반도 못 채우는 경우가 허다하다. 그런데 객실 예약률이 절반으로 떨어지면 월 150만 원의 이익만 가져갈 수도 있다. 수억 원을 들여 시작한 사업으로서, 수익성을 계산하면 매우 비합리적인 투자라고 할 수 있다.

물론 잘되는 펜션들은 다르다. 비수기에도 꾸준히 주말은 만실을 채우고 금요일도 50% 이상의 객실을 채우며, 평일에도 한두 개의 객실을 판매한다.

이걸 다시 계산다면 주말 520만 원, 금요일 1박 10만 원짜리를 5방을 채운다고 계산하면 50만 원이고, 4주면 200만 원이다. 그리고 8만 원짜리 객실을 평일 한 주 3개를 판매한다면 24만 원이고 4주면 96만 원이다. 즉, 판매율을 높일 수 있을 만한 매력적인 펜션의 컨셉을 잘 만들고 멋진 시설을 갖춘 후 광고와 홍보를 잘 하는 펜션들은 비수기임에도 816만 원의 수익을 내고 이것저것 빼고도 500만 원 이상의 수익을 올리는 펜션도 있다. 여기에 인지도를 많이 끌어올린 펜션은 여름기간 약 1개월 반에서 2개월 동안 1억 원 이상의 수익을 만들어낸다. 필자의 책 《대박 펜션의 비밀》에서 성공 사례로 소개한 도원 펜션, 초록수채화, 에코하임 펜션, 퍼니 펜션 등의 펜션들이 모두 그런 대단한 매출을 올리는 펜션들이다.

펜션을 전원생활의 꿈을 이루게 하는 도구로만 생각한다면 어떻게 펜션을 지어도 상관없지만 펜션으로 최소 월 300만 원 이상의 순 수익을 올리고 싶다면 객실은 8~10개 이상은 돼야 한다. 하지만 모든 땅에 8개에서 10개 정도의 규모가 꽤 되는 펜션을 만들 수는 없다. 토지 이용 규제가 까다로운 곳에는 숙박업을 하지 못하는 곳들이 있기 때문이다. 여러 이유로 숙박업으로 등록이 불가능한 경우라면 민박사업자로 운영을 해야만 한다. 민박사업자로 등록해서 펜션을 만든다면 건물 만드는데 한정적일 수밖에 없다. 결국 연면적 230제곱미터 안에 만들어져야 하는데 230제곱미터 안에 객실을 만든다면 5~6개 정도의 작은 객실 밖에는 만들 수 없다. 하지만 앞서도 이야기했지만 펜션 사업으로 수익을 얻기 위해서 대여섯 개의 객실로는 원하는 수익을 만들기가 쉽지 않다. 그렇기 때문에 이처럼, 객실 수를 6개 미만으로밖에 건축할 수 없다면 숙박료를 매우 높게 받을 수 있는 럭셔리 펜션으로 만들어야 한다. 최근에는 풀빌라와 같은 럭셔리 빌라가 매우 높은 객실료로 책정된다. 다만 일반 객실의 2배 이상의 숙박료를 지불해야 하는 럭셔리 펜션 역시도 평일 예약은 많지 않으니 가급적 객실 수를 늘리는 것이 유리하다. 펜션이란, 한정된 기간 내에 많이 판매하는 방식으로 매출을 올리기 때문이다.

민박사업자로 적은 수의 객실을 운영하려면 땅보다 건축에 많은 투자를 해야 한다!

16

객실 구조는
부엌, 거실, 침실로
나눠야 할까요?

많은 펜션들이 객실을 아늑한 집처럼 꾸미기 위해서 노력하고 있다. 일반적인 집 구조처럼 거실과 침실, 화장실, 발코니를 나눠 거실 한 편에 작은 부엌을 만들어 넣는다. 마치 그렇게 만들어야 손님들이 거주하기 편할 것이라고 생각하고 만든 구조다. 하지만 이런 구조는 디자인이 절대로 예쁘게 나올 수 없다. 그리고 합리적이고 실용적인 공간 디자인은 손님들에게 특별함을 전달할 수 없다. 내부가 작고 너무나도 일반적인 모습이기 때문이다.

● 집의 구조처럼 만들어진 평범한 펜션 객실

손님들이 펜션을 이용하는 이유는 거주의 목적이 아닌 특별한 하루를 만들기 위함이다. 그러므로 펜션이 입소문이 나길 원하고 손님들이 펜션에 방문했을 때 만족도를 높이려 한다면 객실의 편의성도 중요하지만 무엇보다 특별함을 전달하는 것에 더욱 힘써야 한다. 보통 10평 미만의 펜션일 경우에는 원룸 형태로 만들어 운영한다. 같은 면적의 평수라 할지라도 호텔처럼 꾸미는 것이 아니라 대학가 주변에서 많이 봤을 법한 원룸처럼 꾸민다. 10평 정도 되는 작은 면적의 내부를 굳이 거실과 방을 나눠 침실을 만들고 좁은 거실 한 편에는 커다란 싱크대와 찬장을 달아 부엌을 만든다. 이런 구조는 필자가 돈 없던 사회 초년생 시절 회사 근처에 방 2개짜리 싼 빌라 집에서 자취하던 시절을 떠올리게 한다. 아마 모아둔 돈이 없어 신혼시절을 힘들게 보냈던 사람들이라면 쉽게 떠올릴 만한 그런 이미지의 객실이 아닐까 생각된다.

그럼 여행자 입장에서 앞서 소개한 이미지의 펜션 객실을 선택했다고 가정해보자.

1년 만에 떠나는 여행에 적지 않은 숙박비를 내고 잠을 자는데 펜션 객실이 마치 옛날에 고생하던 시절 혼자 살던 작은 원룸과 같은 이미지라면 절대로 좋은 인상을 전달해줄 수 없을 것이다. 하지만 아쉽게도 대부분의 펜션들이 이런 형태다. 잘되는 펜션으로 만들려면, 앞서 소개한 대로 일반 가정집의 형태로 침실과 거실 등이 나뉘어져서는 안 된다. 10평밖에 되지 않는 작은 공간을 굳이 옹벽을 쳐서 구역을 나눠놓으면 펜션 현관문을 열고 들어오자마자 답답한 일반 집처럼 느껴지게 된다. 펜션 객실은 합리적이고 실용적인 거주공간으로 만들면 안 된다. 즉, 펜션 현관문을 열어봤을 때 집이 아니라 침실이 돼야 한다. 예를 들어 10평짜리 집은 작고 답답하지만, 10평짜리 침실은 너무나도 넓은 럭셔리한 방으로 보일 수도 있다. 부티크 호텔을 떠올리면 된다. 호텔 키를 이용해 문을 열고 들어가면 넓지 않지만 전체 분위기가 한눈에 들어와서 아늑하고 넓은 침실처럼 보인다. 만약 일반 호텔들도 거실과 침실을 나누게 된다면 작은 공간이 더 답답해 보일 것이다. 결국 펜션은 좁은 집의 이미지보다는 거실이 없더라도 넓고 예쁜 침실의 이미지로 만드는 것이 더 좋다. 좁은 객실 벽은 모두 터서 넓은 침실처럼 꾸며져야 한다. 해외의 유명 호텔을 보면 객실을 최대한 넓게 보이도록 공간을 모두 터놓고 화장실마저도 벽이 아닌 슬라이딩 도어를 설치해서 최대한 벽을 개방할 수 있도록 해놓았다. 물론 일반 가정집에서 그러한 디자인으로 방을 만드는 건 어색해 보이겠지만 우리가 손님들에게 제공해야 할 공간은 가정집이 아니라 특별한 객실임을 잊지 말아야 한다.

● 유명 호텔의 객실 내부

17

어떤 땅을
사야 할까요?
(민박업, 개발제한구역, 일반, 생활, 관광 등)

최근에는 무수히 많이 만들어지고 있는 펜션들을 감시 관리하고자 시군구청에서 매우 까다롭고 정확한 기준을 정하고 펜션들을 관리하고 있다. 그런데 업자들 입장에서 보면 너무나도 오래전에 만들어진 기준으로 펜션들을 관리하다보니 '시대에 뒤떨어지는 기준이다', '여행업과 숙박업을 모두 죽이는 법이다', '시골로 들어가는 돈 줄을 막는 법이다' 라며 볼맨소리가 여기저기서 터져 나오고 있다. 그런 불만이 나오는 이유는 당연히 영업에 타격이 있기 때문이다. 실제로 최근엔 시정명령을 받아 나에게 조언을 구하려고 전화를 한 펜션업주의 수가 부쩍 늘기도 했다.

예전에는 민박 숙박업에 대한 법령이 매우 느슨했고 펜션을 창업하는데 제재가 지금처럼 까다롭지 않았던 때가 있었다. 그래서 민박사업자로 영업신고를 했음에도 그 이상의 규모로 운영되던 펜션들이 꽤 많았다. 하지만 지금은 불법 영업에 대한 눈감아주기는 없다. 그래서 최근엔 민박사업자에서 일반 숙박업 신고를 해서 운영하는 경우가 많아졌다. 그래도 해당 부지가 숙박업으로 전환이 가능한 곳이면 다행이지만 이조차도 불가능한 경우도 있다. 이를테면 운영되는 펜션이 농어촌민박업은 가능하지만 개발제한지역, 자연보호지역 등으로 묶여서 숙박업으로 전환이 불가능한 지역이라면 곤란한 상황에 놓일 수 있다. 그러니 애초에 펜션 창업을 염두에 뒀다면 숙박업 전환이 불가능한 지역에 속해 있는지를 꼼꼼히 확인해야 한다. 지목이 산지나 농지라 할지라도 전용(轉用)이 가능한 땅이라면 숙박시설이 들어갈 수 있도록 용도 변경이 가능한지 체크해야 한다. 물론 땅만 보고서는 그 용도를 파악하기는 힘들다. 너무나도 기본적인 사항이지만 종종 잘못된 땅을 매입해서 수억 원씩 막대한 자금을 투자했음에도 법망을 피해 노심초사하며 운영하는 펜션 사장들도 의외로 많다. 이처럼 기본적인 우를 범하지 않도록 하기 위해서는 먼저 〈토지 이용 계획 확인서〉에서 토지 이용 여부를 확인해야 한다. 〈토지 이용 계획 확인서〉는 지역의 지정 내용과 지역, 지구 내의 행위 제한 등의 정보를 소개하고 있다. 그러므로 창업 전 해당 지역에 펜션 시설을 건축할 수 있는지 그리고 건축시 제한은 어떻게 되는지 등을 파악하기 위해서 〈토지 이용 계획 확인서〉를 검토해봐야 한다. 토지 이용 계획 확인서는 시, 군, 구청이나 '민원24 홈페이지'에서 발급받을 수 있고, '토지 이용 규제 정보 서비스 홈페이지'에서도 열람할 수 있다.

민원 24(http : //www.minwon.go.kr)

토지 이용 규제 정보 서비스(http : //luris.molit.go.kr)

규제로부터 자유로운 땅일 경우라도 경관만 멋지다고 매입해서 펜션 시설을 만들 수 없다. 물론 자연경관이 아름다운 곳, 그리고 관광지와

● 토지 이용 규제 정보 서비스 홈페이지

가까운 곳일수록 관광객들이 많이 몰리고 펜션 운영에 유리하다. 단, 그러한 곳일수록 매우 높은 땅값 때문에 시설 투자에 대한 비용을 낮출 수밖에 없다. 하지만 커플, 가족, 단체 펜션이 모두 앞서 소개한 관광지나 경관이 좋은 곳에 위치해야만 영업이 잘되는 것은 아니다. 같은 펜션이지만 커플 펜션, 가족 펜션, 단체 펜션을 이용하는 여행자들의 펜션 선택 기준이 다르기 때문에 입지를 선정할 때에는 먼저 대상 고객의 성향을 파악한 후 입지를 선택해야 한다.

● **커플 펜션** : 물론 커플 펜션도 관광지나 경관이 아름다운 곳에 위치한다면 영업에는 분명히 득이 된다. 하지만 펜션 창업 투자 예산이 크지 않다면 굳이 비싼 땅값을 지불하고 유명 관광지 인근에 땅을 구입하기보다는 땅은 비교적 저렴한 곳을 선택하고 펜션 시설에 더 투자를 하는 것이 영업에 유리하다. 창업 예산이 10억 원이 있다고 가정하자. 커플 펜션을 계획할 경우 땅값 6억 원에 건축비 4억 원을 쓰는 것 보다

땅 값 4억 원에 건축비 6억 원을 쓰는 것이 훨씬 더 좋은 결과를 만들게 된다. 좋은 결과란 당연히 높은 매출이다. 이유는 커플 펜션을 선택하는 소비자들의 성향에서 찾을 수 있다. 커플 펜션을 찾는 소비자의 1차 목적은 둘만의 시간을 즐기는 것이 목적이다. 프러포즈, 100일 기념, 결혼기념일 등 특별한 날에 예쁜 공간에서 둘만의 시간을 보내길 원한다. 실제로 관광지 인근의 평범한 커플 펜션보다 관광지와 멀리 떨어져있더라도 화려하게 만들어진 커플 펜션의 예약률이 더욱 높다. 덧붙여 설명하자면, 커플 여행자들은 프라이버시를 매우 중요하게 생각하기 때문에 사람들과 마주치지 않는 걸 더 좋아하는 경향이 있다. 펜션이 더 안쪽, 더 닫힌 공간에 만들어져도 분위기만 아름답다면 모객을 하는 데에는 큰 문제가 없다.

● **가족 펜션** : 가족 펜션은 당연히 주변 관광지나 경관이 좋은 곳이 유리하다. 하지만 그저 유명 관광지 인근이기 때문에 펜션 부지를 선택해서는 안 된다. 예를 들어 설명하자면 다음과 같다. 만약 내가 아내와 단 둘이 여행을 떠난다면 펜션이나 호텔의 선택 기준은 아내에게 맞출 것이다. 내가 조금 더 양보하고 아내가 행복해 할 만한 화려하고 여성 취향적인 객실을 선택할 것이다. 하지만 아이를 데리고 가족여행을 떠난다면 여행지 선택 기준은 나도 아니고 아내도 아니다. 여행지와 펜션 선택 기준을 아이한테 맞출 것이다. 아이에게 좋은 추억을 만들어주고 아이가 즐거워할 만한 여행지를 선택 할 가능성이 크다. 그렇기 때문에 가족펜션을 창업한다면 일반적인 관광지 보다는 펜션 주변에서 가족 전체 또는 아이가 즐기기 좋은 꺼리가 많은 지역과 땅을 선택하는 것이

가족펜션 운영에 좀 더 유리해진다. 만약 주변에 그런 시설이 없다면 펜션 내에 시설을 설치하면 된다.

● **단체펜션** : 단체 여행자들이 펜션을 선택하는 기준은 화려한 객실도 아니고 주변에 여행지가 많은 곳을 선택하는 것도 아니다. 물론 유명 여행지가 많은 것은 장점이 되겠지만 많은 인원이 호핑투어를 하듯이 여기저기 관광지마다 버스를 오르락내리락하며 버스투어를 하는 경우는 많지 않다. 그런 여행은 관광 목적의 여행일 뿐 펜션 여행의 목적이 아니다. 펜션을 선택한 단체 여행 그룹은 함께 여행을 떠난 사람들과 멋진 공간 안에서 시간을 즐기는 것에 초점을 맞춰 숙소를 선택한다. 단체가 야유회나 회사의 워크숍 등으로 펜션을 선택했다면 펜션의 넓은 부지에서 팀을 나눠 게임을 하고 연회실에서 노래를 부르고 함께 즐기고 술을 마신다. 회사가 아닌 단체 여행 그룹도 별반 다르지 않다. 이처럼 단체 여행자들의 목적은 팀원과 함께 시간을 보내기 위해 펜션을 선택하니 주변 관광지나 자연경관에 큰 영향을 받지 않는다. 예로 이러한 경우가 있었다. 이전에 내가 컨설팅을 했던 펜션 창업자는 유명 관광지 인근의 땅을 매입하길 원했다. 그분이 말하길 그곳은 설악산 인근의 땅으로 겨울철 외에 봄 산행을 즐기는 사람과 가을에는 단풍여행으로 그리고 당연히 여름 휴가철에는 도로가 막힐 정도로 많은 사람들이 찾는 곳이라며 펜션을 하기에 최적의 장소라고 말했다. 결국 내 조언을 따르지 않고 값비싼 땅을 매입해 펜션을 오픈했다. 내가 당시 매입을 반대했던 이유는 여행자들의 성향 때문이었다. 물론 설악산 인근은 많은 여행자들이 오가는 곳이 분명하다. 그렇기 때문에 펜션 운영에

유리한 것은 당연하다. 하지만 너무나도 유명한 곳이었기에 당시엔 땅값이 너무나도 올라간 상태였다. 그 창업자가 원했던 단체 펜션을 만들기 위해서는 다양한 부대시설이 만들어져야 하는데 땅값 때문에 빠듯한 자금으로 건축을 할 수밖에 없는 상황이었다. 결과는 불 보듯 뻔했다. 설악산 주변에 여행을 오는 사람들은 많았지만 관광버스를 대절해서 당일치기로 설악산을 즐기는 사람들이 대부분이었으며, 기업, 대학교 등의 단체 그룹들은 멀고 교통이 불편하다는 이유로 설악산 인근의 펜션을 선뜻 예약하는 경우가 많지 않았다. 결국 과한 땅값을 지불하고 난 후 단체 여행자들을 만족시켜줄 만한 시설물들은 구색만 맞춘 형태로 만들어졌으며, 불안한 영업활동을 이어갈 수밖에 없었다. 끝내는 펜션의 킨셉을 완전히 바꿔 기사회생할 수 있었지만 초기 잘못된 선택으로 매우 큰 손해를 봤던 사례였다. 단체 펜션은 관광지가 있는 땅보다는 교통이 유리한 부지가 더 모객에 유리하다. 많은 인원이 움직이기 때문에 교통이 편리해야 한다.

단체 펜션을 하기에 대표적으로 좋은 곳은 바로 고속도로 인접 지역이다. 간혹 몇몇 펜션들은 고속도로를 빠져나와서 한 시간이나 국도를 달린 후 산속으로 들어가야 하는 경우도 있다. 이런 위치가 안 좋은 위치라고 할 수 있다.

대부분 단체 여행지를 선택 할 때 회사의 사장이나 이사 등 임원이 검색해보는 경우는 드물다. 대리급의 일을 가장 많이 하는 직원들이 펜션을 선택하는데 직급이 낮은 직원이 상대하기 어려운 사장님과 이사님 부장님을 생고생을 시키며 서너 시간씩 고속버스를 태울 용감한 사원은 거의 없다.

● **애견 펜션**: 애견 펜션을 운영하기 위해 인근의 유명관광지가 얼마나 가까운지, 유명 맛집 등이 얼마나 가까이에 있는지 등은 무의미하다. 반려견 동반 손님들은 관광지나 주변의 유명 맛집에 반려견과 함께 입장이 불가능하니 그들은 주변 여행지를 갈 일도 매우 희박하다. 그들의 여행 목적은 주변 관광지를 돌아보고 자연경관을 둘러보러 떠나온 여행이 아닌 자신의 반려견과 시간을 보내는 것이 첫 번째 이유가 된다. 그렇기 때문에 애견 펜션 입지 선정을 할 때 군이 비싼 땅 값을 지불하고 유명한 관광지 안의 땅을 구입할 필요는 없다. 관광지보다는 교통이 유리한 곳을 선택하는 것이 더 좋다. 승용차 안에서 얌전히 기다리는 개들도 있지만 장시간 동안 차 안에 갇혀있는 것을 불안해하는 개들도 많다. 그러니 도시과 멀지 않고 교통이 편리한 곳이 애견 펜션을 운영하기에 좋은 위치가 된다.

● 태안의 애견 펜션을 컨설팅 중인 김성택 작가

● **키즈 펜션** : 적당한 수준의 펜션이라 할지라도 모객이 불리하다고 판단한 펜션 사업자들은 고객들의 니즈를 맞추기 위해 특화된 펜션으로 변신 중이다. 키즈 펜션도 마찬가지다. 일반적인 펜션의 형태보다 조금 더 아이들에게 시설과 분위기를 맞춰 미취학 아동이나 초등학생을 둔 부모와 가족을 모객한다.

키즈 펜션으로 컨셉을 잡았다면 인근에 도시가 가까운 곳이 좋다. 아이들에게 맞춰 장시간 운전을 하지 않아도 도달할 수 있는 곳이 모객에 유리하다. 도시와 인접하고 교통이 편리해야 한다는 점은 애견 펜션과 같지만 조금 다른 점이 있다면 키즈 펜션은 주변에 관광지와 시설들이 많은 곳이 유리하다.

커플부터 키즈 펜션까지 펜션 부지를 찾기 위해 여러 조건들을 체크한 후에도 또 체크해야 할 것들이 있다. 부지를 매입해서 신축을 할 경우에는 지적도상에 도로가 표기돼있는지 꼭 확인해야 한다. 도로가 표시돼있지 않을 경우 도로를 새로 만들기 위해서 펜션 부지 외에 예상하지 못했던 땅까지 매입하거나 도로를 놓기 위한 인허가를 받아야 하는 경우가 생긴다면 창업하는 데 시간도 더 걸리고 어려워질 수 있기 때문이다. 그리고 오르막이 있는 경우에는 토목공사 비용이 더 들어가니 이 부분도 꼭 체크해야 한다.

18

펜션의 평당 건축비가
일반 주택보다
더 높나요?

오랫동안 펜션 컨설팅을 하며 수많은 펜션이 건축되는 걸 지켜봤다. 많은 경험이 있지만 건축비용을 건축주에게 세세히 설명하기는 참 어렵다. 펜션 건축비용이라는 건 정가가 없고 펜션의 디자인에 따라 그리고 어떤 자재를 사용하느냐에 따라 그리고 어떤 수준의 인력을 쓰느냐에 따라 평당 건축 비용이 다르게 나오기 때문이다. 그것도 대략적인 견적이지 정확하지는 않다.

일반적인 전원주택 건축이나 펜션 건축이나 큰 틀에서는 다르지 않다. 그런데 왜 많은 사람들이 일반 전원주택에 비해 펜션 건축과 인테리어에 더 많은 비용이 들어간다고 생각하고 있을까? 이유는 건축 형태와 부대비용에서 찾을 수 있다. 건축으로만 보면 펜션보다 일반 주택의 건축비용이 조금 더 높을 수 있다. 최근에는 전원주택도 콘크리트로 만들어지는 형태가 많고 난방문제와 차음 등을 생각해서 벽도 매우 두껍게 만들어 건축한다. 하지만 많은 펜션들은 스틸하우스나 목조를 골조로 해서 많이 짓고 벽 두께도 그리 두껍게 만들지 않기 때문에 순수 건축비용만을 따진다면 펜션보다 오히려 전원주택 건축비용이 더 들 수 있다(최근에는 철근 콘크리트로 만들어지는 펜션이 늘어나고 있다).

보통 전원주택을 지을 때 건축 비용은 평당 400~500만 원 정도 된다. 만약 평당 400만 원짜리 견적대로 70평짜리 전원주택을 짓게 되면 총 공사비용은 2억 8,000만 원, 약 3억 원 정도가 든다. 70평을 기준으로 잡고 예를 든 이유는 농어촌민박업으로 등록해서 운영이 가능한 크기가 그 정도가 되기 때문이다(연면적 230제곱미터 이내, 약 70평 정도). 하지만 전원주택이 아닌 펜션을 건축하면 그 이상의 비용이 나오는 경우가 많다. 전원주택의 경우에는 화장실이 건물 내에 2~3개 정도 만들어지고 거실은 1개, 그리고 방에는 특별한 시설 없이 네모반듯하게 만든 후 침대 한 개 정도만 들어간다. 반면에 펜션은 객실이 7개가 있을 경우 각 방마다 화장실, 부엌, 거실, 침실 등이 만들어져야 하고 TV나 조명 시설들이 각 방에 들어가야 한다. 그렇기 때문에 펜션의 건축 비용은 전원주택을 건축하는 비용과 비슷하지만 인테리어와 기타

● 필자의 컨설팅을 받은 후 전략적인 컨셉을 바탕으로 건축 중인 가평의 풀빌라 펜션

부대비용이 더 들게 된다.

　일반적으로 펜션은 건축 골조 등에 투자되기보다는 소비자들의 눈에 보이는 화려한 디자인에 더 많은 투자가 이뤄진다.

　요즘에도 펜션 창업에 대한 정보가 없는 분들이 나에게 전화를 해 이렇게 질문한다. "펜션 건축 비용이 얼마나 드나요?" 또는 ○○건축회사와 계약을 했다고 하며 나에게 견적서를 보여주는데 가끔은 너무나도 터무니없는 비용으로 계약을 한 경우도 있었다. 다시 말하지만 펜션 건축비용만 따진다면 전원주택을 짓는 비용과 별반 다르지 않다.

19

콘크리트, 목조, 스틸하우스 중
어떤 걸로 건축하는 게
좋을까요?

최근 나에게 펜션 창업 컨설팅을 받고 있는 경주 펜션 창업 예정자가
있다. 현재 그분은 펜션 창업을 위해 건축부터 시작해야 하는 단계였
고 여러 건축회사와 미팅을 했지만 건축회사 선정에 애를 먹고 있었다.
그래서 며칠 전 그분이 생각한 형태의 펜션 건축물을 가장 잘 만들어낼
수 있는 실력 좋은 건축회사를 소개해드렸다. 그리고 며칠 후 그분이
다시 나에게 전화를 했다.

"선생님께서 소개해주신 건축회사 대표님과 상담을 잘 나눴습니다.
작가님이 소개를 해주셔서 그런지 친절하고 상세하게 상담을 잘 해주
셨어요. 상담 중에 궁금한 내용이 하나가 생겼는데요. 그걸 건축회사에
게 물어보는 것보다 선생님께 질문하는 게 좋을 거 같아서 전화 드렸습
니다."

"네, 어떤 게 궁금하시죠?"

"건축회사에서는 제가 만들려고 하는 펜션 스타일에 대해서 쭉 듣고
는 건축을 목조로 해서 골조에 필요한 비용을 아끼고 외장이나 인테리
어 부분을 더 고급스럽게 마감해서 럭셔리한 펜션으로 만들려고 한다

고 했습니다. 제가 잘 몰라서 그러는데요. 목조건물은 좀 올드한 스타일 아닌가요?"

"네, 잘못 이해하셨군요. 제가 설명해드리겠습니다. 건축회사에서 그렇게 접근한 건 건축주의 상황을 잘 파악해서 선택한 것이라고 생각합니다. 건축회사에서 이야기 한 건 골조를 목조로 사용한 것이고 사장님이 생각한건 정말 목조가 그대로 보이는 목조로 마감한 집을 생각하신 거 같습니다. 실상 목조로 만들어진 후 마감을 할 때 벽에 어떤 것을 붙이냐에 따라서 건물들은 달라 보입니다. 건축을 잘 아는 사람들도 외관만 봐서는 그것이 콘크리트로 만들었는지 스틸로 했는지 목조로 했는지는 알 수 없습니다. 저는 개인적으로 목조를 사용해서 뼈대를 만들고 벽돌로 마감한 집을 좋아합니다. 물론 펜션이 아니라 소박한 집을 지을 때 말입니다. 이렇게 만들면 사람들은 벽돌로 만든 집이라고 생각하죠. 하지만 골조는 나무입니다. 건축회사가 목조로 하자고 한 이유는 골조를 콘크리트로 할 경우 시간과 비용이 많이 들기 때문에 정해진 예산을 골조보다는 디자인에 사용하는 것이 좋다고 생각해서 그랬을 겁니다. 제 생각엔 아주 현명한 접근이라고 생각되네요."

"그런가요? 골조를 나무로 많이 하나요?"

"네, 건물 규모가 커질 경우에는 콘크리트로 많이 하죠. 하지만 규모가 작은 펜션의 경우에는 콘크리트보다 목조나 스틸로 많이 사용합니다. 그런 이유는 여러 가지가 있지만 먼저 비용이 좀 더 저렴합니다. 그리고 구조 변경이 더 쉽습니다. 예를 들어 방을 작게 만들었다가 나중에 좀 더 큰 방을 터야 할 경우 콘크리트보다 목조나 스틸하우스가 변경이 쉽습니다. 그래서 작은 펜션 건축 시 목조나 스틸을 주로 사용합니다."

"아! 제가 완전히 생각을 잘못하고 있었군요. 괜히 건축회사 사람에게 제 무지함을 드러내면 손해 볼 거 같아서 선생님께 전화드렸습니다. 답변 고맙습니다."

이처럼 골조로 사용되는 철근콘크리트, 목조, 스틸하우스 등이 어떻게 사용되는지 전혀 모르는 분들이 의외로 많다.

앞서 통화 내용처럼 건축 형태에 따라 어울리는 골조 또는 합리적인 골조들이 있다.

그 내용에 대해서 간단히 설명하자면 다음과 같다.

노출콘크리트

노출콘크리트란 짓고자 하는 건축물의 형태를 거푸집(형틀)로 만들어서 거푸집 안에 콘크리트를 부은 후 거푸집을 제거(탈형)한 후에 콘크리트 면을 마감하는 공법이다. 우리나라에서 시공되는 거의 모든 노출콘크리트가 이 공법을 사용하고 있다. 노출콘크리트의 장점은 나무 유리 등 건축에 필요한 어떠한 재료와도 잘 어울린다는 것이다. 그리고 매우 견고하고 차음에 유리하다. 단점으로는 다른 건축 형태에 비해 두 배 이상의 준비 기간이 필요하다는 점이다. 철저한 준비가 없다면 예상치 못한 결과물이 만들어질 수 있으니 객실 내의 계단까지 콘크리트로 시공하기 보다는 단순화된 부분에 목조나 그 외 재료가 섞여 마감되는 것이 좋다. 경험이 많지 않은 인력이 투입될 경우 콘크리트의 표면 단차나 표면 배부름 현상의 문제가 발생될 수도 있다. 그리고 구조의 변경이 목조나 스틸보다 불편하다.

목조

펜션 건축에 가장 일반적으로 많이 사용되는 골조 형태가 바로 목조주택이다. 목조는 매우 많은 장점을 갖고 있는데 건식공법이기 때문에 계절에 상관없이 건축을 할 수 있다는 것이 매우 큰 장점이다. 재료가 가볍기 때문에 시공성이 좋으며 내구성 또한 매우 좋다. 목조주택을 접하지 못한 사람들은 목조가 약할 것이라고 생각하는 경우도 있지만 목재는 외부에서 받는 물리적인 충격을 각각의 부재들이 서로 유기적으로 연결돼 충격을 흡수하기 때문에 사실 매우 유연하고 견고하다. 그리고 내화성과 에너지효율이 좋다. 목조주택의 내화성능은 1차적으로 내장 석고보드에 의존하고, 에너지 효율은 성능이 우수한 단열재를 시공함으로서 벽체가 얇음에도 불구하고 에너지효율이 매우 높다. 이처럼 많은 장점이 있지만 역시 몇몇 단점들도 있다.

목조주택은 차음에 매우 취약하다. 그렇기 때문에 설계 시 투숙객들의 방과 방이 벽 하나로 붙어지는 방식은 피해야 한다. 작은 전원주택을 많이 지었던 업체들이 펜션을 지을 때 이런 실수를 꽤 많이 범하는데 펜션은 여러 투숙객이 지내는 공간이기에 프라이버시가 굉장히 중요하다. 그렇기 때문에 방과 방이 벽 하나로 붙지 않는 구조를 갖는 것이 펜션 구조에 유리하다. 예를 들자면 A객실 침실 벽과 B객실의 거실 그리고 B객실의 침실 벽과 C객실의 부엌 등 가장 조용하고 프라이빗한 장소가 시끄러운 소음으로 방해받지 않도록 디자인돼야 한다.

스틸하우스

건축물의 가장 기본인 뼈대를 세우는 방식은 목조구조주택의 공법에서 발전했다. 목조주택은 각재를 세워 집의 뼈대를 만드는데 이때 나무 대신 철강재를 사용하는 것이 바로 스틸하우스다. 스틸하우스에서 사용하는 철강은 두께 1mm 내외의 경량 형강을 C자 형태로 구부려 사용하는데, 이 형강은 아연도금 처리돼 내구성이 매우 강한 것이 특징이다. 나무에 비해 썩거나 뒤틀림이 없고 재활용이 가능하다는 장점이 있다. 스틸하우스도 목조와 같이 물을 사용하지 않는 건식공법이며 공장에서 생산된 자재를 현장에서 조립만 해 시공오차도 거의 없다. 자재를 국내에서 생산하기 때문에 자재 수급이 용이하지만 최근엔 자재 가격이 조금 오른 상태다. 단점도 목조와 거의 비슷하지만 스틸하우스의 결정적인 단점은 바로 결로다. 그렇기 때문에 자재의 특성을 잘 이해한 시공이 돼야만 한다.

철근콘크리트

기둥, 보, 내력벽, 바닥 슬래브 등 주요 구조부가 철근콘크리트인 건축물을 일컫는다. 철근은 인장력에 강하고 콘크리트는 압축력에 강해 매우 우수한 구조성능을 보인다. 내화성, 내구성, 차음성이 높은 이 구조의 건축은 보통 3~4층 이상의 대형 건물에서 많이 사용되며 펜션의 경우 농어촌민박업이 아닌 숙박업으로 등록해 운영할 큰 형태의 펜션이 이러한 공법으로 건축된다. 물론 단점도 있다. 복잡한 디자인이 어렵고 공사기간이 매우 길고 건축비용이 매우 높다. 그리고 가장 치명적인 단점은 단열성이 떨어지며 습식일체형 구조라서 난방비가 많이 든다. 개구부의 단열성능 저하로 결로나 곰팡이가 생기기도 한다.

이 외에 통나무집, 팀버프레임, 한옥 그리고 황토집까지 펜션을 건축하는 공법은 여러 가지가 있지만 매우 고가이며 시공이 오래 걸린다는 단점이 있다(황토집 제외). 만약 펜션이 아닌 일반 주택이라면 건축주의 바람대로 꿈에 그리던 집을 지을 수 있겠지만 영업을 위한 합리적인 건축 형태는 아니라고 생각한다. 개인적인 생각이지만 **웬만큼 큰 대형 건축물이 아닌 이상** 가격과 시공시간 외 여러 장점을 조합해보면 펜션에는 목조주택이 가장 합리적인 건축 형태가 아닐까 생각된다. 경량목구조는 미국 건축물의 90% 이상을 차지하는 매우 매력적인 건축 형태다.

20

건축, 인테리어 업체는
어떻게 선정해야
하나요?

　지금까지 펜션 창업을 시작하려는 분들에게 좋은 건축회사를 많이
소개했다. 다행스럽게도 지금까지 건축된 펜션들은 운영이 매우 잘되
고 있고 지역 내의 명소가 된 곳들도 꽤 많이 만들어졌다. 그분들은 내
가 전달하는 뜻을 잘 이해했고 컨셉에 맞는 디자인을 전략적으로 건축
해서 창업했다. 하지만 몇몇 분들은 이미 완공을 앞둔 상황에서 나를
찾아와 경쟁력 없는 평범한 가정집과 같은 분위기의 펜션을 보여주며
펜션이 잘되도록 컨설팅해달라고 의뢰한다. 그분들의 건축물들은 멋지
지 않은 디자인이지만 이야기를 들어보면 럭셔리 펜션에 비견될 만큼
적지 않은 투자를 했다고 한다. 비슷한 투자금이 들어갔음에도 평범한
건축물로 인해 출발부터 불리하게 시작하는 분들이 의외로 많다. 하지
만 정말 안타까운 건 처음부터 불리한 상황을 맞이하고도 뭐가 잘못됐
는지도 모르는 분들이 너무나도 많다는 것이다.

　펜션 건축물의 디자인은 이 사업의 가장 기본이다.

　어떤 건축회사와 만나 펜션 사업에 가장 중요한 건축물을 어떻게 만
드느냐는 펜션 사업 성패에 가장 큰 부분을 차지하므로 신중에 신중을

기해야 한다. 이 글을 쓰고 있는 현재 필자가 펜션 창업 관련 컨설팅을 하고 있는 펜션의 수는 11곳이나 된다. 봄 시즌이지만 많은 분들이 나에게 펜션 창업에 관한 코칭을 받고 있다. 고마운 일이지만 요즘 몸이 열 개라도 모자랄 만큼 바쁘게 움직이느라 꽤 피곤하다. 오늘도 바쁘게 상담을 하던 중 나를 더욱 피곤하게 만드는 상황이 발생했다. 바로 펜션 건축 때문이었다.

펜션의 건축주들은 대부분 은퇴 시점에 자신의 전 재산을 걸고 펜션을 창업한다. 그동안 잘 살아왔고 펜션을 건축할 만큼 재산도 모아놓았다. 하지만 40~60대에 들어선 시점에서 새로 시작한 펜션 사업이 망하기라도 한다면 다시 되돌아갈 힘은 없을 것이다. 건축주의 인생이 걸렸다. 그들은 새출발을 하기에 꽤 높은 연령대의 창업자들이다. 그러니 이제 막 시작하는 펜션 사업은 어떻게 해서든 성공적으로 운영될 수 있도록 최선의 선택을 해야 한다. 하지만 최근 나를 피곤하게 만드는 일들이 최근 여러 건 생겼다. 피곤하게 만들었다기보다는 화가 났다. 지금 내가 펜션 창업 컨설팅을 하고 있는 분들은 총 11분이다. 그중 설계가 나오기 전부터 영업대상, 마케팅 방향, 펜션 건물의 이미지 등을 컨설팅을 통해 교육받은 분들은 건축주의 조건에 잘 맞는 건축회사를 만나서 현재 멋지게 건축 중이다. 그런 펜션이 11개 중 6곳이다. 그리고 나머지 5곳은 정말 엉망으로 건축되고 있다. 내가 아무리 좋은 컨셉을 잘 잡아준다고 해도 엉망으로 만들어지고 있는 5개의 펜션은 대박은 꿈도 못 꿀 것이다. 최선을 다한다면 그럭저럭 운영은 되겠지만…….

앞서 필자의 책《대박 펜션의 비밀》에서도 소개했지만 펜션은 집처럼 만들어져서는 안 된다. 펜션으로 떠나는 여행은 특별해야 한다. 즉, 특별한 숙소가 돼야 한다. 일 때문에 멀리 출장을 나갔다가 모텔이나 여관에서 하룻밤 대충 때우는 숙소가 아니다. 누구에게는 프러포즈를 하는 날이 될 수도 있고, 또 다른 이에게는 결혼 1주년 기념일이 될 수도 있고, 또 누구에게는 1년 만에 딱 한 번 사랑하는 가족과 함께 떠나는 여행일 수도 있다. 그런데 그들이 잠을 자는 펜션이 마치 매일 밤 퇴근하고 집에 들어와서 드러눕는 안방과 같다면 과연 특별함을 원하는 여행자들을 만족시켜줄 수 있을까? 그래서 펜션은 안방처럼 만들어지면 안 된다. 우리 집 안방에 사용되는 벽지, 조명, 소품 등은 모두 사용하면 안 된다. 펜션 디자인에 감을 잡을 수 없다면 부티크 호텔이나 카페 디자인을 벤치마킹해야 한다. 집이 아니라 카페처럼 만든다는 생각으로 인테리어를 해야 한다. 천정의 조명도 너무 밝을 필요가 없다. 밝은 형광등을 천정에 달아놓으면 객실 안을 은은하게 아름답게 연출하기가 매우 힘들다. 잘되는 펜션들의 디자인에 대해서는 이전 나의 책《대박 펜션의 비밀》에서 답을 얻길 바란다.

얼마 전 현재 나에게 펜션 컨설팅을 받고 있는 분의 카톡을 받았다. 현재 만들어지고 있는 펜션의 내외부가 어떠냐며 나에게 여러 장의 사진을 보내왔다. 공사는 이미 마감 단계에 들어선 상태였고 조명이나 벽의 마감 정도만 남은 상태였다. 나는 카톡으로 받은 사진을 보고는 너무나도 당혹스러워 그분에게 바로 전화를 했다. 그리고 간단한 변화로 객실의 분위기를 독특하게 보일 수 있도록 인테리어 팁을 조언해드렸다. 공사가 마무리될 때까지 그대로 둔다면 분명히 특별함이 느껴지지 않는 그저 그런 평범한 방이 나올 것이 뻔했기 때문이었다. 너무나도 실망스러웠고 화가 났다. 내가 열심히 컨설팅하고 공들인 펜션이 엉망이 된 듯한 기분에 잠을 이룰 수가 없었다. 내가 그분과 컨설팅을 통해 나눈 대화의 시간만 다 합쳐도 족히 10시간은 넘을 것이다. 그분들은 매우 진솔하고 좋은 분들이다. 나에게 한 달 동안이나 컨설팅을 받았다. 그리고 미래에 대해 이야기를 하며 들뜬 마음을 감추지 못했다. 하지만 지금 만들어지고 있는 펜션 건축물은 그들의 꿈을 이루게 하는 데 도움이 안 되는 형편없는 건물로 완성돼가고 있었다. 물론 집이라는 틀에서는 문제가 없지만 집이 아닌 판매해야 하는 상품으로 객실을 바라본다면 매력은 전혀 없다. 현재 그 펜션을 공사하고 있는 분은 솔직히 말해 감각이 너무나도 없는 사람이다. 할 수 없는 공사라면 손을 대지 말았어야 한다! 물론 그분이 악의를 갖고 공사를 하진 않을 것이다. 그리고 나름 열심히 만들고 있을 것이라고 생각한다. 하지만 그 건물은 생계가 걸린 건물이다. 숙박업에 전문적인 식견을 갖고 있지 않다면 자신의 일이 아니라고 생각하고 물러나야 한다. 그 공사를 따내려고 건축주에게 얼마나 많이 연락하고 수많은 미팅을 하고 수많은 전문용어를 쏟아내며 설득시켰을까?

좀 더 알아보니 현재 공사를 하고 있는 그분은 호텔이나 펜션, 리조트를 전문으로 짓는 분이 아니라 연립빌라들을 많이 지었던 분이었다. 숙박업은 전혀 모르는 분이다. 너무나도 안타깝기만 하다. 애초 필자는 건축주에게 숙박업을 이해하고 있는 좋은 건축회사를 몇 곳 알려줄 테니 두루두루 확인해보고 신중하게 선택하라고 했다. 하지만 결국 건축주 친구의 지인이 운영하는 건축회사에 일을 맡기게 된 것이다. 왜 이런 결정을 하는지 모르겠다. 가까운 지인의 소개이기 때문에 좀 더 신경 써서 공사를 해줄 것이라고 기대하는 건가? 시공은 결국 누가 더 가까운지를 파악해서 결정하는 것이 아니라 그동안 어떤 결과물을 만들었는지 포트폴리오를 보고 결정해야 하는 것이다. 당연하지만 이 당연한 과정을 애써 외면하는 창업자들이 많다. 아무리 지인의 소개로 시공할 사람을 소개받았다고 해도 결국 남길 거 다 남기고 공사를 한다. 세상 어느 건축업체도 자원봉사를 하는 마음으로 공사하는 사람은 없다. 오히려 그런 관계는 건물에 문제가 생겼을 때 따끔하고 강하게 내 의견을 전달하기만 더 어려울 뿐이다. 작년 한 해만 봐도 이런 어처구니 없는 상황에 놓인 펜션 건물주가 여럿 있었다.

또 잘못된 선택을 하게 되는 이유 중 하나가 바로 공사 견적이다. 이 공사 견적을 오해하고 있는 것이다. 보통 건축주는 건축을 맡을 몇몇 회사를 정해 놓고 건적을 받는다. 그리고 빋은 견직을 도대로 저렴한 곳을 선택하는 경우가 많다. 그리고 "친구의 지인이라서 좀 더 싸게 견적을 냈습니다"라는 말이라도 들으면 엄청난 혜택을 받을 것 같은 착각을 하게 된다. 하지만 건축 결과물은 카메라나 스마트폰처럼 스펙이 같은 제품을 인터넷 최저가로 구입하는 것이 아니다. 제작 설계와 공정이 모두 같은 건축은 없다. 같은 재료를 사용해서 그림을 그렸다고 해서 내가 그린 그림과 피카소가 그린 그림이 같은 가격일 수 있겠는가? 특히나 숙소로 사용되는 펜션과 같은 건축물은 건축사와 시공사의 크리에이티브한 능력이 매우 중요하며 펜션 건축주의 의도를 파악해 건물에 녹여 놓을 수 있을 정도로 경험이 풍부한 회사여야 한다.

과연 건축주는 어떤 건축회사를 만나야 할까? 견적을 싸게 해주는 곳이 좋은 건축회사일까? 천만의 말씀이다. 견적이나 공사비용을 싸게 하려면 얼마든지 할 수 있다. 경험이 풍부하지 않은 싼 인력을 쓰고 자재를 싼 걸 쓰면 된다. 설계도면도 돌고 돌아 비슷한 설계도를 그대로 내미는 경우도 허다하다. 하지만 많은 사람들이 싼 견적을 받길 원하고 싼 곳에서 계약을 한다. 물론 싼 공사비용은 매력적이다. 하지만 내 생각은 다르다. 펜션 공사 비용이 좀 더 들더라도 결과적으로 장사가 잘 되는 펜션을 만들 수 있다면 건축 초기 좀 더 투자가 되더라도 경험이 풍부한 회사에 맡기는 것이 맞다. 너무 당연한 얘기 아닌가? 지금까지 내가 펜션컨설팅을 해온 15년 동안 수많은 건축사와 시공회사를 만나봤다. 하지만 제대로 펜션을 이해하고 건축, 인테리어를 잘 하는 회사는 생각보다 많지 않았다. 신중하게 결정해야 한다.

평범한 집을 짓는 사람에게 건축을 맡기면 평범한 건축물을 만들어 내고 평범하게 펜션을 운영하게 된다. 평범한 집을 만들 것인가? 입소문이 날 만큼 특별한 펜션을 만들 것인가?

견적으로 비교하지 말자. 결국 그 견적도 공사 마무리에는 빗나갈 것이다.

객실 판매율을 높이는 펜션의 컨셉은 어떻게 만들까요?

펜션을 잘 운영하기 위해 가장 중요한 것은 역시 펜션의 컨셉이다. 남들과 차별되는 독특한 컨셉을 잘 잡았느냐에 따라 펜션의 판매율이 크게 좌우된다. 그저 많은 사람들에게 펜션이 노출된다고 해서 판매가 되는 건 절대로 아니다. 소비자들에게 100번이 노출될 때 한 번 판매가 되는 펜션이 있는 데 반해, 눈에 띄는 매력적인 컨셉을 만든 펜션은 소비자들에게 100번 노출될 때 9~10건 판매가 되기도 한다.

소비자들에게 내 펜션을 어떻게 매력적으로 보이도록 연출할까? 가장 기본적으로 상품의 상태 즉, 펜션 건물의 디자인이 기본이 된다. 그리고 그 건축물에 살을 붙여 잘 포장한 후 노출할 수 있는 모든 광고 도구를 이용해서 잘 알려야 한다. 단, 소비자가 쉽게 이해할 수 있도록 쉽게 노출해야 한다. 컨셉의 가장 기본 바탕은 펜션의 건물이다. 펜션을 건축할 건축회사를 결정했다면 건축주의 생각이 모든 공사에 우선이 돼야 하며 책임 또한 건축주의 몫이 돼야 한다. 간혹 몇몇 건축회사들은 자신들의 까다롭고 앞선 디자인을 펜션업주에게 주입하려는 경우도 있다. 펜션주가 생각한 디자인은 올드하다고 하거나 요즘엔 이러저

러한 디자인이 인기라며 자신들이 생각한 디자인에 건물주의 생각을 끼워 맞추려는 경우가 있다. 물론 전문가의 의견에 귀 기울여야 하지만 펜션 사업을 주도해 나아가야 할 건축주가 기획한 방향과 컨셉으로 나아가야 하는 것을 기본으로 해야 한다. 디자인이 훌륭한 고급스럽고 예쁜 객실만이 고객의 눈을 사로잡는 컨셉은 아니기 때문이다.

개인적인 생각이지만 펜션 창업 컨설팅을 오랫동안 하면서 펜션의 건축물과 디자인에 대해 기준이 생겼다. 펜션의 건축물은 건축 전문가들이 봤을 때 만족스러운 건물을 만드는 것이 아닌, 펜션을 이용할 고객의 눈높이를 맞춰야 한다는 것이다. 보통은 20대에 맞추면 성공적이라고 할 수 있다. 더 쉽게 말하자면, 결혼적령기인 사람들이 해외로 허니문을 떠날 때 사용할 만한 객실 디자인을 만들 수 있다면 객실 판매는 잘될 수 있다. 그리고 펜션에 컨셉과 스토리를 입힐 때에는 가장 기본 바탕이 되는 건물을 기반으로 해야 한다. '흙집' 형태는 스파나 풀빌라에 비해 객실 완성도는 떨어질 수 있으나 흙집의 이미지를 잘 살려 향수와 그리움, 추억이라는 이미지를 살려 노출할 수도 있고, 한 개의 방 안에 엄청나게 많은 곰 인형을 가득 집어넣어 테디베어 펜션 이미지를 만들 수도 있다. 넓고 황량한 땅을 군대 분위기로 만들어서 군대 캠핑 펜션으로 바꿀 수도 있고, 하나부터 열까지 미취학 아동들에게 맞춰진 시설과 소품으로 가득 채워 키즈 펜션으로 바꿀 수도 있다. 소비자가 느끼기에 충분히 매력적인 이미지로 만들었다면, 명확히 펜션을 나타낼 수 있는 '카피'(문구)가 만들어져야 한다. 그리고 펜션을 대표하는 '이미지'(사진)도 함께 만들어야 한다. 만약 그런 사진이 없다면 연출해서라도 만들어야 한다. 그리고 인터넷에 노출되는 모든 플랫폼에 동일하게 노출해야 한다. 블로그나 카페, 광고, SNS 등 소비자들이 어디서든 해당 펜션의 이미지를 접했을 때 명확하게 어떤 펜션인지를 쉽게 이해하고 강하게 기억에 남도록 해야만 한다.

소비자가 원하는 것이 무엇인지 알고 있다면 소비자가 원하는 걸 보여주면 된다. 그게 가장 쉬운 세일즈 방법이다. 소비자가 원하지도 않는 평범한 객실을 아무리 넓게 촬영해서 보여줘 봐야 팔리지 않는다. 펜션의 객실 이름도 역시 소비자는 별로 관심이 없다. 소리와 뜻만 좋은 '샹그릴라방'이나 '프로방스방' 등으로 만들어봐야 방은 팔리지 않는다.

소비자의 머릿속에 담고 있는 정보를 이용해야 한다(객실의 눈높이를 높이는 객실 연출방법은 이 책의 39번째 질문 '객실료를 얼마로 설정해야 하나요?'에서도 다시 언급하고 있다. 객실료를 설정하되 더 높은 객실료를 받을 수 있도록 좋은 이미지를 만들어야 한다.).

● 일반적인 펜션 객실 이미지를 벗어난 객실(침대를 벽에 붙이는 방식이 아닌 객실 정 중앙에 비치했다)

일반적인 펜션의 이미지로는 이제 더 이상 젊은 소비자를 사로잡지 못한다. 펜션은 개념상의 용어일 뿐 법률상의 용어가 아니다. 법률상의 용어는 민박업 아니면 숙박업이다. 만약 더 높은 매출과 더 높은 객실 가동률을 만들려면 일반적으로 펜션 하면 떠올리는 획일화된 펜션 이미지에서 탈피해야만 살아남을 수 있다. 그리고 만들어진 컨셉은 집요할 정도로 지속적으로 노출해야만 한다. 펜션의 컨셉 만들기는 펜션을 잘 판매하기 위한 매력 만들기라고 생각해야 한다. 가장 기본이며 가장 필요한 작업이다.

22

누구를 대상으로
영업하는 게
유리할까요?

위 질문에 이해를 돕기 위해 가상의 40대를 예로 들어 설명하려고
한다.

내가 어릴 적 나의 부모는 어린 나와 동생을 데리고 교외로 나가 허
름한 민박집을 잡고 계곡 옆에서 삼겹살을 구워 먹는 것만으로도 너무
나도 행복한 여행이라고 생각했다. 나도 행복했다. 어른이 된 지금도
나는 허름한 시골집 같은 분위기도 익숙하기 때문에 여행을 위한 숙소
는 그저 깔끔하기만 해도 만족하며 지낼 수 있다. 그리고 난 학창 시절
가장 멀리 여행을 떠난 건 수학여행 때 경주를 다녀온 것이 최고로 멀
리 간 것이었고 해외여행은 서른이 거의 다 돼 다녀왔다. 만약 이와 같
은 사람을 상대로 장사를 한다면 깔끔하고 무난한 디자인의 펜션으로
만들어도 된다. 그들은 다양한 숙소를 경험해보지 못했기 때문에 좋은
객실, 최고의 객실에 대한 기준이 애매모호하다. 아마 그 연령대가 40
대 이상이 될 것이다. 하지만 이정도의 연령대의 고객을 상대로 영업을
한다면 롱런할 수 없다. 무난한 펜션이 롱런할 수 없는 이유를 좀 더 설
명하자면 다음과 같다.

나는 컨설팅 일 때문에 전국의 펜션을 찾아다니고 있지만 여행 빈도는 점점 떨어지고 있다. 물론 더 젊었을 때에는 친구들을 모아 놀러가서 밤새도록 술도 마시고 아내와 신혼 때에는 별별 기념일을 다 챙기면서 둘만의 특별한 여행도 많이 떠났다. 하지만 지금은 활동성이 떨어지는지 아니면 귀찮아서 그런지 시간이 남을 땐 그냥 쉬는 게 좋다. 만약 여유시간이 생긴다면 지인들과 골프를 치러 나가는 게 더 큰 낙이다. 나만 그런 게 아니다. 나보다 조금 더 높은 연령대의 지인들을 만나 이야기를 들어보면 여행의 빈도는 더욱 떨어진다. 아이들 학업 때문에 여행을 못 가는 경우도 많고, 고등학생 대학생 자녀를 둔 가정은 이미 부모의 손을 덜 타는지 부모와 함께 여행을 가기 싫어한다고 한다. 물론 40, 50대의 여행 고수들도 있다. 하지만 그들은 합리적인 여행을 할 뿐 객실에 무리한 투자를 해서 여행을 떠나는 사람들이 아니다.

이런 사람들을 대상으로 영업을 할 것인가?

오랫동안 펜션 사업을 하고 싶다면 영업 대상 고객을 바꿔야 한다.

펜션은 고객과 함께 늙는다. 40대의 고객층은 10년이 지나면 50대가 된다. 즉, 여행 빈도가 더 떨어지는 나이가 된다. 그렇기 때문에 연령대를 최대한 낮춰 눈높이를 젊은 고객에게 맞춘 펜션을 만들어야 한다. 타깃 연령층이 낮아진다면 더 롱런하게 된다. 물론 이론적으론 그렇다.

스무 살짜리 젊은 고객이 좋아할 만한 펜션을 예쁘게 만들었다. 당연히 젊은이들이 좋아할 이미지로 만들었으니 펜션에 오는 다수의 고객층은 젊은 층이 될 것이다. 그런데 세월이 흘러 10년이 지나갔다. 스무 살짜리 젊은 고객은 이제 서른 살이 됐고 서른 살이 된 고객은 여전히 챙겨야 할 기념일도 너무 많고 여행을 충분히 즐길 연령대다. 결혼 적령기에 연애도 많이 하고 많은 친구들과 어울린다. 크리스마스도 챙겨 여행을 떠나고 여자친구와 만난 지 100일 기념일 200일 기념일 등 별별 사소한 날도 다 챙긴다. 결혼을 했다고 해도 결혼 1주년, 2주년 챙겨야 할 날이 참 많다. 그들은 잘 먹고 잘 사는 시대에 태어나 자신을 가꾸고 즐기는 데에 인색하지 않다. 50대와는 다르다. 그 고객들이 나이가 더 들어 10년이 흘렀어도 마흔이다. 이제 막 초등학생을 둔 엄마 아빠는 아이들과 많은 것을 경험하기 위해서 아이들과 함께 여행을 다닌다. 답은 너무나도 쉽게 나왔다. 스무 살짜리 고객들이 좋아할 만한 펜션으로 만들면 된다. 하지만 그것이 결코 쉬운 일은 아니다. 다른 세대를 살고 다른 교육을 받고 살아온 중년의 사장이 어떻게 열아홉 살, 스무 살짜리의 눈높이를 맞출 것인가? 평생을 숙박업에 대해 공부하고 경험을 쌓고 있는 필자도 그 감을 잃지 않기 위해서 매년 수차례 해외의 유명 호텔들과 펜션을 시찰하고 있다. 하물며 평생 회사원으로 살아오던 중년의 남자 또는 여자가 이제 막 은퇴를 한 후에 스무 살짜리가 좋아할 만한 펜션을 만든다는 건 분명히 쉽지 않다.

과연 방법은 없을까? 먼저 우리가 타깃으로 삼아야 할 젊은 고객들이 어떤 사람들인지 알아보자. 이해를 돕기 위해 내 실제 경험을 이야기해야 할 것 같다. 지금 이 글을 쓰고 있는 나는 40대 중반이 됐다. 나는 설레는 첫 해외여행을 26살에 했다. 당시 내 친구들은 나를 꽤 부러워했다. 왜냐하면 내 친구들은 신혼여행을 통해 해외를 처음 나간 경우가 대부분이었기 때문이었다. 물론 스무 살이 갓 넘어서 해외로 배낭여행을 떠나는 친구들도 있었지만 당시에는 정말 극소수에 불과했다. 하지만 요즘 젊은이들에게 해외여행은 막연히 어렵고 힘들고 대단한 것이 아니다.

얼마 전 조카가 고등학교를 졸업하고 대학을 진학하게 됐다. 나는 조카에게 이제 대학교에 입학 할 때까지 4개월 정도가 남았는데 뭘 할 거냐고 물었다.

"공부하느라 답답하게 살았으니까 이제 여행을 정말 많이 하고 싶어요"라고 말을 하고는 대뜸 한 달 동안 유럽여행을 할 거라고 말했다.

"너 참 대단하다. 우리 땐 해외여행이 힘들었는데 말이야."

"그래요? 요즘에 저처럼 여행을 가는 친구들은 많이 있어요. 물론 제가 좀 멀리 떠나긴 하는 거지만요."

"너 영어 좀 하니? 패키지 여행으로 가는 거야?"

"아니요. 스마트폰이 있는데 무슨 걱정이에요? 프랑스에 맛집이 어디인지, 어떻게 가는지, 저렴한 숙소가 어디인지 다 나오는데요."

"그렇구나. 그럼 유럽여행 다녀와서는 뭘 할 거냐?"

"다시 홍콩으로 여행을 가요."

"또? 홍콩에서는 어디서 자는데? 예약은 했어?"

"네. 홍콩에서는 5일 있어요. 호텔은 리갈 홍콩 호텔하고요. 하버 그랜드 호텔이에요."

"뭐? 거기 5성급 호텔이잖아? 야. 너 참 좋은 부모 만나서 호강하는구나. 넌 정말 엄마 아빠한테 잘해야겠다."

"네, 아빠가 예약해준 건데요. 사실 아고다에서 보면 5성급 호텔인데 10만 원 조금 넘는 돈으로 예약할 수 있어요."

리갈 홍콩이나 하버 그랜드 호텔은 5성급 호텔이고 내가 알기로는 꽤 비싼 호텔이다. 하지만 이런 좋은 호텔도 인터넷에서 경쟁이 붙어서

'특가판매'라는 명목으로 정상가 40만 원에서 20만 원이 조금 안 되는 금액으로 판매되고 있다.

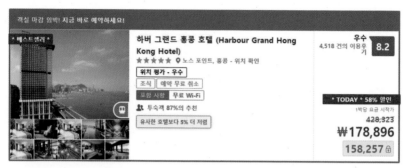

● 아고다 : 전 세계 호텔 예약 사이트에 소개된 하버 그랜드 홍콩 호텔

만약 우리가 펜션으로 돈을 벌고 싶다면 이런 어린 고객을 상대해야 한다. 그들은 잘 먹고 잘 사는 시대에 태어나 초등학교 때부터 엄마 아빠 손을 잡고 방학 때마다 발리, 세부, 방콕 등을 여행했다. 여행사들 끼리 치열하게 경쟁하는 바람에 여행 상품가는 낮아졌고 방콕 파타야 를 50만 원도 안 되는 금액으로 예약을 하고 현지에 가서는 좋은 관광 지를 다니며 4성급이나 5성급 호텔에서 좋은 시간을 보냈다. 이들의 눈이 얼마나 높을까? 그들은 우리와는 다르다. 아무리 삼포세대, 88만 원 세대라며 약자라고 일컫지만 그래도 분명히 그들은 잘 먹고 잘 사는 발전된 시대에 태어난 것은 맞다.

그들에게 일반적인 펜션 즉, 깔끔한 집과 같은 펜션은 판매하기가 쉽 지 않다. 어릴 적부터 4성급, 5성급 호텔을 접하며 그에 준하는 인적 서비스를 당연하게 접했던 이들이 시설도 서비스도 자신들의 기준에 못 미치는 적당히 예쁜 펜션에 만족할리 없다. 그들을 만족시키려면 그들이 그동안 접했던 호텔 또는 여행 숙소와 비슷한 수준이나 그 이상의 것들을 보여줘야만 만족할 수 있다. 그래서 앞 단원에서 젊은 층을 잡기 위해서는 호텔식의 이미지가 더 영업하기 쉽다고 설명한 것이다.

● 네이버에서 방콕 파타야 여행 검색 결과, 저렴한 패키지 상품이 넘친다

23

신축, 인수, 임차 중
어떤 형태의 펜션 사업이
좋을까요?

어떻게 창업하는 것이 가장 합리적인 방법으로 펜션 창업을 하는 것일까? 펜션을 지을 땅을 구입하고 건물을 올려서 창업하는 것이 좋을까? 이미 만들어진 펜션을 인수해서 리모델링 후 창업하는 것이 좋을까? 아니면 임차해서 펜션을 운영하는 것이 좋을까? 딱히 무엇이 좋다고 말하기는 어렵지만 대부분 가장 선호하는 창업방식은 땅을 사서 신축을 하는 방법이다. 창업주의 뜻을 그대로 따라 펜션을 만들고 그에 어울리는 영업방식으로 판매율을 높이는 장치들을 만들기가 용이하기 때문이다. 반면에 평가 가치가 조금 떨어지는 기존 펜션을 구입해서 창업하는 형태가 좀 더 쉽고 합리적이라고 예상하는 사람들도 있다. 하지만 펜션 사업이 지금처럼 발달하기 전에는 괜찮은 창업 방법이었지만 지금은 꼭 그렇지만은 않다. 사업자를 다시 내고 홈페이지를 새로 만들고, 각종 허가 부분도 다시 신청을 해야 하기 때문에 창업을 위한 절차는 기존 펜션을 그대로 인수해도 똑같이 해야 한다. 더군다나 최근에는 깊은 시골 마을을 제외하고 매매로 나온 펜션의 가격이 너무나도 비싸게 나와서 펜션 매입 가격과 매입 후 인테리어 비용을 합하면 신축 비용보다 더 높게 나오는 경우도 많이 발생한다. 보통 펜션은 도심에서 멀리 떨어진 값 싼 땅을 용도 변경을 통해 건축을 한 후 거래를 하기 때문에 저렴한 땅 을 몇 배로 불려 판매할 수 있는 좋은 상품이기도 하다. 그리고 이런 식 의 사업으로 큰 이익들 내는 회사들도 많이 생겼기 때문에 초보자 입장 에서 이미 만들어진 펜션을 시세보다 싸게 구입하기란 생각보다 쉽지 않다. 얼마 전에 강릉에서 펜션 창업을 준비하는 분을 컨설팅했다. 그분 은 기존 펜션을 매입하는 방식으로 창업을 준비 중인데, 당시 급매로 나 왔다는 말에 덜컥 구입해버리고 난 후 컨설팅을 받는 도중 본인이 구입 한 매물이 급매물 가격이 아니라는 사실을 알게 됐다. 하지만 이미 계약 을 한 상태였기 때문에 되돌리기에는 이미 늦어버렸다. 초보자가 스스 로 가치 있는 펜션 매입을 결정하기는 무척 어렵다. 보통 나에게 컨설팅 을 받는 사람들은 매수 가능 물건을 2~3개쯤은 기본으로 보여주며 조 언을 구한다. 그래도 신중에 또 신중을 기해야 한다.

임차를 해서 펜션을 운영하는 분들도 있다. 하지만 임차 비용은 임대 인과 임차인의 거래이기 때문에 필자가 좋고 나쁨을 가리기는 쉽지 않 다. 하지만 펜션에 따른 대략적인 임차비용 정도는 계산할 수 있어야 한다. 임차를 할 경우 높은 월세(연세), 높은 광고비와 운영비를 빼고 나면 본전도 못 찾는 경우가 많기 때문에 나는 보통 임대 펜션을 적극 적으로 권하지는 않는다. 다만 임차비용이 낮고 많은 객실을 보유한 펜 션의 경우에는 임차를 권하기도 한다.

신축, 매수, 임차 등 어떠한 형태로 창업을 하든 그 전에 펜션을 창업 하려는 지역에 대한 이해를 먼저 해야 한다. 예를 들어 경기도 가평의 경우에는 이미 수많은 펜션이 운영되고 있으며, 벌써 10여 년 전부터 이미 포화상태라는 이야기를 해왔다. 이러한 지역에서는 오래 전부터 수준 높은 펜션들이 창업되고 폐업됐기 때문에 인수할 만한 펜션들이 꽤 있을 수 있다. 하지만 최근 몇 년 새 럭셔리 펜션 바람이 분 지역에서는 괜찮은 매물을 좋은 가격에 매입하기 힘들 수 있다. 가장 대표적인 지역이 바로 경주, 여수, 남해, 거제 등의 지역이다. 이 지역은 최근 5~6년 이내에 만들어진 펜션이 매우 많다. 그렇기 때문에 최근에 만들어진 수준 높은 펜션이 저렴한 매물로 나올 일은 극히 드물다. 물론 애초부터 분양(판매) 목적으로 만들어진 펜션은 제외다. 그렇기 때문에 이런 지역이라면 매수나 임차가 아니고 차라리 신축으로 건물을 지은 후 펜션을 운영하는 것이 오히려 더 합리적이다.

24

괜찮은 펜션 매물은
어떻게 찾는 것이
좋을까요?

오래전부터 펜션 사업에 관심이 있던 분들은 고민했던 시간만큼 좋은 펜션을 매입한다. 좋은 위치, 좋은 경관, 시설, 인터넷 노출 상황 등을 꼼꼼히 파악하며 펜션을 고른다. 하지만 펜션은 아파트나 상가형 주택처럼 거래가 잘 이뤄지지 않기 때문에 매수 시 매우 신중해야 한다. 앞으로 소개할 부분은 펜션을 운영해보지 않았다면 모르고 지나쳤을 수도 있는 부분이니 매수 전 꼭 체크해봐야 한다.

당연한 얘기지만 좋은 위치는 펜션 영업에 유리하다. 여기서 말하는 좋은 위치란, 고속도로에서 빠져나와 국도를 오래 타지 않는 위치다. 만약 단체 펜션이라면 고속도로 외에 대중교통편이 편리한 곳이 좋다. 펜션 여행을 하는 여행 그룹 중 일부가 늦게 출발하거나 각자 따로 오는 경우 대중교통으로 이동이 가능하다면 고객들에게 더 편의를 제공할 수 있다. 하지만 가족 여행자들과 커플 여행자들을 모객하기 위해서 좋은 위치는 의미가 조금 다를 수 있다. 역시 커플 여행자들에게도 편리한 교통은 이점이 되지만 조금 이동이 불편해도 주변 관광지가 많이 없어도 펜션만 화려하고 멋지다면 불편함을 마다하고 찾아온다. 얼마 전 커플 펜션을 지을 창업 예정자가 나에게 문의를 한 일이 있다. 예산은 10억 원인데 창업자가 원하는 지역은 유명지라 땅값이 매우 비싸다고 했다. 좋은 위치기이 때문에 거의 절반 이상을 땅에 투자를 하고 남는 예산으로 빠듯하게 커플 펜션을 지으면 어떤지를 물었다. 하지만 아무리 유명 관광지 인근에 있더라도 객실이 화려하지 않으면 커플들은 찾아오지 않는다. 그래서 좀 더 떨어진 저렴한 땅을 구입하고 많은 비용을 들여서 건축을 하라고 조언했다. 커플 여행자들에게 위치는 객실을 예약하는 데 크게 작용하지 않는다.

가족 여행자들을 위한 펜션을 운영한다면 대중교통보다는 고속도로를 이용하기 좋은 위치여야 한다. 그리고 유명관광지 인근이 좋으며, 객실 수는 많아야 한다. 가족형 펜션은 단체 펜션과 커플 펜션에 비해 예약률이 많이 떨어진다. 그렇기 때문에 주말, 연휴, 성수기 등 한정적인 기간 내에 집중적으로 판매를 해야 한다. 집중된 기간 내에 매출을 크게 올리려면 객실 수는 무조건 많아야 하며 성수기 기간 내에 생활비까지는 아니지만 1년 치 운영비 정도는 뽑아낼 수 있어야 한다.

아주 독특한 성향을 갖지 않는 한 건물을 보는 눈은 누구나 거의 비슷할 거라 생각된다. 누구나 예쁘고 멋진 건물을 매수하고 싶겠지만 가격이 맞지 않는 경우가 많다. 하지만 실망할 필요는 없다. 어차피 기존에 운영되던 펜션을 인수한 후 리모델링 공사는 꼭 필요하니 멋지게 만들어진 펜션을 과한 값을 치르고 매입하기보다는 적당한 값의 깔끔한 구조의 펜션을 매입해 창업자가 운영하고 싶은 형태로 바꾸는 것이 더 바람직하다. 완벽한 펜션을 찾을 필요는 없다.

앞서도 소개했지만 펜션 건축물의 형태는 콘크리트, 목조주택, 스틸하우스, 한옥 등 여러 가지가 있다. 하지만 인수 후 공사를 하려면 콘크리트 건축물보다는 목조주택이나 스틸하우스 골조로 만들어진 펜션이 더 좋다. 콘크리트 건축물은 구조의 변경이 매우 힘들고 공사비용이 많이 든다. 하지만 목조나 스틸은 변경이 매우 용의하기 때문에 창업자의 의도대로 변경하기가 편리하다.

그 외 인터넷에 노출된 글의 수를 파악해봐야 한다. 영업이 잘되던 펜션이라면 인터넷 공간에 글이 많을 것이다. 글이 많이 없다면 처음부터 다시 해야 하는 상황이 발생한다. 만약 인수해서 운영할 만한 괜찮은 펜션이 나왔다면 예상 매출과 운영의 용이성을 충분히 확인해야 한다. 나는 매물로 나온 펜션 중 문을 닫고 운영되지 않는 상태의 매물은 매수나 임차를 하는 걸 권하지 않는다. 그리고 꼭 인수 전에 해당 펜션에서 자보길 권한다. 물론 잠을 자볼 때에는 한가한 평일이 아니라 손님들이 꽤 있는 주말을 선택해야 한다. 그때 펜션을 봐야 좀 더 정확하게 볼 수 있다. 가장 좋은 방법은 일반적인 주말에 하룻밤을 투숙해보고 비나 눈이 많이 오는 날 주말에 투숙해보면 더 좋다. 비가 오는 날 바비큐장을 활용할 수 있는지, 불만사항이 나오는지 등을 확인할 수 있기 때문이다. 펜션에 가는 큰 이유 중 하나가 바로 바비큐이기 때문이다. 그리고 직접 투숙해봐야 하는 더 중요한 이유가 있다. 바로 차음이다. 몇몇 분들은 펜션의 겉모습과 객실의 디자인만 보고 마음에 들어서 계약을 하는 경우가 있다. 하지만 차음에 대한 부분은 직접 잠을 자보지 않고는 알 수가 없다. 나름 테스트한다고 옆방에서 TV를 크게 늘어놓고 테스트하는 경우도 있는데 낮에는 그런 방식으로 차음이 되는지 테스트할 수 없다. 밤 12시가 넘어 고요한 밤에 옆방에서 게임을 하는 소리나 TV 소리, 술을 마시면서 떠드는 소리가 들리는지 체크해야 한다. 아무리 펜션의 디자인이 훌륭하다고 해도 이런 차음 부분이 해결되지 않는다면 인수할 필요가 없다. 폐쇄적인 성향을 갖은 펜션 투숙객들에게 프라이버시가 깨지는 문제는 가장 큰 불만사항 중 하나이기 때문이다.

펜션 매수 시 체크해야 할 사항

① 토지용도
② 고속도로 입구 위치(교통)
③ 골조
④ 차음 체크
⑤ 실내 바비큐장 체크
⑥ 전기용량
⑦ 단열
⑧ 화장실 바닥 난방
⑨ 객실 바닥 난방 확인(필름 또는 판넬등)
⑩ 심야 전기 유무
⑪ 천정 지붕 벽면 크랙 정도
⑫ 상하수도 또는 지하수 확인
⑬ 누수 체크
⑭ 배수
⑮ 온수탱크 확인
⑯ 전기용량에 따른 고용량 전기사용 시 문제 여부 체크(에어컨, 난방기구, 전기 그릴 등 사용 시)
⑰ 겨울철 동파 관련 문의 및 체크
⑱ 분전함 위치
⑲ 정화조
⑳ 하자 보수에 필요한 AS업체 연락처

25

상가 주택도
매입해서 펜션으로
운영이 가능한가요?

펜션을 직접 건축해서 운영하는 방법도 있지만 펜션으로 사용할 수 있을 만한 건물을 매입해서 펜션으로 운영할 수도 있다. 다만 농어촌민박업 시설 외 모든 펜션들은 건축법상의 숙박시설로 분류되기 때문에 숙박업으로 사업을 하기 위한 조건에 맞도록 리모델링을 해야 하는 경우도 발생할 수 있다. 이미 펜션으로 운영되던 건물을 매입해서 운영한다면 리모델링 공사가 필요 없다. 하지만 폐교나 일반 집 또는 빌라나 상가 주택처럼 생긴 건물을 펜션으로 운영한다면 건축물이 펜션 사업을 하기 위한 법령 기준에 적합한지를 꼭 살펴보고 기준에 적합하지 않은 건물이라면 용도변경 절차에 따라 신고를 해야 한다.

건물의 용도변경 허가를 위해서 〈건축, 대수선, 용도변경허가신청서와 신고서〉, 용도 변경이 필요한 층의 변경 전, 후 평면도가 있어야 하며, 용도변경을 통해 변경되는 방화, 피난, 내화, 건축설비 관련 표시가 된 도서가 필요하다. 앞서 소개한 서류와 신청서가 들어가면 확인 절차를 마친 후 건축, 대수선, 용도변경 허가서를 발급받게 된다. 그 후 공사가 들어간 후에 숙박업(펜션)으로 사업 신고 후 운영하면 된다.

26

펜션 창업에 관한 전문가 컨설팅을 받는 것이 좋을까요?

평생을 직장에 다니던 사람이 갑작스레 음식점이나 PC방 등 개인 사업을 할 경우 혼자 공부해서 창업하는 것보다는 조력자가 옆에서 도와주는 것이 분명히 더 유리하게 창업을 하게 된다. 잘못된 지출을 막아줄 수도 있고, 영업과 운영에 대한 노하우도 전수받을 수 있다. 그렇기 때문에 요즘에는 리스크를 줄이기 위해서 프랜차이즈 창업을 선호하는 사람들이 늘고 있다. 음식점을 하면 괜찮은 레시피를 전수받아야 장사를 잘할 수 있을 것 같고 PC방을 운영한다면 컴퓨터에 대해서 좀 알아야 장사를 할 수 있을 것 만 같다. 하지만 이 당연한 사실을 펜션 창업 예정자들은 간과를 하는 경우가 많다.

'전화 오면 응대하고 청소 깨끗이 하고 손님 받는 일인데 특별한 노하우가 뭐 있겠어?'라고 초보 사장다운 생각으로 창업했다가 낭패를 보는 경우가 너무 많다.

펜션 사업에 특별한 노하우가 있을까?

맞다. 펜션 사업이라는 게 대단한 노하우를 갖고 하는 사업이 아니다. 정확히 다시 말하자면 '아니었다'라고 말하는 것이 맞는 것 같다.

과거형이다. 이제 이 사업은 대단한 노하우를 갖고 시작해야 하는 사업이 돼버렸다. 10여 년 전에는 펜션을 만들어놓고 인터넷에 등록만 해놓는 것으로도 충분히 영업이 잘됐다. 돈이 된다 싶으니 수많은 실버사업가들이 은퇴 후 가장 먼저 고민하는 사업이 바로 카페와 펜션이 돼버렸다. 그 결과 너무나도 많은 펜션들이 경쟁을 하고 있는 상황이 전국 곳곳에서 발생하고 있다. 얼마나 많은 펜션들이 경쟁하는지 치킨집과 비교해보면 더 쉽게 이해할 수 있다.

조금 번화한 동네에 서서 한 바퀴 쭉 동네를 돌아보면 교회만큼이나 치킨집들이 많이 보인다. 한 자리에서도 서너 개는 충분히 보일 만큼 많은 치킨집들이 있다. 그 수가 전국에 1만 6,000여 개가 된다. 심각할 정도로 많은 치킨집들이 경쟁을 하고 있다. 그런데 펜션의 수가 3만여 개가 넘는다. 치킨집도 엄청난 과열 경쟁 사업이라고 하는데 그 수의 두 배 가까이 되니 펜션 사업을 잘하려면 상상하기 어려울 만큼 엄청난 경쟁 속에서 살아남아야 한다는 것이다. 덧붙여 설명하자면, 치킨집은 동네장사다. 그렇기 때문에 동네 사람들에게 친절하게 하고 잦은 이벤트로 고정고객을 잘 잡을 수 있다면 그럭저럭 먹고살 수도 있다. 하지만 펜션은 3만여 개의 모든 펜션들이 인터넷이라는 한 공간 안에서 치열한 경쟁을 하고 있다. 펜션의 수에 비해 인터넷에서 펜션이 노출되는 공간은 한정적이기 때문에 결국 모든 펜션들에 평등하게 노출되는 것이 아닌 광고와 홍보를 매우 잘하는 펜션들만 노출된다. 펜션은 자본력만 갖춘다면 누구나 창업할 수 있기 때문에 현재 만들어진 펜션들의 수준은 평준 이상이고 서비스도 평균 이상이다. 모두 비슷한 상품을 갖고 경쟁하고 있는 것이다. 결국 인터넷에서 내 상품을 매력적으로 잘 포장해서 노출하는 사람이 승리한다. 아무리 별 볼 일 없는 상품도 매력적으로 노출될 수 있도록 할 수 있는 능력이 있다면 이 사업은 절대로 망하지 않는다. 이젠 펜션 사업자들은 이 방법을 배워야 한다. 투자금을 모으고 건물을 예쁘게 짓고, 청소를 하고, 전화상담을 하는 것은 누구나 할 수 있는 일이다. 내 상품을 인터넷에 매력적으로 보이도록 노출시키는 방법을 배워야 한다.

며칠 전에 나에게 전화 상담을 의뢰한 분은 펜션 사업에 자신감이 넘치는 분이었다. 음식점 장사를 10여 년 동안 해왔기 때문에 보통 사람들보다 더 잘할 자신이 있다고 했다. 이벤트도 많이 해봤고 고객이 어떤 부분을 좋아하는지도 잘 알고 있다고 했다. 물론 음식장사를 오랫동안 했다면 현장 영업력은 일반 사람들에 비해서 우수하겠지만 펜션업은 요식업과 다르다. 요식업 매출의 절반 이상은 단골들에게서 나온다. 그 고객들은 매일 식당에 찾아올 수도 있고 일주일에 한 번 찾아올 수도 있다. 또는 한 달에 한 번씩 찾아올 수도 있다. 즉, 손님들은 식당의 음식을 여러 번 접할 기회가 있다. 그러면서 나름의 맛을 평가 분석할 수도 있다.

'오늘은 국밥의 국물이 옅다.'

'오늘 먹은 김치는 일주일 전에 먹었던 김치보다 조금 덜 익었다.'

'일주일 전에 먹었던 찌개보다 단맛이 덜 난다.'

자주 음식점을 찾을 수 있기 때문에 손님들이 상품에 대해 더 깊게 분석할 수 있다. 그렇기 때문에 음식 장사는 기본적으로 상품 자체가 훌륭해야 장사가 잘된다. 하지만 펜션은 그렇지 않다. 펜션은 여행업의 범주에 속한다. 세상의 여러 상품들 중 가장 재구매율이 가장 떨어지는 상품이 바로 여행상품이다. 즉, 한번 왔던 여행지는 다시 안 올 확률이 매우 높다. 결국 우리는 뜨내기손님들을 상대를 해야 한다. 손님은 인터넷에서 펜션을 확인하고 예약한다. 그리고 펜션에서 하룻밤을 지내고 나면 펜션의 만족 여부를 떠나 그 손님은 다시 재방문할 확률이 매우 떨어진다. 물론 열에 하나는 다시 찾아올 수도 있지만 다수는 아니다. 그렇기 때문에 펜션 사업은 고객의 기대치를 높여 이미지를 판매하는 것이 가장 중요한 일이라고 할 수 있다. 고객들은 펜션에 여러 번 방문해서 상품에 대한 분석을 할 수 없다. 그러므로 상품 자체의 완성도를 높이기보다는 인터넷에서 보이는 연출에 힘써야 한다. 이해를 돕기 위해 좀 더 노골적으로 표현하자면, 객실에 고급스러운 분위기를 연출하기 위해 바닥엔 대리석이 아니라 대리석 느낌의 타일을 깔아도 되고, 원목이 아닌 원목 느낌의 필름 작업을 해놓아도 된다. 연출이 중요하다. 이 연출된 모습을 인터넷에서 극대화시킬 수 있어야 한다. 상담을 하다보면 블로그도 제대로 할 줄도 모르고 키워드 광고도 세팅할 줄 모르는데 창업주 생각대로 펜션을 창업하겠다고 이야기하는 사람들이 있다. 창업 전 소양을 갖추지 못한 상태에서 창업한다면 100% 고전하게 된다. 그 힘든 시간을 단축하기 위해 펜션 운영자가 알아야 할 기본적인 펜션의 운영 방법과 광고, 홍보, 이벤트방법을 꼭 배워놓아야 한다. 누구에게 어떻게 배우느냐가 중요하겠지만 펜션 사업 컨설팅은 꼭 필요하다.

27
펜션 창업 컨설팅을
받는 시기는 언제가
좋을까요?

    얼마 전 필자가 운영하는 카페에 문의 글이 하나 올라왔다. 펜션 창업을 하기 직전인데 신축을 해야 할지 기존 운영되던 펜션을 인수해야 할지 잘 모르겠다는 질문이었다. 마침 컨설팅을 막 마친 상태였기 때문에 그분과 짧은 통화를 나눌 수 있었다. 사실 그는 신축보다도 이미 점찍어 놓은 펜션에 매우 큰 관심을 갖고 있는 상태였다. 하지만 나는 그분께 그 건물을 매수하지 말길 권했다. 12억 원이라는 적지 않은 매매가로 나온 펜션 건물은 객실이 7개가 전부였기 때문이었다. 물론 객실 수준이 높다면 적은 수의 객실을 운영하는 것도 나쁘지 않다. 그 펜션은 매우 넓은 부지가 있지만 건물은 작고 객실 수준도 높지 않았다. 하지만 그분은 내가 말하는 객실 수준에 대한 기준이 전혀 없었기 때문에 본인이 마음에 드는 몇몇 공간에 눈이 멀어 결국 인수를 강행했다. 아마도 좀 더 깊게 조언을 할 시간이 있었다면 아마 그는 펜션을 인수하지 않았을 수도 있었을 것이다. 결국 그분의 펜션은 인수 후 2개월 동안 12번의 방을 판 것이 전부였고 비참한 결과에 펜션 사업을 시작한 걸 후회하고 있다고 했다. 아무리 비수기 기간이라고 하지만 2개월간

12개 객실 판매는 정말 처참한 결과가 아닐 수 없다.

전 재산을 투자하면서 일부 창업자는 '펜션은 그냥 깔끔하게 잘 만들어 놓으면 영업이 될 거야'라고 믿고 자신의 경험과 직감을 따라 오픈한다. 하지만 전국의 펜션은 이미 3만여 개가 넘었으며, 광고료는 천정부지 가격이 올라갔고 경쟁은 치열해졌다. 이미 숙박사업 시장은 초보 사장의 직감으로 창업해도 될 만큼 만만한 사업이 아닌 상황이 돼버렸다. 매우 치밀하게 계획해서 오픈해야 하며 공부할 것도 참 많다.

최근에는 건축이나 매수를 하기 전 전문가의 조언을 구하기 위해 컨설팅을 받으려는 예비 창업자의 수가 많이 늘었지만 아직도 여전히 물을 엎지른 상태에서 필자를 찾아오는 이들도 적지 않다. 그들의 펜션을 컨설팅하다 보면 잘못된 방향으로 설정해서 공사를 진행한 경우가 참 많았다. 그리고 그들은 펜션 사업과 건축에 경험이 없기에 공사가 한참 진행돼 마무리가 돼가는 데도 불구하고 무엇이 잘못됐는지 모르는 경우도 참 많았다. 결국 건물이 완성되고 창업을 해서 운영을 하던 중에 잘못된 부분을 감지하게 되는데, 이미 그때는 투자금도 시간도 모두 허비해버린 후이기 때문에 복원이 쉽지 않다. 실재로 객실이 28개나 되는 펜션을 인수해 인테리어를 했다가 컨설팅을 받은 후 그에 준하는 비용을 들여 인테리어를 다시 한 창업자도 있었다.

펜션 창업 컨설팅에 가장 좋은 시기는 펜션 사업을 시작해야겠다고 마음먹은 직후 받는 것이 좋다. 건축주(펜션 사장)는 돈을 벌 수 있는 형태의 펜션 디자인(트렌드)을 잘 파악할 줄 알아야 하며, 건축회사를 만나 건축하려는 이미지를 건축회사에 명확하게 전달할 수 있어야 한다. 그저 사진 몇 장 보여주고 멋지게 만들어달라고 하면, 건축회사는 그동안 그들이 쌓아온 노하우와 경험을 통해 그들이 선호하는 방식으로 펜션을 건축하게 된다. 건축될 펜션은 펜션 사장이 상대하고 싶은 고객을 공략해서 수익을 올릴 펜션으로 만들어져야 하며, 펜션 사장이 편리하게 관리할 수 있도록 만들어져야 한다. 예를 들어 건물 외관은 그럴싸하게 만들어져서 멋진 펜션처럼 보일지라도 세탁실 위치를 건물 3층 구석에 만들어놓는다면 펜션 운영자 입장에서는 동선이 커져버려 매우 불편하게 펜션을 관리하게 될 수도 있다. 그렇기 때문에 작은 부분까지도 건축회사 측에 생각을 잘 전달할 줄 알아야 한다. 그런데 펜션 사업과 전혀 무관한 업종의 일을 해왔던 예비 창업자들 대부분은 요즘 펜션의 트렌드를 모를 뿐더러 어떻게 펜션이 디자인돼야 하는지에 대한 감을 잡을 수 없다. 그래서 전문가에게 조언을 먼저 들으며 펜션 창업에 필요한 정보를 습득해야 한다. 그리고 난 후 큰 비용이 들어가는 일들을 하나씩 하나씩 해결해 나아가야 한다. 충분한 정보가 없이 펜션 창업을 위한 투자를 하게 될 경우 대부분은 잘못된 투자로 인해 이중으로 돈이 더 들어가는 경우가 발생하게 된다. 그저 투자금이 조금 더 들어가는 정도의 불이익이라면 그나마 다행이지만 영업 시기라도 놓친다면 매우 큰 손실을 보게 될 수도 있다.그리고 펜션은 오픈만 해놓는다고 해서 손님들이 알아서 찾아오지 않는다. 이미 전국에 수많은 펜션들이 만들어졌으며 거기에 서로 치열하게 광고 경쟁을 하고 있는데, 이제 막 오픈한 펜션을 손님들이 알아서 찾아올 확률은 거의 없다. 그렇기 때문에 펜션 사장은 펜션이 오픈되기 전에 숙박업을 잘 이해하는 홈페이지 업체와 계약을 해서 펜션이 완성된 직후 빠르게 홈페이지를 제작할 수 있도록 준비해야 하고, 펜션이 오픈되기 전부터 펜션을 잘 노출하기 위한 광고와 홍보 방법을 익혀야 한다. 그러므로 펜션 컨설팅은 펜션 사업 초기 기획 단계부터 받는 것이 가장 좋다.

28

펜션 매입 절차는
어떻게 되나요?

좋은 펜션을 매입하기 위해서는 앞서 소개한 대로 운영될 펜션의 컨셉에 적합한 건물인지, 위치는 좋은지, 시설들은 온전한지 등을 체크해보면 된다. 좋은 펜션인지 아닌지는 꼼꼼하게 체크해보면 알 수 있지만 아쉽게도 초보 사장들이 매수하는 펜션들을 보면 좋은 펜션과 거리가 먼 펜션을 계약하는 경우가 종종 발생한다. 성급한 결정은 좋은 결과를 낳지 못하니 신중해야 한다. 너무나도 당연하지만 펜션을 매입할 때 가장 중요한 것은 역시 답사(踏査)다. 하지만 애매한 펜션을 매입하는 사람들을 보면 단 한 번의 답사로 펜션을 거래하는 경우가 많이 있다. 아마도 거래 당시 분위기에 휩쓸려 성급한 결정을 하지 않았을까 생각해보기도 한다. 보통 매입을 원하는 사람이 나타나면 매도자 측은 빠른 거래를 하기를 권한다. 현재 펜션은 아파트나 일반 주택들에 비해서 활발하게 거래되지 않는다. 그럼에도 매도자나 중개사는 해당 건물을 원하는 사람들이 많이 있으니 빠른 결정을 하라고 재촉한다. 진짜일 수도 있지만 내 경험상 그런 인기 있는 매물은 여기저기 공개돼 일반인들이 쉽게 볼 수 있는 경우가 많지 않았다.

매수자는 시간적으로 압박을 받다가 잘못된 결정을 하기도 하는데 결과적으로 잘못된 거래를 마친 펜션 사장들은 '당시 내 눈에 콩깍지가 씌었다'고 말한다. 천천히 여유를 갖고 펜션을 살펴봐야 한다.

매입할 펜션을 결정했다면 그 이후는 부동산 중개사가 꼼꼼히 체크해주고 매수 과정 절차에 도움을 준다. 그래도 계약 당사자가 체크해야할 부분이 있다. 구입하려는 부동산의 권리관리 즉, 계약 당사자가 소유권을 가진 사람인지 확인하고 매매 계약서에 매매 목적물, 매매대금, 대금지급일자, 부동산 소유권 이전일자는 꼭 체크해봐야 한다.

거래가 진행되면 부동산 중개사는 부동산등기기록, 토지대장, 건축물대장 등을 확인해서 사실과 같은지 위험요소 등이 있는지를 체크하며 도움을 주는데, 이는 안전한 거래를 위한 확인 절차에 해당한다. 하지만 안전한 거래를 위한 확인 외에 예비 창업자가 체크해야 할 부분이 또 있다. 바로 토지 이용 계획 확인서다.

앞서도 소개한 **토지 이용 계획 확인서**를 열람해서 해당 지역 내에서 제한되는 행위와 해당 지역에 앞으로 진행될 개발 계획 여부를 확인해 봐야 한다.

토지 이용 계획 확인서는 해당 시, 군, 군청이나 토지이용규제정보서비스 홈페이지에서 확인할 수 있다(http://luris.molit.go.kr).

부동산 매입 후
필요한 세금(취득세)은
얼마나 되나요?

   펜션 매매 계약을 체결 후 중도금과 잔금까지 모두 치렀다면 부동산 실거래 가격을 신고하고 소유권이전등기를 신청하고 소유권을 취득하게 된다. 부동산 소유권 이전등기를 신청 후 부동산 취득에 따른 취득세를 내야 하는데, 「지방세법」에 따른 표준세율은 농지의 경우 1,000분의 30, 농지 외의 땅은 1,000분의 40, 6억 원 이하의 주택은 1,000분의 10, 6억 원 이상의 주택 취득 시에는 1,000분의 30이 부과된다. 그 외 인지세가 들어가는데 10억 원 이하의 경우 15만 원이 부과되며, 10억 원 이상은 35만 원이 부과된다. 물론 부동산 계약과 등기 등에 관한 일을 보려면 부동산 중개사의 도움을 받을 수 있으니 자세한 세법까지 알아서 처리할 필요는 없다. 하지만 중요한 포인트는 부동산 거래 당사자가 인지하고 있어야 한다.

복층 펜션은
정말 모두 불법
건축물인가요?

침실을 따로 만들 수 없는 작은 객실의 경우 천정을 높여 복층을 만들고 그 위에 침실을 꾸미는 형태의 복층 펜션 객실이 인기가 있다. 이런 형태는 건물주의 입장에서 보면 공간을 넓혀 숙박료를 더 높게 받을 수 있기 때문에 펜션 운영에 매우 효율적인 형태의 객실이라고 할 수 있다. 하지만 지금까지 내가 컨설팅을 하며 확인한 펜션의 건물들을 보면 불법 복층 펜션의 수가 상당히 많았다. 건축에 대해서 정보가 없는 사람들은 객실을 복층으로 만드는 것에 허가가 필요한 것인지도 모르는 경우가 매우 많다. 그래서인지 인수한 펜션이 불법 건축물인지 아닌지도 모르고 운영하다가 시정명령을 받고 곤혹스러워하는 사업주들이 많은데, 한 층 한 개의 객실을 복층으로 꾸미는 데도 허가와 기준이 필요하다.

보통 복층 객실을 보면 객실의 바닥 기준층만 등기가 돼있고 다락방 부분을 보일러 시설, 화장실 등을 만들어 놓는다. 하지만 제대로 허가를 받기 위해서는 기준층 외에 복층으로 올라간 곳도 함께 등기가 돼있어야 한다.

그렇다면 왜 합법적인 테두리 안에서 건물을 짓지 않고 이런 편법을 사용해서 건축을 할까?

보통 건축을 할 수 있는 땅에는 건폐율과 용적률이 적용된다. 그렇기 때문에 건축주가 건물을 더 높게 올리고 싶어도 마음대로 높게 올리지 못한다.

예를 들어 4층짜리 건물의 객실이 모두 복층이라면 실제로는 더 높은 건물로 허가를 받아야 하는 경우도 있는데 한정된 땅 안에서 올라간 건축 허가를 받기란 쉽지 않다.

그렇다면 실제로 단속에 걸려 시정명령이 나온 복층 펜션이 있을까?

최근에는 종종 시정명령을 받아 다시 공사하는 펜션들이 늘고 있다.

오래전에는 숙박업으로 등록돼 운영되는 중·대형 펜션이 그리 많지 않았다. 그저 작은 집을 민박업으로 등록해서 운영하는 펜션들이 대부분이었고 연세가 있는 분들이 노후준비를 위해 운영하는 경우가 많았다. 그래서 당시에는 펜션에 대한 규제가 심하지 않았고 적발 사항이 발견돼도 그냥 넘어가는 경우가 많았다. 하지만 최근에는 시, 군, 구청에서 신축 공사를 하는 펜션들뿐만이 아니라 기존의 펜션들도 꼼꼼하게 기준을 따지고 있다. 물론 복층 객실은 항공사진 등에 적발될 소지가 없기 때문에 아직도 불법으로 건축을 하는 경우도 많이 있다. 하지만 민원이 들어간다면 즉각 시정명령이 나오기도 한다. 얼마 전 나에게 펜션 창업 컨설팅을 받은 분이 있다. 빈 땅을 사서 신축도 생각했던 그는 공사 시간, 허가 부분 등의 복잡한 절차 등에 부담을 느끼고 신축을 포기했다. 그래서 적당한 가격에 기존에 운영되던 펜션을 매입을 해서 운영하기로 마음먹고 3개월 전에 꽤 규모가 있는 펜션을 매수했다. 하지만 3달이 지난 지금까지도 민원으로 걸리게 된 몇 가지 불법 건축 때문에 시정명령을 받았고 정상 영업은 아직도 하지 못하고 있다. 결국 불법건축물에 해당하는 부분을 다시 공사하고 정상 영업을 위한 허가를 기다리고 있다. 그렇기 때문에 복층 부분은 건축을 할 때에도 꼭 고민해봐야 하는 부분이며, 건물을 매수할 때에도 역시 꼼꼼히 확인해봐야 할 부분이다.

31

수영장을 만드는 것이
영업에 효과가
있을까요?

보통 펜션은 1년 영업 매출의 절반 가까이를 여름철에 벌어들인다. 작은 펜션임에도 1년 여름 한 철 장사로 1억 원에서 1억 5,000만 원까지 벌어들이는 펜션도 있다. 그렇기 때문에 초여름부터 늦여름까지 여름 시즌 모객을 오랫동안 유지하는 것은 모든 펜션 사장들의 바람이고 저마다 그런 상황을 만들기 위해 많은 노력을 하고 있다.

여름철 모객을 하는 데 필요한 아이템들은 여러 가지가 있지만 그중 수영장은 매출에 가장 큰 영향을 미치는 아이템이다. 실제로 필자가 수많은 펜션 사장들을 인터뷰하며 수영장이 매출에 미치는 영향을 알아본 결과 대부분이 수영장이 없을 때보다 수영장을 만들었을 때 약 1.5배의 더 높은 매출을 냈다고 답했다.

수영장의 형태는 방수작업 후 주변에 나무나 타일을 넣은 다음 여과기를 설치해 제대로 공사를 한 수영장이 대부분이고 물만 받아 사용하는 에어 수영장, 조립식 수영장이 있다. 그리고 추운 날에도 사용이 가능한 온수 수영장, 돔 수영장 등 그 형태가 다양하다.

● 양양 초록수채화 펜션의 돔 온수 수영장

소비자들이 선호하는 형태는 에어 수영장이나 조립식 수영장이 아닌 동남아의 휴양지에서 볼 수 있는 제대로 된 수영장이다. 그럼에도 에어나 조립식 수영장을 사용하는 이유는 여름 한 철 사용하고 철거를 쉽게 할 수 있기 때문이다. 반면 온수나 돔 수영장의 경우 겨울에도 사용할 수 있기 때문에 모객하는 데 더욱 유리하지만 시설 설치비와 유지비가 많이 들기 때문에 유지비를 감당할 수 있는 객실 규모와 시설 수준을 갖춘 곳에서만 돔 수영장을 만드는 것이 좋다. 예를 들어 전체적인 이미지는 다소 낮은 수준의 펜션이고 객실이 5개라면 돔 수영장을 설치한다고 해도 큰 효과를 얻을 수는 없다. 낮은 수준의 펜션이라면 차라리 조립식 수영장을 설치하는 것이 더 현명한 투자라고 할 수 있다. 그러니 상황과 규모나 맞춰 조립이든 돔이든 선택을 해야 한다.

수영장이 설치가 되면 얻을 수 있는 장점은 무수히 많다. 그중 눈에 띄는 몇 가지를 소개하자면 다음과 같다.

펜션 수영장의 장점

1. 펜션 광고의 좋은 소재가 된다.

펜션은 사진으로 성패가 좌우된다고 한다. 수영장이 있다면 광고로 사용될 멋진 사진을 연출하고 얻기 쉬워진다. 저녁에 수영장 주변에 조명을 켜놓고 로멘틱한 분위기를 연출할 수도 있고, 많은 아이들이 가족들과 함께 수영장에서 즐기는 활동적인 사진도 얻을 수 있다. 이러한 사진들을 얻을 수 있다면 정적인 객실 사진만 인터넷에 광고하는 것보다 몇 배는 더 큰 광고 효과를 얻을 수 있다.

2. 여름철 모객이 더욱 수월해진다.

여름철은 비수기 기간에 비해 여행자의 수가 급격히 늘어나는 시기다. 공급보다 수요자가 많기 때문에 조금만 열심히 광고한다면 충분히 긴 기간 동안 매출을 올릴 수 있다.

일반적인 펜션들이 여름 성수기 만실을 채우는 기간은 약 2주 정도가 된다. 광고 능력이 더 뛰어나거나 펜션 수준이 높으면 높을수록 여름휴가 기간 만실을 채우는 기간은 늘어나게 된다. 내가 컨설팅했던 펜션 중 유명해진 펜션들의 경우 여름 기간 동안 4주 만실을 채우는 건 기본이고 많게는 5주에서 8주 정도를 만실로 채우는 대단한 펜션들도 여럿 있다. 이처럼 여름 기간 객실 판매율을 높이기 위해 효과가 좋은 아이템은 바로 수영장이다.

수영장 오픈일을 6월 초순으로 잡아놓을 경우 복잡한 여행을 싫어하는 사람들 중 일부는 가족들을 데리고 좀 더 일찍 여행을 떠나기도 한다. 그리고 수영장 이용을 위해 일부러 가장 핫한 시즌을 피해서 8월 중순 이후로 여름휴가를 잡는 사람들도 있다. 그렇기 때문에 여름휴가 기간에 모객하기 위한 광고를 6월 초·중순부터 시작하고 이때 수영장 부분을 노출시킨다면 여름 모객 기간을 더 늘릴 수 있다.

6월 중순만 해도 강원도나 남해, 제주 등은 강한 태양 때문에 한낮에는 매우 뜨겁다. 하지만 뜨거운 날씨임에도 계곡이나 지하수를 받아 흘려보내면서 사용하는 수영장은 10분만 물속에 있어도 으슬으슬 추울 정도로 물이 차다. 그렇기 때문에 여러 장치가 필요한데 이 수온을 유지하기 위한 방법은 다음 장에서 소개해보도록 하겠다.

3. 다채로운 이벤트가 가능해진다.

양양 초록수채화 펜션의 경우 평일에 풀빌라를 이용하려는 고객들을 잡기 위해서 비수기 평일에 예약을 할 경우 큰 돔 수영장을 한 팀에게 통째로 대여하고 펜션 문을 닫아 오직 한 팀만 펜션과 수영장을 이용하도록 운영하고 있다. 특별한 날 기념일을 즐기려는 커플이나 여행 단체 그룹에게는 매우 매력적인 이벤트가 아닐 수 없다. 이 외에도 풀장을 이용한 풀 파티나 로맨틱 디너, 수구 게임, 물속 줄다리기 등 여러 가지 이벤트가 가능하다. 물론 다양한 즐길 거리는 펜션의 입소문이 나도록 하는 좋은 소재가 된다.

4. 투자 대비 영업 이익이 크다.

펜션을 꾸미는 데 과연 3,000~4,000만 원으로 무엇을 할 수 있을까? 물론 적은 돈은 아니지만 펜션을 대단히 멋지게 꾸미기에는 한계가 있다. 두 개 정도의 객실을 인테리어하거나 가든의 일부를 정리하거나 손님 픽업용 자동차 한 대 사면 그만인 돈이다. 하지만 이 정도의 비용으로 영업이익을 높일 수 있는 수영장을 만들 수 있다. 조립식이나 에어 수영장이 아닌 제대로 된 수영장이다(수영장을 겨울에도 사용할 수 있도록 돔 수영장이나 온수 수영장으로 만든다면 수영장을 만드는 데 들어가는 비용은 두 배 이상으로 들어가게 된다).

앞서 설명한 대로 수영장이 있음으로 해서 여름 성수기 만실 기간을 더욱 늘릴 수 있고 여름기간이 아닌 더운 날의 6월이나 9월에도 충분히 모객이 가능해진다.

32

수영장에 여과기가
꼭 필요한가요?

많은 양의 물이 들어가는 수영장에 매번 손님들이 바뀔 때마다 물을 새로 받을 수는 없다. 그렇기 때문에 수영장의 물 상태를 유지하기 위해서 여과기로 물을 거르고 오염물질이 뭉치지 않도록 응집제와 염소 소독제를 이용해 꾸준히 정화해야 한다. 몇몇 펜션들은 계곡이나 지하수에서 나오는 물을 흘려보내면서 새로운 물을 채우며 운영하는 곳도 있다. 물론 이런 방법도 좋은 상태의 물을 공급해줘 쾌적한 상태의 수영장을 유지할 수도 있다.

여과기를 사용한 방법과 계곡물을 사용한 방법. 둘 다 좋은 방법이지만 직접 수영장을 운영해보니 수질 상태를 떠나 문제는 수온에 있었다. 강원도의 날씨는 4월 말이나 5월만 돼도 한여름처럼 매우 날이 뜨거워진다. 6월의 한낮은 여름 날씨와 다름없다. 하지만 흐르는 계곡물을 받아 통과시키면서 이용하는 수영장 물은 아무리 뜨거운 날이라 할지라도 10분~20분을 물놀이를 지속할 수 없을 정도로 매우 차갑다. 특히 아이들의 경우에는 10분만 이런 수영장 물속에 들어갔다 나오면 입술까지 파랗게 변할 정도가 된다. 그래서 여과기가 필요하다. 수질을 개선하기 위한 방법으로 여과기를 사용한다지만 더 중요한 것은 수온 유지다. 여과기를 통해 들어온 물을 저장했다가 저장된 물을 내보내서 여과시키는 방법이기 때문에 따뜻한 날에 자연 상태로 높아진 수온이 다시 수영장으로 들어간다. 물론 더 따뜻한 물을 공급하려면 온수기가 있어야 하겠지만 여과기만으로도 삼각하게 찬 수영장을 개선시키는 데에 매우 효과적이다. 그래서 필자는 가급적 수영장을 만들 때에는 아무리 좋은 계곡물이 펜션 옆에 흐른다고 해도 꼭 여과기를 설치하도록 권한다.

앞서 소개한 대로 수영장을 설치함으로서 여러 장점이 있지만 그만큼 관리를 할 목록이 늘어난다. 그렇기 때문에 수영장을 설치할 때 과연 일손을 너 추가할 수 있는지 꼼꼼히 알아보고 만들어야 한다.

33
펜션에 카페가 꼭
있어야 할까요?

입실 청소를 하는 동안 펜션에 온 손님들이 잠시 기다리는 장소나 손님들이 조식을 하는 장소 그리고 실내 바비큐장의 용도로 사용할 목적이라면 카페가 만들어져도 된다. 하지만 차를 마시고 독서하고 가만히 앉아 시간을 보내는 카페 본래의 목적이라면 카페는 펜션 안에서 그 역할을 제대로 하지 못한다. 그 이유는 여행자들의 성향에서 찾아볼 수 있다. 일반적으로 게스트하우스를 찾는 사람들의 여행 목적은 주변 여행지 또는 새로운 만남에 초점을 맞추고 있다. 여행지 선택의 목적이 숙소가 우선이 아니다. 개방적인 성향의 이들은 공동의 공간에서 여러 여행자들과 소통을 즐긴다. 그렇기 때문에 게스트하우스는 카페와 같은 공동의 공간, 소통의 공간이 적절하게 잘 만들어져야 한다. 반면, 펜션 여행자들의 여행 목적은 게스트하우스를 여행하는 이들과 다르다. 펜션을 선택한 사람들은 함께 여행을 하는 상대에게 집중하기 위해서 멋진 펜션을 선택한다. 프러포즈를 할 멋진 객실을 찾거나 결혼기념일 등의 특별한 날을 위해 독특하고 아름다운 장소가 필요한 것이다. 또는 내 가족 또는 내 직장동료와 함께 시간을 보내는 것이 중요하기 때문에 자신이 지불한 숙박료만큼 자신의 공간에 대한 애착이 크다. 사람들의 성향이 다르다기보다는 여행 목적이 다른 것이다. 즉, 펜션을 찾는 사람들의 여행 성향은 패쇄적이기 때문에 카페와 같은 공동의 공간을 만드는 것은 펜션 운영에 큰 효과를 거두지 못한다. 물론 없는 것보다는 있는 것이 더 좋지만 카페를 만들 투자금이 있다면 차라리 객실 인테리어에 더 투자하는 것이 좋다. 그래서 펜션은 한 팀을 위한 객실, 별도의 출입문, 한 팀만을 위한 바비큐장 등 폐쇄적이고 프라이빗하게 만들어져야 한다.

공동 공간인 카페는 펜션 영업에 큰 역할을 하지 못한다. 하지만 예외도 있다. 펜션의 카페가 본래의 카페 목적이 아닌 다용도의 목적으로 사용된다면 넓고 멋진 공동의 공간도 유용하게 사용될 수 있다. 예를 들어 각 객실의 규모가 작아 스파를 넣을 수 없을 경우 카페 공간 한 부분에 '스파센터'라고 해서 1시간이나 2시간 정도 스파룸을 대여해줘 커플 여행자들의 만족도를 높여줄 수도 있다. 또는 놀러온 가족들의 작은 행사를 지낼 수 있도록 파티 공간을 제공해줄 수도 있다. 결국 카페의 본래 목적에서 벗어나 펜션 투숙객이 꼭 이용해야 하는 명분을 만들어야만 카페의 활용 가치가 높아진다. 강원도 양양 캐디스 펜션의 경우 최근 레노베이션을 마쳤는데 기존 카페의 이미지를 크게 벗어나 고객들이 매우 좋아하는 장소로 탈바꿈했다. 넓은 공간에 8~90년대 향수를 느낄 수 있는 레트로 게임기를 넣고 테이블 사커 게임, 다트, 마운틴 클라이밍 등을 설치하고 저녁시간 고객들이 무료한 시간을 즐기는 게임 장소로 탈바꿈했다. 거기에 또 하나 인기를 얻는 것이 바로 화로인데 겨울철 가족끼리 화로에 둘러앉아 불을 쬐며 가지고 온 음식물을 구워먹는 체험을 할 수 있도록 했다. 펜션 객실을 꾸미기 힘든 상황이라면 이런 공간을 카페가 아닌 다목적 공간으로 활용해서 펜션의 매력을 높일 수 있다.

● 양양 캐디스 펜션의 다목적 카페

34
관리실은
필요할까요?

많은 분들이 창업을 하면서 관리실을 생각하고 있다. 관리실에서 손님에게 객실 키도 건네주며 손님과 소통의 창구로 사용하겠다는 의도다. 하지만 그런 의미의 관리실은 활용 가치가 매우 떨어진다. 손님들은 문의사항이 있을 때 바로 핸드폰으로 문의를 하기 때문에 펜션 운영자와 손님과의 만남의 장소 같은 건 필요가 없다.

펜션 사업을 해본 경험이 없는 분들이 떠올리는 관리실이라는 것이 어떤 건지 필자는 잘 알고 있다. 모텔을 예를 든다면 1층에 키를 받는 공간 또는 큰 리조트로 본다면 리셉션장 같은 공간이다. 펜션에서의 관리실은 말 그대로 관리실이다. 펜션 관리자의 쉼터라기보다는 펜션을 관리하기 위한 공간을 만들어야 한다.

내가 생각하는 관리실이란, 먼저 펜션지기의 거주공간이 될 수 있다. 그리고 화장지, 수건, 이불 등 여러 비품을 넣어두는 공간 그리고 세탁실이나 자연 건조실로 사용되는 공간이다. 앞서 설명한 의미 없는 공간에 돈을 쓸 필요 없이 세탁실과 건조실 크기를 늘리는 편이 더욱 펜션 운영에 유리하다.

35

월풀이나 스파는
꼭 필요한가요?

나는 국내에서 초기 펜션 사업의 바람이 불 때부터 현재까지 숙박사업이 진화해온 과정을 가장 가깝게 지켜봤다. 그리고 많은 경험을 하며 눈에 띄는 패턴을 발견하게 됐다. 아마 나와 같이 이런 패턴을 인식한 사람들이라면 펜션을 창업하고 운영하는 데 매우 유리한 위치에 서게 될 거라고 생각한다.

펜션이 진화한 패턴 중 디자인에 대해서 간단히 이야기하자면 세 가지로 요약할 수 있다. 첫 번째, 유행하는 펜션 디자인의 지속 기간은 매우 짧고 빠르게 변한다.

두 번째, 펜션 디자인은 자극적인 디자인에서 점차 심플한 스타일로 변화하고 있다.

세 번째, 개성이 강한 라이프스타일에 맞춘 펜션이 인기를 끌고 있다.(특화된 컨셉)

이 세 가지만 기억해도 펜션 창업을 위한 컨셉을 잡는 데 도움이 된다.

오래전에는 객실을 도배로 마감하던 방법이 전부였던 때가 있었다. 하지만 약 10여 년 전부터 화려한 디자인의 펜션이 생겨나기 시작했고 몇몇 펜션은 객실 내부와 외부에 자극적이고 화려한 그림을 그려 넣어 눈에 띄는 펜션들이 생겨났다. 그 이후 우후죽순으로 벽화가 그려진 펜션들이 만들어졌지만 불과 2~3년 만에 벽화가 그려진 펜션은 올드한 느낌의 펜션이라는 인식이 남게 됐다. 스파도 마찬가지다. 약 7~8년 전부터 월풀이나 제트 스파를 펜션의 욕실에 넣은 펜션이 인기를 끌기 시작했고, 시간이 좀 더 지나니 월풀 욕조를 욕실에서 벗어나 거실이나 창문 앞에 설치하는 형태로 점차 더 과감하고 독특한 디자인의 객실이 인기를 끌게 됐다. 하지만 이제 이러한 방법으로 소비자의 눈을 사로잡기에는 한계까지 왔다. 어딜 가나 작은 스파가 있는 펜션들을 쉽게 찾아볼 수 있으니 당연히 스파 펜션이라는 이미지는 눈에 띄는 독특한 펜션이 아닌 것이 됐다. 벌써 유행이 식은 것이다. 스파 펜션의 인기가 시들자 더 업그레이드된 것이 생겨나게 됐다. 우리나라에서는 설치를 못 할 거라고 생각했던 풀빌라까지 만들어지고 있다. 이젠 스파에서 벗어나 개인 수영장을 갖춘 풀빌라까지 생겨난 마당에 스파 펜션의 위세는 꺾이게 됐다.

우리나라 국민성을 안 좋은 표현으로 냄비근성이라고도 말하는 이들도 있다. 빠르게 끓어 버리고 빠르게 식어버리는 것을 비꼬아서 표현한 것이다. '냄비근성', '빨리빨리' 문화가 우리나라 사람들의 국민성이라고 할 수도 있겠지만 여행업과 펜션 사업에 국한해서 보면 다르게 생각해볼 수도 있다.

우리나라는 불과 80년대 초까지만 해도 잘살지 못했다. 88년 올림픽을 성공적으로 치러내면서 엄청난 속도로 경제 성장을 이뤄냈고 동시에 국민들의 생활수준도 급격히 변화하게 됐다. 유행이라는 것이 오랫동안 머물 시간이 없이 소비자의 눈높이는 어느새 잘사는 선진국 국민들 눈높이만큼이나 높아지게 된 것이다. 정말 순식간에 눈이 높아졌다.

국가와 국민 모두 수십 년 사이 매우 빠르게 발전하게 됐다. 당연히 하나의 유행을 오랫동안 갖고 유지하는 것은 거의 불가능했고 여행업, 펜션 사업에서도 유행은 빠르게 변화했다.

숙박업으로 돈을 벌고 싶다면 젊은 연령층의 고객에게 눈높이를 잘 맞춰야 한다. 잘 먹고 잘 사는 시대에 태어나 학창 시절부터 해외 부티크 호텔을 경험하고 유럽여행을 다녀본 젊은 여행자들은 이미 저급 여행 상품부터 고급 여행 상품까지 다양하게 경험해본 수준 높은 여행자들이다. 그들은 화려한 치장보다는 심플함과 합리적인 디자인을 선호하게 됐고 유행을 쫓아가는 소비자에서 나만의 라이프 스타일을 찾아가는 소비자로 진화하게 된 것이다. 이런 소비자들이 숙박사업의 주된 고객층이 된 이 시대에는 유행을 따라 펜션을 운영하기보다는 각자의 개성과 라이프스타일을 쫓는 소비자의 눈높이를 맞추는 것이 유리하게 됐다. 다시 말해 이젠 화려한 펜션이 아니라 마니아를 대상으로 영업하는 펜션이 성공적으로 운영된다. 물론 럭셔리한 펜션 디자인은 매우 긍정적인 이미지다. 하지만 매해 수천만 원에서 수억 원을 들여가며 펜션을 계속 업그레이드할 수는 없다. 다시 이 글의 주제인 스파에 대해서 이야기하자면 스파는 이미 펜션을 돋보이게 하는 아이템이 아니다. 물론 있으면 도움이 되지만 영업에 절대적이지 않다. 만약 스파를 꼭 넣어야 한다고 해도 펜션의 디자인을 돋보이도록 하기 위한 재료가 아니라 진짜 휴식, 힐링을 위한 스파로 운영되는 것이 바람직하다.

얼마 전 20개의 멋진 객실을 완성해서 오픈하는 초보 펜션 사장이 각 객실에 700만 원짜리 제트 스파를 집어넣으려고 한 일이 있었다. 그리고 스파 펜션이라고 홍보하고 싶다고 말했다. 물론 나는 1억 원이 넘는 돈을 그렇게 쓰지 못 하도록 조언했으며, 차라리 대체 아이템으로 야외 온수 수영장을 만들라고 권했다. 결과는 대성공이었다. 소비자들의 눈에 너무나도 익숙한 스파가 객실에 있는 것 보다 약 1억 5,000만 원이나 투자된 큰 온수 수영장이 훨씬 더 소비자의 마음에 들었기 때문이다. 이젠 스파는 필수가 아니며 각자의 개성에 맞는 대체 아이템이 더 유리한 상황이다.

36

커플 펜션은
화장실도 예쁘게
만들어야 하나요?

많은 펜션 창업자 또는 몇몇 건축회사는 펜션을 주거가 용이하도록 만들기 위해서 건축하고 있다. 이는 매우 잘못된 방법이다. 그 이유를 설명하자면 다음과 같다. 신혼여행에 얼마든 지출을 할 준비가 돼있는 예비 신랑 신부에게 여행 중에 묵을 숙소를 다음 두 가지 중 결정하라고 질문을 한다면 어떤 결과가 나올까? 첫 번째는 100평 규모의 전원주택 그리고 두 번째는 25평짜리 부티크 호텔 스위트룸이다. 어떤 숙소를 허니문을 위한 숙소로 선택할까? 아마 대부분은 호텔 스위트룸을 선택할 것이다. 전원주택에 비해 객실 규모가 훨씬 더 작아도 로맨틱하고 특별한 여행을 기대하는 신혼 여행자의 여행 목적에는 아름다운 부티크 호텔이 더 어울리기 때문이다. 그렇다면 로맨틱한 분위기로 객실을 만들면 커플 여행자들을 쉽게 잡을 수 있을까? 사실 객실을 멋지고 아름답게 꾸미는 것만으로는 커플 펜션의 컨셉을 만드는 데는 한계가 있다.

그렇다면 커플 여행자들이 원하는 이미지는 어떻게 만들어야 할까?

이전에 시찰을 다녀온 펜션을 예를 들어 설명해보겠다. A 펜션은 약 30억 원을 투자해 경치가 매우 좋은 곳에 풀빌라 형태로 건축을 하고 있었다. 건축이 들어가기 전에 나의 코칭을 받았으면 좋았겠지만 이미 건물의 뼈대가 만들어지고 난 후에 나를 불러들여 펜션의 디자인과 컨셉에 대한 코칭을 받게 됐다. 당시 건물주이자 사장은 펜션의 숙박료를 1박에 60만 원 정도를 받고 싶다고 말했지만 골조가 올라간 형태만 봐도 그 정도 객실료를 받을 만한 디자인이 나오기가 힘들어 보였다. 건물의 외관은 전혀 고급스럽지 않았고 내부의 구조도 작은 원룸과 같은 형태로 특별한 것이 전혀 없었다. 특히 화장실은 좌변기와 세면대만 들어가도 꽉 찰 정도로 작았다. 10평짜리 자취방보다도 작은 화장실이 딸린 객실을 럭셔리 펜션이라고 소개하며 1박에 60만 원을 받기는 거의 불가능하다. 이 상태로 공사가 마무리돼 고객들을 맞이한다면 아마도 고객들은 자신들이 살고 있는 아파트의 화장실보다도 작다고 하며 실망할 것이다.

펜션 사장은 손님들에게 비싼 객실료를 받아 높은 매출을 만들고 싶어 했지만 펜션 건축의 초기부터 방향이 완전히 잘못된 방향으로 가고 있었다.

이처럼 숙박업을 모르는 건축회사는 화장실은 그저 씻고 볼일 보는 공간이라고 생각하고 디자인에 비중을 크게 두지 않는다. 그래서 화장실의 규모를 줄이거나 그저 일반 주택의 화장실처럼 마무리한다. 이유는 합리적이고 실용적인 건축에 익숙해져있기 때문이다. 보통 집을 지을 때 화장실을 비정상적으로 크게 만들지 않는다. 건축 공간이 한정적이라면 가급적 시간을 많이 보내는 공간인 거실을 가장 넓게 하고 화장실의 크기를 줄인다. 이런 형태가 매우 합리적이고 실용적인 일반 집의 구성이라고 할 수 있다. 그런데 만약 여행 숙소의 화장실이 마치 해외 휴양지의 리조트나 5성급 호텔의 화장실처럼 넓고 화려하게 만들어져 있다면 투숙객들의 반응은 어떨까?

"화장실이 너무 과한데?"

"왜 이렇게 화장실이 화려하지?"

예상치 못한 모습에 이와 같은 반응을 할 것이다. 이런 예상치 못한 반응은 긍정적인 반응이어야 하며 소비자가 원했던 여행 목적에 맞는 반응이어야 효과가 있다. 쉽게 설명하자면 다음과 같다.

보통 초보 사장들이 잘못 생각하고 있는 것이 있다. 바로 상품 가격인데, 많은 초보 사장들은 제품의 스펙이 상품 가격을 결정한다고 믿고 있다. 물론 제품의 스펙을 높아야 더 좋은 값을 받는 건 당연하지만 비슷비슷한 수준에서는 큰 의미가 없다.

사실 제품의 수준과 스펙으로만 따지만 LG에서 나온 스마트폰이나 중국의 몇몇 브랜드에서 나온 스마트폰들이 더 비싸게 팔려야 할 것이다. 요즘 나오는 LG 스마트폰은 카메라 성능은 타 기업의 제품들에 비해 월등히 뛰어나고 전체적인 부분에서도 매우 좋은 평을 받고 있다. 하지만 수년 전부터 그래왔고 지금도 그렇지만 제품의 스펙에 비해 가장 비싸게 팔리는 스마트폰은 아이폰이다. 아이폰이 갖고 있는 좋은 이미지가 확실하게 소비자의 머릿속에 자리 잡고 있기 때문이다. 애플은 제품에 스토리를 집어넣기 위해서 많은 노력을 했다. 획기적인 신상품이 나올 때마다 스티브 잡스는 매번 같은 옷을 입고 나와 프레젠테이션을 직접 했다. 사진 촬영도 되고 인터넷 검색도 가능하며, 영화도 볼 수 있는 만능 휴대용 기기. 작은 컴퓨터와 같은 아이폰을 갖고 있다면 마치 크리에이티브한 작업이 가능할 것이라는 기대감을 불어넣는 마케팅을 해왔다. 그리고 애플의 포장 박스는 대단했다. 애플의 모든 제품 박스는 버리기도 아까울 정도로 예뻤다. 애플의 포장 박스 이전에는 전자제품의 박스들이 지금처럼 예쁘지 않았다. 그저 제품을 보호하는 역할의 제품 박스만 있던 시절이었기 때문에 애플의 제품 박스는 소비자의 환심을 사기에 충분했다(애플의 제품 박스 이후 삼성, 소니 등의 대기업에서도 제품 박스에 신경을 쓰기 시작했다). 아이폰은 이처럼 전자제품으로서의 기능 외에 여러 이미지를 함께 판매하고 있었던 것이다. 이처럼 상품은 스펙만으로 가격대가 형성되는 것이 아니다. 그런 모습은 주변 곳곳에서도 발견할 수 있다.

그럼 우리의 펜션도 다시 한번 생각해보자. 먼저 기본적인 펜션 시설 수준은 잘 갖췄는가? 그렇다면 펜션 시설에 펜션의 주 고객층인 커플 여행자들이 원하는 이미지를 잘 녹여 놓았는가?

그들이 부티크 호텔의 스위트룸을 선택한 이유를 생각해보면 너무나도 쉽게 그 답이 나온다. 커플 여행자들이 여행을 떠나는 목적은 둘만의 멋진 시간을 보내기 위해서다. 여행 당일이 상대에게 프러포즈를 하는 날이 될 수도 있고, 생일이 될 수도 있고 만난 지 100일이 될 수도 있고, 결혼기념일이 될 수도 있다. 일반적인 여행에서는 적당한 숙소에 합리적인 숙박료를 지불하길 원하지만 신혼여행과 같은 특별한 날은 조금 사치스럽더라도 돈을 써야 한다. 그런 사치스러움에 돈을 쓰고 싶어 하는 소비자들의 지갑을 열기 위해서 펜션은 실용적인 이미지가 아닌 허영과 사치스러움이 묻어나도록 연출해야 한다. 사치스러움은 예쁜 펜션이 갖고 있는 이미지와는 또 다른 이미지다. 화장실 역시도 화려하게 만들어 허영심과 사치스러움이 묻어나게 해야만 더 높은 객실료를 받을 수 있게 된다. 화장실을 볼일 만 보는 민망한 장소가 아닌 상대방에게 예쁘게 보이도록 화장을 하는 파우더 룸이 되도록 해야 하며, 커플의 판타지를 꿈꿀 수 있을 만한 로맨틱한 장소가 돼야 한다.

● 5성급 호텔의 화장실

일반적인 가정집처럼 화장실과 거실 공간 사이에 벽을 세우는 것보다는 슬라이딩 도어를 설치해서 화장실 전체를 열어둬 객실 전체가 더 넓어 보이도록 하는 방법도 있다. 마치 고급 호텔에서 볼 수 있는 대리석이나 대리석 느낌이 나는 진한 색의 타일을 깔고 5성급 호텔에서 사용하는 두 개의 세면대를 넣고, 멋진 욕조가 들어가고 화장실에 간접조명을 여러 개를 넣는다. 호텔식 어메니티를 넣고 호텔식 샤워부스가 설치된다면 사치스러움이 가득한 욕실이 된다. 일반적인 가정집에서는 이처럼 사치스러운 화장실을 만들지 않는다. 물론 화장실을 넓힌다면 상대적으로 거실이나 객실이 작아지겠지만 걱정할 필요는 없다. 실용적인 디자인의 틀을 깨서라도 과감하게 디자인을 해야 한다. 거실이 넓다고 해서 럭셔리해 보이는 것은 아니기 때문이다. 그러니 거실을 좁혀서라도 럭셔리한 연출이 가능하다면 그렇게 해야 한다. 자주 접한 실용적인 디자인이 아닌 사치스러움이 느껴지는 디자인이야 말로 특별한 날 이성의 환심을 살 수 있는 큰 역할을 할 수 있을 것이다.

"커플 펜션은 실용성보다는 허영과 사치스러움이 묻어나야 한다."

37

인테리어 직접
할 수는 없나요?

가능하다. 하지만 가급적이면 전문가에게 맡기는 걸 추천한다. 내가 말하는 전문가란 진짜 프로 중의 프로들을 이야기하는 것이다. 예전에는 동네에서 빌라나 전원주택을 꽤 지었던 작은 건축 회사에서 펜션을 많이 만들었다. 당시에는 그렇게 만들고 꾸며도 운영이 되던 시절이었다. 하지만 최근 몇 년 새 경쟁이 심화되면서 웬만큼 멋지다고 소문이 났던 펜션들도 경영 악화로 문을 닫은 상황까지 오게 됐다. 그래서 이제는 진짜 전문가들이 만들어내는 펜션들의 수가 점차 많아지고 있다. 이전에 집을 몇 채 지어봤던 경험이 있다고 해도 진짜 프로들과 디자인으로 경쟁해서 그들을 넘어서기란 쉽지 않다. 나 역시도 나의 오랜 경험을 창업자들에게 전수하며 먹고 살고 있다. 풍부한 경험을 통해 실패 확률을 줄이고 성공 확률을 높이는 방법을 코치한다. 절대로 해서는 안 되는 것을 알고 있고 꼭 해야만 하는 것을 알고 있다. 그들도 다르지 않다. 앞서 말한 건축 디자인의 진짜 프로들 역시도 수많은 경험을 통해 돈이 되는 디자인을 몸소 익힌 사람들이다. 그렇기 때문에 과신하지 말고 전문가에게 맡기는 걸 추천한다.

물론 내가 컨설팅을 한 펜션 중 예외도 있었다. 평창의 S 펜션. 이 펜션은 필자에게 세세한 디자인에 대한 부분까지 코치를 받고 건축물을 올리고 내부를 멋지게 인테리어했다. 내가 그분에게 조언했던 내용 중 몇 가지가 실행되지 않아서 완벽히 내 마음에 드는 펜션으로 만들어진 것은 아니지만 전체적으로 보면 꽤 멋지게 디자인이 잘 나왔다. 하지만 이 경우는 예외의 경우라고 할 수 있다. 이분은 이미 영서 지역에서 많은 빌라와 원룸을 건축했던 경험이 있는 분이었다. 다만 부족한 부분이라면 커플룸에 대한 이해였는데 건축을 했던 분이기 때문에 내가 코치하는 내용을 더욱 쉽게 이해했다고 생각한다.

펜션을 운영하다 보면 작은 부분을 직접 칠하고 도배하고 고쳐야 할 때가 있다. 하지만 전체적인 공사를 하는 경우라면 가급적 전문가에게 맡기는 것이 효율적이다. 인테리어를 전문가에게 맡긴 후 큰 그림이 완성됐다면 펜션 사장은 영업률을 높이는 광고에 매진하는 것이 더 효율적으로 펜션을 업그레이드하는 방법이라고 생각한다.

38

도배는
무슨 색깔로
해야 하나요?

도배는 펜션 만들기의 마지막 작업이다. 촌스러운 객실이 될 지 멋진 객실이 될 지 마지막 도배지 색감에서 결정이 된다. 호텔이나 펜션을 전문으로 만드는 시공사는 객실의 색감도 직접 결정해주고 도배지 또는 페인트 제품까지도 결정해준다. 하지만 일반 집, 전원주택, 빌라들을 많이 만든 업체의 경우엔 마감 공사가 들어갈 때쯤 도배지 샘플을 가지고 와서 건물주에게 선택하라고 한다. 이런 식의 과정은 일반 집을 만들 때 하는 과정이다. 사실 그들은 돈 되는 객실을 만들어본 경험이 많지 않기 때문에 객실의 색감과 도배지의 색감 등을 건축주의 취향으로 결정하도록 권한다. 이런 과정으로 펜션이 완성이 되면 결국 도배지는 비싸고 고급스럽지만 돈이 되지 않는 객실이 만들어진다.

건물주의 취향으로 색을 고르면 안 된다.

건물주가 과연 건축회사만큼 집을 만들어봤을까? 건축회사의 직원이나 도배 전문가 만큼 도배를 많이 해봤을까? 하지만 아직도 나에게 컨설팅을 받는 수많은 분들이 경험 없는 업체에게 일을 맡기고 있고 도배지나 색감을 결정하지 못해서 이런 부분까지 나에게 상담을 받는 경우가 많다.

건물주가 거주해야 하는 집이라면 건물주의 취향으로 고르면 되지만 펜션은 전적으로 고객의 취향에 맞춰야 한다. 펜션 객실을 꾸미는 방법은 너무나도 다양하고 방대하니 이번 단원에서는 객실 색감과 도배지 색감을 결정하는 방법을 간단히 소개해보겠다.

최근에는 객실 도배지 색감을 정할 때 채도가 높은 색상을 사용하는 경우가 많지 않다. 모던스타일 또는 북유럽풍 스타일을 따라 간결하고 색이 많이 빠진 도배지나 페인트작업을 한다. 그래서 최근에는 그레이 톤을 많이 사용한다. 거기에 화이트를 적절히 사용한다. 그리고 채도가 낮은 색감을 사용할 때에는 그레이와 화이트를 그저 느낌 가는 대로 붙이는 것이 아니라 빛을 먼저 파악하고 붙여야 한다. 창문을 통해 들어오는 빛을 파악해야 하고 저녁에 조명의 빛이 면에 닿았을 때를 생각해서 벽면 색감을 결정해야 한다. 물론 조명과 도배지가 붙지 않은 상태이기 때문에 전적으로 경험을 통해 예상치를 생각하고 결정해야 한다. 그렇기 때문에 구조가 비슷한 객실들을 자주 보고 벤치마킹해봐야 한다.

펜션의 객실은 따뜻한 색을 사용하는 것이 좋다. 색에 따른 소비자의 심리에 대해 간단히 소개하자면 다음과 같다. 상품이 인적 서비스를 바탕으로 신뢰를 얻어야 하는 업종인 변호사, 병원, 카센터, 보험 등의 업종은 다소 차가운 블루와 화이트 톤을 사용해 소비자에게 신뢰의 이미지를 더 얻을 수 있다. 하지만 식당의 경우 노란색, 주황색, 붉은색 등 따뜻한 색감을 사용해야 매출이 오른다. 음식이 따뜻하고 맛깔스럽게 보여야 하기 때문이다. 그리고 음식점처럼 따뜻한 색감을 사용해야 매출이 오르는 업종이 또 있다. 바로 숙박업이다. 물론 디자인에 따라 차가운 느낌을 연출한 객실도 있지만 대부분은 소비자가 객실에 들어왔을 때 따뜻하고 안정적인 느낌을 받도록 하는 것이 영업에 유리하다. 도배 또는 도장 작업을 할 때 기준으로 둬야 하는 것은 바로 객실을 따뜻한 색으로 만드는 것이다. 그렇기 때문에 객실의 창이 작거나 창이 건물이나 나무로 가려졌을 경우에 그레이톤으로 도배를 했다가는 너무나도 차가운 느낌의 객실이 된다. 빛이 적다면 따뜻한 색의 도배지가 좋다. 만약 객실 디자인이 모던한 스타일이기 때문에 색채감이 강한 도배지를 사용하는 것이 영 어색하다면, 그레이톤이 아니라 좀 더 따뜻한 느낌이 드는 베이지톤의 색이 좋다. 반면에 빛이 많이 들어오는 객실이라면 세련된 그레이톤과 화이트톤으로 도배를 할 수도 있다. 단, 저녁에는 자연광이 모두 차단되니 이때는 화이트와 그레이톤이 차가워지는 것을 피하기 위해 조명을 잘 활용해야 한다. 예를 들어 화이트와 그레이색 객실에 주광색(흰색) 조명을 켜면 마치 병원처럼 매우 차가운 느

● 평범한 1세대 펜션도 조명과 벽의 색감만으로 올드한 이미지를 벗어날 수 있다

낌이 들기 때문에 포근한 느낌을 만들 수 없다. 그렇기 때문에 의도적으로 조명은 전구색(옅은 노란색)을 사용하는 것이 좋고, 벽면이 따뜻한 색일 경우에는 주광색(하얀색)을 사용해도 괜찮다.

"도배 또는 도장 작업을 할 때 기준으로 둬야 하는 것은 바로 객실을 따뜻한 색으로 만드는 것이다."

39
객실료를 얼마로
설정해야 하나요?

컨설팅을 받는 중에 "저희의 펜션 정도면 객실료를 얼마로 책정해야 하나요?"라고 묻는 분들이 있다. 객실료를 선정하기 위해서는 먼저 내가 투자한 비용을 언제 얼마나 뽑아낼 수 있는지를 파악해야 하며, 내 수익을 어떻게 설정할 것인가를 먼저 생각해야 한다. 만약 '나는 다른 곳에서도 수익이 발생되니 월 300만 원만 벌어도 된다'고 생각하고 있다면 소비자들이 만족할 만큼 저렴하게 객실을 내놔도 된다. 하지만 '나는 못해도 월 1,000만 원은 벌어야 한다!'고 생각했다면 객실료를 높여야 한다. 그리고 높은 객실료를 받기 위한 펜션 이미지를 만들어야 한다. 펜션을 다 만들어놓고 내가 만든 객실이 얼마의 값어치를 하는지 살펴보고 객실 요금을 책정하는 것이 아니다. 객실료를 높여 받으려면 고급스러운 객실, 고급스러운 홈페이지, 소비자들이 해당 펜션을 고급스럽다고 떠들도록 평판을 만들어놓아야 한다. 그렇기 때문에 객실료를 선정할 때에는 내가 얼마나 벌어야 할지 먼저 생각하고 그 다음 그에 맞는 객실을 꾸미는 것이 맞다. 그렇다면 고급스러운 이미지는 어떻게 만들어야 할 까? 막연히 바닥에 대리석을 깔고 벽에 금칠을 했다고 해서 고급스러운 이미지가 되는 것은 아니다. 얼마 전 인스펙션(시찰)을 한 태국 파타야의 한 레지던스는 바닥에 대리석이 깔려있고 객실 곳곳이 금색으로 치장돼있었다. 화려하게 만들어진 그 객실은 1박에 8만 원에 판매되고 있었다. 객실은 유치해 보였지만 화려하긴 했다. 그렇기 때문에 고급스러운 객실처럼 보이도록 하기 위해 객실을 화려하게 치장만 할 것이 아니라 소비자들의 머릿속에 고착된 이미지를 이용해야 한다. 사람은 새로운 정보를 받아들일 때 머릿속의 정보를 기반으로 새로운 정보를 받아들인다. 거리를 지나가는 사람이 평소 기부도 많이 하고 성실한 사람일지라도 팔에 문신이 있다면 '젊었을 때 좀 놀았겠구나' 하는 생각을 하게 된다. 그런 생각을 한 이유는 당신의 머릿속에 문신한 사람들은 조금은 자유롭고 즐기기를 좋아하는 사람이라는 이미지가 머릿속에 저장돼있기 때문일 것이다. 또 다른 예로, 자동차나 오토바이를 한 번도 보지 못 했던 아마존의 원시 부족에게 자동차를 보여주면 괴물이라 생각하며 경악을 하겠지만, 아마존에 살고 있는 부족 중 자동차는 본 적이 없지만 소도시를 왕래하며 오토바이나 자전거를 봤던 부족에게 자동차를 보여주면 크게 놀라지 않고 오토바이에서 더 발전한 탈 것이라고 인지할 것이다.

　같은 정보를 보여줘도 머릿속에 어떤 정보를 담고 있느냐에 따라 누군가에겐 자동차가 괴물이 될 수도 있고 누군가에겐 탈 것으로 받아들여진다. 그렇기 때문에 우리는 소비자들에게 내 상품이 어떻게 비춰질지 소비자의 머릿속에 담긴 정보를 이용할 줄 알아야 한다.

　독자의 머릿속에 담겨있는 생각을 이해하고 싶어서 지금 몇 가지 질문을 해보려고 한다.

당신이 만약 멀리 지방 출장을 가서 여인숙에서 1박을 해야 한다면 여인숙 주인장에게 얼마를 주면 적당한 숙박료를 지불하는 걸까? 2만 원? 3만 원? 나도 그렇게 생각하고 있다. 2~3만 원이면 적당한 비용인 것 같다.

그럼 또 질문. 당신이 만약 출장을 가서 모텔에서 1박을 해야 한다면 얼마를 지불하면 적당한 값이라고 생각하는가? 5~6만 원? 나도 그렇게 생각하고 있다. 아마 이 글을 읽는 독자들 대부분이 당신과 나와 비슷한 생각을 하고 있을 거라고 생각한다. 숙소에 따른 합당한 가격과 머릿속에 떠오르는 이미지가 거의 일치하고 있다.

자 그럼 다음 질문. 만약 당신이 가족과 주말에 펜션에 놀러가려고 한다. 깔끔하지만 그렇다고 화려한 펜션은 아니다. 얼마를 지불하면 적당한 금액이라고 생각하는가? 아마 10만 원 정도를 생각했을 것이다. 나 역시도 같은 생각이다.

만약 펜션이라는 간판을 달고 있어도 여인숙과 같은 분위기가 풍기면 소비자는 그곳을 3만 원이 가장 합당한 가격이라고 생각할 것이다. 펜션 객실이 모텔처럼 보인다면 아무리 홈페이지에 펜션이라고 써놓고 바비큐도 가능하다고 설명해도 소비자는 1박에 5만 원이 가장 합리적인 가격이라고 생각할 것이다. 그리고 매우 전형적인 펜션처럼 보인다면 1박에 10만 원의 숙박료를 적당한 가격대라고 생각하게 될 것이다. 열심히 펜션을 만들어놓고 잘 운영한다고 해도 결국 주말에만 손님들이 차는데, 펜션의 전체 객실이 5개라면 매주 토요일 10만 원짜리 객실 5개를 팔아서 50만 원을 벌게 된다. 한 주에 50만 원을 버니 4주면 한 달 동안 200만 원을 번다. 이렇게 해서는 생활이 되지 않는다. 무슨 수를 써서라도 객실료를 높여야 한다.

그럼 마지막 질문! 만약 당신이 사랑하는 사람과 부산의 5성급 호텔에서 하룻밤을 자려고 한다. 얼마를 지불하면 적당한 금액일까? 아마 20만 원에서 30만 원 정도를 생각했을 것이다. 이 기준이 바로 일반적인 사람들이 머릿속에 담고 있는 이미지와 그에 따른 객실료이다.

만약 당신이 적은 수의 객실을 이용해서 매출을 높이고 싶다면 멋지고 좋은 펜션으로 만들 것이 아니라 최고급 호텔의 이미지를 차용해서 연출해야 한다. 소비자들이 이전에 해외 휴양지에서 이용해봤던 호텔의 느낌을 기억해낼 수 있도록 숙소를 연출해야 한다. 객실의 디자인, 소품, 홈페이지 모두 호텔의 느낌이 들도록 해야 한다. 소비자들이 펜션이 아니라 호텔처럼 인식하도록 슬로건까지도 바꿔야 한다. 대부분의 펜션 홈페이지를 보면 적당히 예쁜 문구로 슬로건을 만들어 홈페이지의 메인화면에 걸어놓는다. 예를 들자면 '사랑하는 사람과 ○○ 펜션에서 아름다운 추억을 만드세요' 보통 이런 식이다. 하지만 이런 문구는 소비자들이 내 펜션을 이해하는 데 전혀 도움이 되지 않는 문구다. 차라리 '부티크 호텔 디자인의 럭셔리 빌라' 이런 문구가 더욱 높은 객실료와 더 높은 수준일 거라는 기대를 하게 만든다. 더 노골적으로 카피를 만든다면 '힐튼호텔 스위트룸의 디자인을 벤치마킹해서 만든 객실' 이런 문구가 더 자극적일 것이다. 그렇게 만들어지게 되면 소비자는 펜션에서 호텔의 이미지를 느끼게 되고 자연스럽게 높은 금액대의 객실료를 합당한 객실료로 받아들이게 된다.

객실료를 높게 설정하고 싶다고 해서 적당히 고급스러운 펜션에 큰 스파나 개인 풀장을 하나 만들어 놓을 것이 아니라 정말 호텔처럼 보이도록 이미지를 연출해야 한다. 앞서도 이야기했지만 소비자는 고급호텔은 비싸다고 인지하고 있기 때문이다. 물론 가격을 결정하는 적정선이라는 것이 있다. 객실료를 정할 때에는 주변 펜션 가격과 비교하는 것이 아니다. 이유는 모든 펜션은 인터넷에서 노출되고 그곳에서 구매가 결정되기 때문에 인터넷을 기준으로 가격을 설정해야 한다. 예를 들어 내 펜션이 가평 지역에 있다면 먼저 검색창에 '가평 펜션'이라고 검색을 하고 상위에 노출된 펜션들 중 내 펜션의 수준과 비슷한 펜션 가격대로 설정한다. 평일, 주말, 성수기 가격도 마찬가지로 이처럼 결정하면 된다. 하지만 최근에는 홈페이지의 가격이 진짜 가격이 아닌 경우가 많아졌다. 네이버 예약, 소셜커머스, SNS 이벤트 등 다양한 방법으로 가격을 노출하고 있기 때문에 홈페이지에서 내 펜션과 비슷한 수준의 펜션을 발견했다면 실시간 예약에 노출된 가격을 확인하고 다시 그 이름을 소셜과 SNS에 검색해서 이벤트 가격까지도 알아봐야 한다.

좋은 펜션 이름은
어떻게 짓나요?

필자가 어렸을 때에는 '겨울 나그네'라는 경양식 레스토랑 이름이 참 많았다. 지금 들으면 너무나도 유치하고 올드한 상호지만 40대 이상인 사람들에겐 어색하게 들리지 않을 것 같다.

요즘에는 짧은 가게 이름들이 참 많다. 외래어가 많이 사용되고 무슨 뜻인지도 모르지만 발음하기 좋은 이름이 인기가 있다. 상호에 너무 많은 의미를 부여할 필요가 없다. 템포가 빠르고 자극적인 것을 좋아하는 젊은 층을 잡아야 하기 때문이다. 요즘 젊은이들이 듣는 음악을 들어보면 필자가 지금 무엇을 이야기하는지 이해가 될 것이다. 요즘 인기 있는 음악을 가만히 들어보면 의미도 없는 단어가 반복되며 자극만 주는 '후크송'이라는 음악이 인기를 끌고 있다. 노래의 가사에는 큰 의미가 없고 듣기 좋고 재미있는 소리들만 가득하다. 이를 펜션의 이름 짓기에 적용할 수도 있다. 앞서도 설명했지만 펜션이 롱런하기 위해서는 젊은 층을 공략해야 한다. 펜션 상호에 큰 의미가 부여되지 않더라도 젊은이들이 좋아할 만한 자극적이고 단순한 이름을 만드는 것이 젊은이들 입장에서 보면 더 좋은 이름이다.

외국어나 외국의 유명한 지명 이름을 사용한 펜션들이 참 많다. 보통은 영어, 프랑스어, 이탈리아어 중 발음이 예쁜 단어를 펜션 이름으로 많이 쓴다. 그런데 이러한 이름도 너무나도 많이 사용하고 있기 때문에 요즘 젊은이들의 눈과 귀를 사로잡기는 힘들다. 내가 자주 사용하는 방법이 두 가지가 있는데 하나는 오래전부터 상호에 많이 사용됐던 언어(프랑스어, 영어, 이탈리아어)가 아닌 네팔어나 인도네시아어 등의 더 독특한 발음의 단어를 사용하는 것이다.

다른 방법은 네이버에서 최신 인기가요 순위를 검색해서 좋은 단어를 찾는 방식이다. 최신 가요 제목에 사용되는 그 짧은 단어들이야말로 유명 작사가들이 10대와 20대를 잡기 위해 고민을 해서 만든 좋은 단어(문장)들이기 때문이다. 지금 네이버에서 '인기 가요 순위'라고 검색해보자. 젊은이들이 봤을 때 매력적인 단어와 문장들이 수두룩하게 쌓여있다. 물론 펜션 이름을 지을 때에는 펜션의 이미지와 잘 어울리는 단어의 조합이어야 한다. 다만 앞서 설명한 이름 짓기는 럭셔리하거나 독특한 펜션일 경우에 해당한다. 만약 운영하는 펜션이 낡아 오래된 곳일 경우에는 더 전통적인 이미지가 묻어나게 이름을 지어야 한다. 사실 이전에 단순히 이름만 바꿔서 대박이 났던 펜션들도 여럿 있다. 이전 '꼭두서니빛 펜션'에서 '더홈'이라는 이름으로 바꾼 후 매출이 크게 오른 펜션도 있었다. 그리고 또 좋은 사례가 있다. 얼마 전 컨설팅을 한 펜션은 흙집으로 만들어진 너무나도 전통적으로 보이는 펜션이었다. 전통적인 흙집에 외래어를 붙이기도 어색하고 젊은이들이 주로 사용하는 단어로 만들어진 이름을 지을 수도 없었다. 나는 해당 펜션에 '덕담(德談)'이라는 이름을 지어줬는데, 이름을 바꿔 인터넷에 노출한 지 얼마

되지 않아 EBS '한국기행' 프로그램 팀에서 촬영 제의가 왔다. 이름은 펜션이 갖고 있는 매력을 더욱 배가시킬 수도 평범하게 만들 수도 있다. 펜션의 이름은 신중하게 짓기를 바란다.

● 필자의 컨설팅을 통해 '덕담(德談)'이라는 이름을 갖게 된 펜션은 EBS 한국기행 TV 프로그램에 출연하게 됐다

41
간판은 꼭 있어야
하나요?

　펜션 창업자들을 컨설팅하다 보면 간판을 꼭 달아야 하는지를 질문하는 분들이 꼭 있다. 간판이 없어도 영업에는 큰 지장이 없을 수도 있다. 하지만 간판은 있는 것이 영업에 좀 더 유리하다. 앞서도 여러 번 이야기했듯이 펜션 투숙객들은 자신이 지불해서 구입한 공간에 대한 애착이 매우 크다. 그러므로 외부와 구분되는 고객의 공간에 대해 지불한 만큼 사용한다는 느낌을 전달해줘야 한다. 외부와 펜션과의 경계 즉, 고객이 외부에서 펜션으로 들어온 직후 고객의 공간임을 느낄 수 있도록 해야 하는데 그 역할을 입구의 간판도 한몫한다. 간판은 펜션 아이덴티티와 펜션 주인의 성향까지 드러내도록 하면 손님에게 펜션을 이해시키는 데 도움이 된다. 그리고 펜션 위치가 고객이 예상하지 못한 지역에 있을 경우에 내비게이션으로 검색하고 찾아와도 그냥 지나쳐버리는 경우도 있다. 펜션 근처에 왔을 때 간판이 크게 눈에 띈다면 분명히 손님들 입장에서는 펜션을 더 쉽게 찾게 된다. 그리고 펜션 앞의 간판 외에도 펜션 인근에 도달했을 때 펜션의 방향을 가리키는 이정표도 필요하며, 마을의 입구에 여러 펜션들이 있음을 알리는 공동 간판도 필요하다.

● 마을의 갈림길에 만들어진 간판들

사실 여기서부터 경쟁이 시작되는 것이나 다름없기 때문에 간판은 눈에 띄어야 한다. 그렇기 때문에 길거리의 이정표나 공동 게시대(간판)는 노란색 글자에 어두운 색 바탕이나 검은색에 하얀색 글자로 채도나 색의 대비를 많이 높여 눈에 띄게 노출해야 한다. 펜션의 간판 색 대비가 강하면 손님들의 눈에 잘 띄지만 그런 색이 어울리지 않다면 강한 색보다는 펜션과 어울리는 색과 폰트 디자인을 사용해야 한다.

펜션 간판은 일반적으로 동네 간판집에 맡기면 된다. 하지만 최근에는 펜션 인테리어나 건축을 하는 곳에서 객실의 가구나 커튼, 카펫 등 모든 디스플레이부터 간판까지 제작하는 경우도 있으니 인테리어나 건축을 할 경우에는 건축 디자인 전문가에게 의뢰하면 펜션과 잘 어울리는 디자인으로 간판을 제작해준다.

● 강하고 눈에 띄게 만들어진 펜션 간판

42

가구는 어떻게
구입해야 하나요?

　몇몇 펜션을 찾아가서 보면 너무나도 고급스러운 가구가 객실 내에 비치돼있는 걸 볼 수 있다. 고급스러운 가구가 아니라 실제 고급 제품들이 있는 곳들이 있다. 원목으로 만들어진 무섭고 비싼 침대와 테이블 그리고 쇼파까지… 물론 펜션의 전체적인 이미지를 고급스럽게 하기 위해 가구마저도 고급 제품을 써서 펜션의 수준을 높이도록 하기 위한 의도는 이해하지만 군이 펜션에 고급 제품이 들어갈 필요는 없다. 펜션의 가구는 가볍고 이동이 편리하고 저렴한 제품으로 구입하는 것이 좋다. 펜션의 객실을 꾸미기 위해서 가장 중요한 것은 바로 디자인인데, 소비자들이 선호하는 디자인은 매우 빠르게 변화하고 있어 그들이 선호하는 디자인으로 눈높이를 맞추려면 가구 교체가 빠르고 쉬워야 한다. 어떤 펜션들은 너무나도 비싸고 고급스러운 제품을 펜션에 비치한 후 운영한 지 10년이 지나도록 한물간 디자인의 가구들을 비치하고 영업하는 경우가 있는데 이런 올드한 디자인의 가구들로 젊은 여행자들의 눈을 사로잡기는 쉽지 않다.

　일반 가정집의 경우 한번 가구를 구입하면 5년, 10년 이상 오랫동안 사용한다. 일반 가정집의 가구들은 왠만해선 가구 배치 후 자리 이동을 하지 않는다. 그리고 오래 쓰기 위해서 묵직하고 고급스러운 가구를 구입한다. 하지만 펜션의 가구들은 그렇지 않다. 직접 펜션을 운영해보면 알겠지만 펜션의 가구들은 여러 사람들이 험하게 사용하기 때문에 교체 시기가 생각보다 매우 빠르다. 그렇기 때문에 제품들은 객실에 잘 어울리는 심플한 디자인으로 선택하고 쉽게 교체할 수 있는 것으로 바꾸는 것이 좋다. 고급 제품이 아니라 고급스러운 색감으로 만들어진 제품이면 된다. 최근에는 실용적이고 디자인이 예쁜 가구들을 인터넷에서 구입하거나 이케아에서 제품을 구입하는 경우가 많다. 하지만 인터넷에서 구입을 하더라도 실제로 매장에 가 본 후 디자인과 색감을 꼼꼼하게 확인한 후 결제해야 한다(이케아의 제품들은 가격과 디자인이 펜션 객실에 매우 잘 어울린다). 그리고 펜션 객실에 들어가는 가구들은 이동이 편리해야 한다. 고급 원목으로 만들어진 침대, 식탁, 의자 등은 성인 남자 둘이 이동시키기도 힘이 꽤 든다. 손님들 중에는 객실에 들어선 후 식탁이나 의자들을 자신들이 머물며 사용하기 편리하도록 이동해달라고 부탁하거나 직접 움직이는 경우가 있다. 물론 손님들의 편의를 위해서 가구 이동을 허락하는 것이 좋다. 하지만 문제는 고급스럽고 무거운 제품들은 가구 이동 시 바닥 긁힘이 발생될 수 있고 가구들도 여러 번 이동하다 보면 가구들끼리 부딪쳐 상할 수도 있다. 그렇기 때문에 가구는 가볍고 이동이 편리하고 저렴한 제품으로 구입해야 한다. 최근에는 인테리어 디자이너가 펜션에 맞도록 모든 가구와 커튼 등을 디스플레이해준다. 하지만 전문가의 도움 없이 낡은 가구 등을 바꿀 경우에는 심플한 디자인이 좋다. 앞서도 펜션의 인테리어에 대해서 소개했듯이 객실 인테리어 디자인 그리고 그 안에 들어가는 소품 등은 절대로 우리 집 안방처럼 꾸며져서는 안 된다.

● 무거운 가구를 넣은 객실

43

침구류, 어떻게
구입해야 하나요?

펜션의 침구류는 펜션 운영에 매우 큰 부분을 차지한다. 소비자는 아무리 객실 디자인이 좋다고 해도 청결에 대한 의심을 해소하지 않으면 펜션을 예약하길 꺼려한다. 그렇기 때문에 청결에 대한 의심을 깔끔하게 해소시키고 펜션의 침구류들이 깔끔하게 잘 관리가 되고 있다고 보여주기 위해서는 '호텔식 침구류'가 들어가야 한다. 아무리 예쁜 디자인의 침구류라고 할지라도 일반 가정집에서 사용되는 예쁜 이불을 침대 위에 덮어놓았다면 소비자들은 청결에 대한 의심부터 한다. 반면에 아무런 무늬가 없는 잘 정돈된 침대 커버와 베게는 고급 호텔에서만 봤을 법한 이미지이기 때문에 이 모습을 연출해 보여주면 청결에 민감한 소비자들은 더 안심하게 된다. 그리고 매일 호텔식 침구류를 교체하고 있다고 홈페이지 등에 노출하면 예약률은 더욱 높아지게 된다. 그리고 호텔식 침구류가 객실에 들어가야 하는 이유가 또 있는데 바로 펜션의 이미지 때문이다. 앞서 이 책의 객실 인테리어에 관한 부분에서 소개했듯이 모객을 잘하기 위해서는 호텔의 이미지를 전달하는 것이 좋다. 소비자들이 펜션에 도착했을 때 민박이나 모텔 또는 펜션에 도착했다고 느끼도록 하는 것보다 고급 호텔에 도착한 듯한 이미지를 전달해주는 것이 더 만족도를 높여준다. 그렇기 때문에 침구마저도 고급 호텔에서 봤을 법한 것들이 객실에 들어가 있다면 당연히 호감으로 작용된다.

● 호텔식 침구로 세팅된 침대

그럼에도 호텔식 침구류를 사용하지 않는 펜션들도 꽤 많이 있는데 그 이유는 관리가 불편하기 때문이라고 한다. 물론 일반적인 이불들 보다 호텔식 침구 관리가 좀 더 불편하고 가격도 더 비싸다. 하지만 호텔식 침구를 관리하는 것이 단점만 있는 것은 아니다.

일반적으로 여름에 사용하는 이불만 해도 두께가 0.5cm 이상이고 겨울 이불의 경우 1~5cm가 넘는다. 만약 가정용 세탁기에 넣는다면 이불은 한 채 또는 두 채 정도만 겨우 집어넣고 세탁을 해야 한다. 숙박업소에서 사용하는 큰 세탁기를 사용한다고 해도 많은 이불을 통째로 돌릴 수는 없다. 하지만 호텔식 침구들은 다르다. 호텔식 침구류는 겉감과 안감으로 나뉘어있고 안감은 솜이나 거위털로 돼있는데 세탁을 할 때에는 겉 커버만 벗겨서 빨래를 한다. 하얀색 커버는 매우 얇기 때문에 세탁기에 많은 커버를 집어넣고 빨래를 할 수 있다. 그렇기 때문에 세탁기를 돌리는 횟수와 시간을 효과적으로 줄일 수 있다. 어떤 이들은 하얀색 호텔 침구 커버를 깔끔하게 다림질을 하는 것이 힘들다고 말하는 경우도 있지만 커버를 안감에 씌우고 침대 위에 덮은 후 스팀다리미로 그대로 밀면 1~2분이면 금방 펴진다.

분명히 관리가 조금 번거로운 부분도 있다. 흰색 커버를 건조기를 이용해서 완전 건조를 시키게 되면 누렇게 될 수가 있다. 그렇기 때문에 적당히 건조가 됐다면 세탁물을 빼내서 자연건조를 시켜야 흰색의 커버를 오랫동안 유지할 수 있다.

예전에는 호텔식 침구류를 전문으로 판매하는 업체 홈페이지가 많았지만 지금은 쿠팡이나 11번가, G마켓, 네이버 쇼핑 등의 오픈마켓에서도 쉽게 검색해서 구입할 수 있다. 너무 저렴한 제품은 털 빠짐이 심할 수도 있으니 15만 원 이상의 제품을 선택하는 것이 좋다.

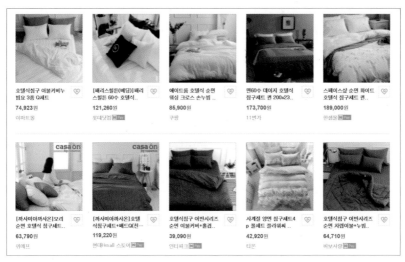

● 인터넷에서 호텔식 침구를 검색하면 다양한 상품들이 보인다

펜션 운영

펜션 창업은 누구나 투자금만 있으면 할 수 있다. 하지만 펜션을 잘 운영하는 사람들은 그리 많지 않다. 펜션 운영이 힘든 이유는 경쟁이 치열한 것도 있지만 가장 큰 이유는 펜션 사업을 위해 제대로 된 공부를 하지 않았기 때문이다. 나는 지난 15년 동안 수많은 창업 예정자와 펜션 사장들을 만나 강의를 하고 컨설팅을 해왔다. 하지만 펜션 사업을 어떻게 해야 하는지 제대로 알고 있는 사람들은 그리 많이 만나보지 못했다. 내 경험상 펜션 사업을 잘하기 위한 내공을 쌓은 사람은 1~2%도 되지 않는 것 같다. 100명을 만나면 한두 명 정도만 제대로 된 펜션 사업 정보를 알고 있고 그에 관한 공부를 하고 있었다.

영업이 잘 되지 않는 펜션 사장들은 매 시즌 실패를 거듭하고 있지만 어디에 힘을 쏟아야 할지 여전히 방향을 잡지 못하고 하루하루 전전긍긍하고 있었다. 이유는 펜션을 그저 민박처럼 이해하고 운영하기 때문이다.

깨끗하게 청소하고 관리하고 찾아오는 사람들에게 친절하게 대한다면 언젠가는 펜션에 대한 좋은 소문이 날 것이라고 믿고 있다. 하지만 전국에 3만여 개의 펜션 중에 내 펜션이 우연치 않게 입소문이 날 확률은 극히 드물다. 그렇기 때문에 펜션을 숙박업으로 생각하고 운영한다면 결국 좋은 결과를 얻지 못하게 될 것이다. 펜션은 숙박업이 아니라 인터넷 쇼핑몰처럼 운영해야 한다. 하지만 이런 어려움에 대해서 벌써 실망할 필요는 없다. 앞서 이야기한 대로 내가 만나본 사람들 중 약 1~2%만이 펜션 운영과 마케팅에 대해서 이해하고 있었다. 즉, 시골의 펜션 단지에 운영 중인 펜션이 약 100여 개라면 그중 일부만이 펜션 마케팅에 대해서 이해하고 있으므로 열심히 공부해서 내공을 쌓게 된다면 누구나 좋은 결과를 얻을 수 있다.

앞에서는 펜션 창업에 대한 내용을 설명했다. 1장에서 창업 예정자들이 가장 궁금해하는 내용들을 소개했다면 2장에서는 실제로 펜션을 운영할 때 알아야 할 깃들을 소개했나.

44

인터넷을 잘해야만
펜션 영업이
잘되나요?

앞서 펜션은 숙박업이 아니라 인터넷 쇼핑몰처럼 운영돼야 한다고 설명했다. 소비자들의 펜션 객실 구매 패턴을 보면 펜션 사업은 쇼핑몰과 매우 흡사하기 때문이다. 인터넷 쇼핑몰의 거의 모든 광고와 매출이 인터넷에서 이뤄진다. 펜션 역시도 매출의 90% 이상은 모두 인터넷에서 이뤄지며 광고 역시도 인터넷이 전부다.

소비자들이 발품을 팔아 펜션이 많은 동네에 찾아온 후 펜션마다 문을 두들겨 직접 눈으로 확인한 후 객실을 예약하지 않는다. 모두 인터넷에서 예약한다. 그리고 펜션과 인터넷 쇼핑몰은 모두 서비스를 받기 전에 결제부터 해야 한다. 인터넷 쇼핑몰은 구매자의 결제가 확인되면 비로소 상품을 발송해준다.

펜션도 마찬가지로 소비자는 인터넷으로 펜션의 모습만 확인한 후 투숙을 하려면 먼저 결제부터 해야 한다. 직접 물건을 만져보지도 못하고 직접 눈으로 확인하지도 못했는데 결제부터 해야 한다. 이 얼마나 어려운 영업 방법인가? 펜션의 매출은 이 어려운 세일즈 방식으로 이뤄지는 매출이 대부분이기 때문에 펜션 사업자는 인터넷 마케팅에 매우 밝아야 한다. 설령 펜션 광고에 대해 세세한 부분을 직접 실행하지 못한다고 해도 인터넷 광고를 위한 전체적인 이해는 하고 있어야 한다.

멋진 펜션을 만들어달라고 건축 전문가에게 맡겨 놓으면 결과적으로 멋진 펜션을 잘 만들어준다. 하지만 펜션 사업은 그다음부터가 시작이다. 영업은 직접 해야 하기 때문에 이 분야가 생소하더라도 꿈에 그리던 펜션 사업을 하기 위해서는 공부해야 한다. 내가 이전에 집필한 책 《대박 펜션의 비밀》에 소개된 펜션들은 대박 펜션이라 불리며 지역 내에서 가장 유명한 펜션이 됐다. 책에 그들의 성공 사례를 자세하게 담았는데 10여 곳 중 단 한 곳도 처음부터 인터넷 마케팅에 관심이 있거나 능력이 뛰어났던 분은 없었다. 하지만 대박을 만들어 냈다. 생소하다고 겁부터 먹을 필요는 없다. 나는 지금까지 수많은 펜션들을 컨설팅해 왔기 때문에 확언할 수 있는데, 펜션 사업을 위한 광고 마케팅은 절대로 어려워할 필요 없다. 누구나 할 수 있다.

45

얼마짜리
펜션 홈페이지를
만들어야 하나요?

많은 창업자들이 가장 많이 착각하는 것 중 하나가 있다. 바로 펜션 시설 수준이 높으면 장사가 잘될 것이라는 착각이다. 오래전 일이지만 이런 경우도 있었다. 약 40억 원 가까이를 펜션에 투자해서 어마어마하게 멋진 펜션을 만들었음에도 장사가 안 돼서 이자도 못 내던 펜션이 있었다. 하지만 그에 반해 펜션 시설은 형편없음에도 인터넷에서 인지도를 높여 유명한 펜션이 된 곳들도 있다.

앞서도 여러 번 이야기했지만 펜션은 인터넷에서 대부분의 거래가 이뤄지는 상품이기 때문에 인터넷 쇼핑몰처럼 운영돼야 한다. 연출이 우선이다. 그러므로 펜션을 소개하는 홈페이지는 가장 신경 써야 할 부분 중 하나다.

만약 객실이 10개가 되는 펜션을 건축 중이라고 가정하자. 여유 자금이 점점 떨어져가고 있어서 10개의 객실을 다 인테리어를 하면 홈페이지를 멋지게 만들 돈이 없고, 만약 10개 객실 중 2개 객실을 포기한다면 홈페이지를 멋지게 만들 여유자금이 만들어진다. 그렇다면 어떤 선택을 하는 것이 좋을까? 대부분은 객실 10개를 모두 완성시키고 홈페이지는 그저 100만 원짜리 저렴한 것을 선택한다. 하지만 펜션 사업을 아는 사람들은 객실 2개를 포기하고 홈페이지를 선택한다. 수백만 원짜리 멋진 홈페이지를 갖고 있다면 적어도 8개 객실예약을 받을 수 있지만 형편없는 홈페이지로는 객실 10개가 있다고 해도 10개를 다 못 채울 수 있기 때문이다. 이는 영업으로 매출을 키우는 보험회사가 사무실만 멋지게 만들어 놓고 난 후 자본금이 없어서 영업사원을 뽑지 못한 것과 다르지 않다. 잘 만들어진 홈페이지는 바로 우리의 영업사원이다.

그럼 어느 정도의 홈페이지가 만들어져야 할까?

내가 아는 경기도의 한옥 펜션은 홈페이지 제작에만 1,000만 원을 썼다. 하지만 필자가 봤을 땐 100만 원도 안 하는 저가의 홈페이지로밖에 보이지 않았다. 제대로 된 홈페이지 제작 업체에게 정상적인 노동의 대가를 지불하고 만든 홈페이지를 가격으로 따진다면 약 400만 원에서 500만 원대가 가장 적합하다. 사진촬영과 편집 기술이 좋아야 하며, 펜션을 잘 이해하는 업체여야 한다. 그리고 재촬영을 1회 정도 해주는 업체와 계약을 하는 것이 좋다.

펜션을 시작하는 분들의 연령대가 좀 있고 인터넷을 잘 모른다는 점을 이용해 이를 악용하는 업체들이 참 많다. 직접 홈페이지 업체를 알아보기 힘들다면 필자가 운영하는 카페에라도 질문을 하고 회원들이 추천하는 홈페이지 업체 등을 선택하는 것이 좋다.

네이버 카페 〈대박 펜션의 비밀〉: https://cafe.naver.com/buzzga

46
홈페이지는
얼마나 자주
교체해야 하나요?

펜션 홈페이지는 창업 당시 한번 만들어 놓으면 그만인 줄 아는 펜션 사업자들이 매우 많은데 펜션의 디자인이 유행을 타듯이 홈페이지 디자인도 유행에 맞도록 새로 디자인돼 운영해야 한다. '펜션의 시설과 홈페이지에 담긴 내용만 충실하면 되겠지'라는 생각은 우리나라 소비자들의 특성을 잘 파악하지 못한 자신만의 생각일 가능성이 크다.

우리나라의 홈페이지 디자인은 세계 어떤 나라들과 비교해도 뒤처지지 않을 만큼 매우 우수하다. 화려하고 유행에도 매우 민감하게 변화하고 있다. 그 예는 많은 곳에서 발견할 수 있다. 해외의 홈페이지들을 보면 대부분 정보(텍스트) 위주로 돼있는 것을 발견할 수 있는데 우리나라에서 인기를 끌고 있는 홈페이지들은 사진이 많이 사용되고 디자인이 매우 화려하다. 그리고 우리나라의 대표적인 검색 사이트인 네이버와 다음만 봐도 마치 잘 차려진 밥상처럼 매우 다양하고 재미있다. 하지만 전 세계에서 인기를 얻고 있는 검색사이트인 '구글'은 하얀색 바탕에 검색창이 하나만 있는 것이 전부다. 해외의 호텔 홈페이지를 봐도 마찬가지다. 해외의 5성급 호텔 홈페이지가 우리나라의 펜션 홈페이지만도 못한 경우가 허다하다.

고용량의 큰 사진과 동영상을 많이 사용하는 우리나라의 홈페이지들은 매우 자극적이다. 이렇게 자극적인 홈페이지가 인기를 끈 이유는 우리나라의 기술에서 찾아볼 수 있다. 홈페이지에서 고용량의 사진과 프로그램이 원활하게 보이기 위해서는 인터넷 회선의 속도가 매우 큰 영향을 미친다. 대부분이 잘 알고 있는 사실이지만 우리나라의 인터넷 속도는 아주 오래전부터 세계 최고의 속도를 자랑하고 있다. 고용량의 정보를 빠르게 전달할 수 있기 때문에 큰 용량의 사진과 동영상을 기반으로 홈페이지를 화려하게 꾸밀 수 있었던 것이다. 그런 빠른 인터넷 회선 때문에 결국 우리나라 사람들은 멋진 영상을 기반으로 한 홈페이지를 많이 접하게 됐다. 그리고 이제 우리나라 사람들의 눈에는 화려한 홈페이지가 익숙해지게 됐다.

펜션의 주 영업 대상은 여행 빈도가 높은 젊은 층이다. 그렇기 때문에 홈페이지도 젊은 소비자 층이 좋아할 만한 디자인으로 만들어져야 한다. 다시 말하자면 펜션 영업이 잘되기 위해서는 젊은 층이 좋아할 만한 펜션 시설과 멋진 사진, 동영상, 홈페이지 등으로 그들의 시선을 사로잡아야 한다.

펜션 홈페이지의 변경 주기는 정해진 것은 없지만 영업을 원활히 하기 위해서 4~5년에 한 번은 바꾸는 것이 좋다. 틀까지 완전히 바꾸는 것은 4~5년마다 바꿔도 좋지만 매해 조금씩 리뉴얼은 자주 해줘야 한다. 홈페이지 제작을 해준 회사에 다시 의뢰해서 요즘 유행하는 문구(카피)와 이미지(사진) 등을 교체하고 사계절에 맞는 이미지로 교체해서 소비자들의 눈에 띄도록 노력해야 한다.

실제로 나에게 펜션 사업 컨설팅을 의뢰한 분들의 홈페이지를 보면 '이런 홈페이지로 어떻게 영업을 해왔을까?'라는 생각이 들 정도로 수준이 떨어지는 홈페이지로 영업활동을 하는 펜션들이 꽤 많다. 홈페이지는 펜션 영업에 가장 큰 영향을 미치는 중요한 요소다. 그렇기 때문에 홈페이지에 투자되는 비용과 노력은 아낌이 없어야 한다.

펜션광고 꼭
해야 하나요?

꼭 해야 한다. 하지만 텔레마케팅을 통해 권유를 받은 이상한 광고가 아닌 제대로 된 광고를 해야 한다.

많은 펜션 사업자들이 펜션을 운영하는 데 가장 인색하게 투자하는 부분이 바로 광고다. 펜션을 창업하는 데는 몇 억 원에서 수십억 원을 쓰면서 펜션 사업을 유지하기 위한 광고에 들어가는 비용 100만 원을 아까워하는 사람들이 있다. 그들의 그런 마음도 충분히 이해는 된다. 많은 창업자들이 펜션 광고를 모르기 때문에 확신이 서지 않는 곳에 투자하길 꺼려한다고 생각한다. 그래서 그들은 광고를 '투자한다'고 생각하기 보다는 '소비된다'고 생각한다. 광고료가 소비가 아닌 더 큰 것을 얻기 위한 투자가 되기 위해서 창업자들은 펜션 광고에 대해서 제대로 이해하고 공부해야 한다.

가끔 이렇게 말하는 펜션 창업자들도 있다. "지인의 펜션은 광고비를 하나도 쓰지 않아도 영업이 너무 잘됩니다. 그래서 저도 펜션을 창업하고 광고 없이 그냥 하려고 합니다" 물론 광고 없이 잘되는 펜션도 있다. 오래전부터 운영을 해와서 이미 고정 고객이 쌓인 펜션일 수도 있고, 입소문이 난 상태인 펜션일 수도 있다. 운이 좋아 동호회나 기업 등과 제휴를 해 고정 고객이 생긴 경우들도 있다. 하지만 막 창업을 한 펜션이 그런 기회를 잡을 확률이 얼마나 될까? 요즘 같은 시대에 창업한 지 얼마 안 된 펜션이 광고를 하지 않고 영업이 잘될 확률은 거의 제로에 가깝다. 그러니 광고는 꼭 해야만 한다. 전국에 펜션과 유사 형태의 숙박업소의 수는 약 3만여 개가 넘는다. 하지만 이들 중 3분의 1은 매우 적극적이고 치열하게 경쟁하며 광고를 진행하고 있다. 더군다나 그들은 수년 동안 자신의 펜션을 광고해왔다. 수년 간 장사를 해온 노련한 장사꾼들 사이에서 경쟁하려면 창업자는 부단히 노력해야 한다. 펜션만 그럴싸하게 만들어놨다고 해서 우연치 않게 내 펜션이 소비자들의 눈에 띌 일은 없다.

제대로 된 광고를 해야 한다. 돈이 있다고 광고를 잘하는 것은 아니

● 펜션 광고에 가장 대표적인 '네이버 광고'

다. 광고에 대해 무지(無知)하면 제대로 된 광고 투자도 할 수 없다. 월 100만 원을 광고비로 써서 1,000만 원을 버는 펜션 사업자들이 있는가 하면 광고비로 월 100만 원을 써서 100만 원밖에 못 버는 펜션 사업자들도 있다. 수많은 광고 방법 중 어떤 방법이 가장 효과적인지를 선택하는 것도 경험치와 실력이 쌓여야만 선택이 가능해진다.

현재 펜션을 노출하는 방법은 수 없이 많다. 네이버 키워드 광고, 블로그 및 카페 광고, SNS 광고, 유튜브 광고 그리고 배너 광고 등. 하지만 수많은 광고 방법 중 펜션에 어울리는 효과적인 광고는 그리 많지 않다. 그렇기 때문에 사업자는 어떤 광고가 효과가 있는 지 명확히 알고 광고를 집행해야 한다.

48
펜션 광고와
홍보는 다른
건가요?

    광고나 홍보를 대행해주는 업체에 일을 맡기고 펜션 사장의 생각을 잘 전달하기 위해서는 마케팅에서 사용되는 기본적인 용어들은 알고 있어야 한다. 많은 용어 중 가장 기본이 되는 용어가 아마도 광고와 홍보가 아닐까 싶다. 사전적 의미를 보면 광고와 홍보 두 단어는 의미가 거의 비슷하지만 약간의 차이점이 있다. 광고는 '세상에 널리 알린다'는 의미고 홍보는 '널리 알리는 소식이나 보도'라고 사전에는 소개돼있다. 거의 비슷한 뜻으로 사용되지만 현재 인터넷에서는 의미가 더 명확하게 구분되고 있어 조금은 다르게 해석되고 있다. 광고는 돈을 들여서 소비자들에게 노출하는 행위. 즉, 네이버 키워드 광고 또는 페이스북 광고를 말한다. 그리고 홍보는 돈을 들이지 않고 소비자들에게 노출하는 행위다. 즉, 블로그에 직접 글을 꾸준히 쓰거나 페이스북, 인스타그램에 글을 쓰고 친구를 많이 만들어서 노출하는 방법을 홍보라고 말한다. 이런 홍보 방법을 '바이럴 마케팅'이라고도 부르는데, 원래 바이럴 마케팅은 입에서 입으로 소비자들을 통해 자발적으로 확산되도록 하는 마케팅 방법이다. 하지만 우리나라에서는 마치 광고를 위해 PC 앞에 앉아 손품을 팔아 콘텐츠를 올리는 노가다 작업이 홍보 또는 '바이럴 마케팅'으로 인식돼 사용되고 있다.

49

펜션 광고비는 정말 매월 100만 원 이상이나 필요한가요?

적극적으로 영업하는 펜션들은 매월 100만 원 정도는 광고비로 투자하고 있다. 매월 100만 원씩 1년이면 1,200만 원이나 하는 적지 않은 비용이다. 물론 이 정도의 광고비는 국내 모든 지역에 해당되는 것은 아니다. 광고비는 지역, 펜션 수준 등에 따라 편차가 있어서 매월 100만 원 이상의 광고비를 쓰는 펜션이 있는가 하면 100만 원 이하의 광고비를 쓰는 펜션도 있다. 예를 들어 가평이나 평창, 태안, 남해, 제주 등 경쟁이 치열한 지역의 경우에는 막대한 광고비를 쏟아 부으며 공격적인 광고를 하는 펜션들이 매우 많다. 그런 지역의 상위 펜션 운영자들은 항상 경쟁자보다 조금씩 조금씩 광고비를 늘리는 방법으로 항상 인터넷 검색창의 상단에 노출이 되기를 원한다. 이처럼 적극적으로 광고를 하는 펜션이 많은 지역에서 펜션 영업을 한다면 매월 100만 원의 광고 비용도 큰 효과를 얻지 못할 수도 있다. 하지만 대박 펜션으로 알려진 유명한 펜션들을 보면 치열하게 경쟁을 하는 지역에서 펜션 사업을 함에도 불구하고 광고비를 50만 원 미만으로 쓰거나 광고비를 전혀 쓰지 않음에도 대단한 매출을 만들어내는 펜션들도 있다. 하지만 이런 경우는 매우 특수한 경우라고 할 수 있다.

펜션 광고는 꼭 해야만 한다. 수만 개의 펜션 중 우연치 않게 내 펜션이 갑자기 입소문이 날 확률은 거의 없다. 그렇기 때문에 펜션을 가장 빠른 방법으로 소비자들에게 노출하길 원한다면 역시 과감한 투자를 해서 유료 광고를 하는 것이 가장 좋다. 네이버에 키워드를 노출하는 것도 광고이며, 페이스북이나 인스타그램에 내 사진을 올리고 결제한 후 더 많이 보이도록 작업하는 것도 광고다. 유튜브도 마찬가지다. 다만 이런 광고가 어떻게 진행되는지 펜션 사업자는 꼭 알고 있어야만 한다. 즉, 펜션 사장은 광고와 홍보 비용 산출과 스케줄 등 마케팅 기획을 할 수 있어야 한다. 펜션 광고를 모르는 상태에서 광고 대행사에 돈만 입금하는 행위는 펜션의 발전을 이룰 수 없다. 나는 지금까지 수많은 펜션을 컨설팅하며 광고와 홍보의 중요성을 알리며 교육해왔다. 하지만 지금까지 수동적인 광고 방법으로 성공을 한 펜션은 거의 본 적이 없다.

'펜션 하나 운영하는 데 광고와 홍보 방법까지 모두 알아야 할까?'라고 생각하는 독자들이 있다면 나에게 연락을 해도 좋다. 성공한 펜션 사장들을 소개하고 직접 그들의 이야기를 들어보게 할 수도 있다. 성공한 펜션 사장들은 각자의 마케팅력을 갈고닦아 돈을 쓰지 않고도 펜션을 홍보하는 방법을 터득한 사람들이다. 예를 들어 열심히 블로그를 운영해서 방문자수와 네이버 검색 결과에서 펜션의 노출빈도를 높이거나 인스타그램 팔로워를 수만 명을 만들거나 인터넷 카페(동호회)를 만들어 회원 수를 수천 명을 만든 펜션 사장들이다. 그렇게 되기까지 수개월 또는 수년간 인고의 시간을 갖고 매일 2~3시간씩 들여 꾸준히 펜션을 알리는 작업을 해왔다. 하지만 이제 막 오픈한 펜션은 수년간 광고와 홍보를 위해 노력한 경쟁자들을 하루아침에 뛰어넘을 수 없다. 그렇기 때문에 창업 초기에는 넉넉한 광고비 예산을 갖고 광고를 하는 수밖에 없다. 물론 막 오픈한 펜션도 꾸준히 펜션을 알리는 홍보작업을 통해 광고비를 서서히 줄여 나아갈 수 있다.

이제 막 창업한 펜션은 충분한 광고 예산을 미리 준비하고 경쟁 펜션보다 검색 결과의 위에 있거나 첫 페이지 노출이 돼있어야 한다. 충분한 광고비 예산이란 네이버 광고를 기준으로 하는데 네이버의 플러스 광고 부분과 파워링크 광고 부분의 첫 페이지 노출 클릭 단가와 하루 예산 그리고 한 달 예산을 예상해서 광고비를 산정하면 된다. 당연히 경쟁이 치열한 지역에서는 매우 높은 광고비를 산정해놓아야 할 테고 경쟁이 덜한 지역의 예상 광고비를 낮게 산정할 수 있게 된다. 광고비를 산정했다면 그 광고는 자생력을 가질 때까지 약 1년간은 꾸준히 진행해야 한다.

● 네이버 키워드 광고 중인 가평 펜션들

50

블로그 체험단 모집
꼭 해야 하나요?

꼭 필요하다. 펜션을 멋지게 건축하고 키워드 광고에 많은 비용을 투자해서 노출하는 것은 펜션 영업에 기본이다. 그리고 광고로 인해 노출된 만큼 구매율도 높여야 한다. 구매율을 높이는 가장 기본적인 방법은 소비자 스스로 검증할 수 있는 콘텐츠를 온라인에 많이 배포하는 것이다. 그러므로 블로그 체험단 외에 인스타그램이나 페이스북, 네이버 한줄평 등에서도 소비자들의 이용 후기가 꼭 있어야 한다.

기본적인 광고 세팅만 돼있다면 소비자들에게 펜션을 노출하는 방법은 어렵지 않은데 여러 방법 중 가장 유효한 방법은 바로 키워드 광고다. 비용은 꽤 많이 들지만 가장 효과적이고 빠른 방법이다. 다만 키워드 광고로 잘 노출했다고 해도 그리 쉽게 구매까지 이뤄지지 않는다는 것이 문제다. 이미 소비자들 눈앞에는 합리적인 숙박 요금의 멋진 펜션들이 넘쳐나고 있기 때문이다. 소비자는 수많은 펜션 중 검증받은 펜션에 예약을 하기를 원한다. 신뢰할 수 있는 펜션인지 아닌지 검증하는 방법은 결국 소비자들의 입에서 나온 후기들이다. 예를 들어 인터넷 공간에 해당 펜션을 검색했을 때 한두 개의 글이 노출됐을 때보다 수백 개의 글이 노출됐을 때가 더 구매율이 높아진다. 펜션 영업은 시간과의 싸움과도 같다. 막 오픈을 했을 당시에는 인터넷에 펜션의 후기가 몇 개 없지만 꾸준히 좋은 평을 받으며 2~3년을 운영하다 보면 수십 개의 평이 담긴 글과 사진이 떠돌게 된다. 하지만 인터넷 공간에 수십 개의 글이 쌓일 때까지 너무 오랜 시간이 걸리므로 인위적인 방법을 써서라도 평가(후기)글을 노출해야 한다. 이런 인위적인 작업 역시도 매출에 직결된다. 그 방법 중 가장 흔한 방법이 블로그 체험단이다. 예전에는 광고 대행사에 블로그를 맡겨서 작업한 글을 노출시켜 영업이 잘되도록 하던 시절도 있었지만 요즘의 똑똑한 소비자들은 가짜 글들을 귀신같이 찾아낸다. 그렇기 때문에 시간과 노력이 좀 더 들더라도 진짜 글을 인터넷 공간에 만들기 위한 작업을 해야 한다.

그리고 네이버의 검색엔진이 사용자 위주로 점점 더 진화했기 때문에 블로그 체험단을 모집 할 때에는 이전보다 신경 써야 할 부분이 더 생겼다.

이전에는 하루 방문자수가 수천 명이 되는 블로그라면 체험단 대상으로 최고라고 할 수 있었다. 하지만 지금은 블로그의 방문자 수만 체크해서는 안 된다. 예전에는 블로그에 여러 가지 주제를 담는 블로그라도 방문자 수가 많다면 검색 상단에 노출이 잘됐지만 이제는 전문 분야의 블로그가 노출에 더욱 유리하다. 즉, 방문자 수가 좀 더 적은 블로그라도 일상이나 육아, 자동차, IT, 영화 등 여러 주제를 담는 블로그보다는 한 가지 주제를 꾸준히 담고 있는 블로그가 특정 주제에 대한 노출에 유리하다.

펜션을 노출하는 데 효과가 좋은 블로그는 여행 전문 블로그일 것이다. 하지만 여행 전문 블로그만 집중해서 모으는건 매우 힘들다. 그렇기 때문에 때로는 방문자 수가 많은 육아 전문 블로거에게 체험단을 맡겨야 할 수도 있다. 이를테면 키워드를 '가족여행지' 또는 '아이들과 가볼 만한 곳'같은 키워드를 사용한다면 육아 전문 블로거에게도 체험단을 맡길 수 있다. 또는 카페나 맛집들을 주로 찾는 블로거에게는 '데이트코스' 또는 '기념일' 등의 키워드를 맡길 수도 있다. 체험단을 초대했다면 집중해야 할 키워드는 펜션 측에서 직접 전달해야 한다. 그리고 체험 후 글이 업로드돼야 하는 시한도 정해야 한다. 간혹 방문 후 한두 달이 지나도록 체험글을 안 쓰는 블로거들도 있기 때문에 키워드와 업로드 일정은 체험단 모집 시 블로거들에게 전달해야 한다. 그리고 체험단으로 방문한 블로거들은 블로그나 인스타그램, 페이스북 또는 카카오톡 등을 통해 지속적으로 교류해야 한다. 만약 펜션을 방문해서 좋은 관계를 맺은 블로거를 4~50명 정도와 교류하고 있다면 언제든 집중적으로 키워드를 노출하고 싶을 때 그들에게 재방문을 유도할 수 있기 때

● 펜션에 방문한 블로그 체험단들과 대화를 나누는 김성택 작가

문이다.

　많은 펜션들이 성수기 전이나 연휴 전 또는 방학 전에 광고 대행사를 통해 블로그 체험단 등을 맡기는데, 이 비용이 만만치가 않다. 만약 펜션 사장이 직접 교류하는 블로거들이 많다면 경쟁 펜션들에 비해 광고비를 현저히 낮추면서 높은 매출을 만들어낼 수 있을 것이다.

51

성수기와
비수기 기간은
얼마나 되나요?

보통 홈페이지에서 노출되는 성수기 기간은 가장 더운 여름 중 2주 정도밖에 되지 않는다. 예를 들어 7월 말부터 8월 말까지 4주 정도를 준성수기라 하고 그 중산 가장 핫한 기간 2주 정도를 성수기라 한다. 실제로 영업을 잘하는 펜션들의 경우 적어도 2주 정도는 만실로 채운다. 이때 꽤 많은 매출을 올리기 때문에 광고도 매우 신경을 써야 한다. 여름 성수기 기간에 1년 매출의 50% 정도를 만들 수 있기 때문이다. 그리고 펜션 운영의 고수들은 여름 시즌 동안 만실 기간을 일반 펜션들보다 두 배 이상으로 늘리는 경우도 있다. 이 기간에만 억 단위 이상의 수익을 내는 것이다.

성수기 기간은 보통 여름 한 달 정도를 말하며 나머지 기간은 비수기 기간이라고 해야 한다. 그리고 3월, 8월 여름 성수기 직후, 겨울 전체 기간은 극비수기 기간이다. 이때는 필자가 직접 펜션을 운영한다고 해도 큰 매출을 만들 수 없다. 다만 예외는 있다. 스키장이 인근에 있는 펜션들은 겨울 시즌도 성수기로 본다. 강원도 평창, 정선, 홍천 등의 지역이 겨울 특수를 보내는데, 만약 겨울 시즌을 풍요롭게 지내고 싶다면 펜션을 스키장에서 멀지 않은 곳에서 운영하면 된다. 반면 겨울철 여행 인프라가 발달하지 않은 충남 태안 지역이나 강원도 산골 등의 지역은 유령 도시처럼 보일 정도로 한산하기 그지없다(이런 지역은 여름철 매출이 매우 높다). 물론 비수기 기간임에도 영업을 잘하는 펜션들은 금요일과 주말을 모두 만실로 채우고 평일에도 한두 팀 이상을 계속 채우는 곳들도 있다.

펜션 운영을 잘하려면 여름 기간 동안 얼마나 많은 매출을 만들 수 있는지를 염두하고 펜션 위치 선정을 할 수 있어야 한다.

● 여름철 매출이 높은 산속의 계곡 펜션

52

겨울에는 정말
장사가 안 되나요?

여름 한 철 엄청난 시즌을 보내고 나면 여행자의 수는 급격히 줄어든다. 가을이 되면서 서서히 손님들이 빠져나가고 겨울이 되면 평일에는 거의 전무하다시피 손님들이 없어진다. 주말 역시 절반을 채우기도 힘들어진다. 이런 상황을 처음 맞이한 펜션 사장들은 갑작스레 줄어든 손님 수에 놀라 나에게 전화를 해서 겨울 비수기 평일에 손님이 없어 큰일이라고 걱정을 한다. 그리고 나에게 해결 방법을 제시해달라고 부탁을 한다. 그들의 불안한 마음은 충분히 이해하지만 솔직히 말해 엄청나게 높은 수준의 펜션이 아닌 이상 비수기 평일을 꽉꽉 채우는 상황은 전문가인 나 역시도 만들기 힘들다. 여행 비수기 기간에는 대기업의 항공기 좌석도 텅텅 비어서 날아다니고 섬을 왕래하는 여객선도 빈 채로 다닌다. 관광지로 유명한 지역의 택시들도 갓길에 차를 세우고 시간을 보내기 일쑤고 관광지들의 음식점도 텅텅 빈다. 사람들이 여행을 다니지 않는 시기인데 무슨 수로 평일에 객실을 채운다는 것인가? 여행 관련 대기업들도 손님이 없어 텅텅 비는데 하물며 평생 직장 생활을 하다가 이제 막 초보 사장이 된 분들이 어떻게 그런 마법 같은 일을 만들려고 노력하는지 모르겠다. 여행을 떠나지 않는 기간에 여행자들을 어떻게 모객할 것인지를 고민하기보다 여행자들이 움직이는 금요일, 토요일, 연휴, 여름휴가철에 어떻게 더 많은 매출을 올릴지를 연구하는 편이 더 바람직하다. 물론 비수기에 급격히 떨어진 예약률을 올리는 방법은 여러 가지가 있다. 노출되고 있는 펜션의 이미지를 더 잘 포장해서 다양한 마케팅 방법을 사용하면 매출이 조금 더 오를 수도 있다. 하지만 이러한 대처는 비수기 시기에 닥쳐서 해결할 것이 아니라 펜션 창업 전, 펜션 건축 전에 해야 하는 것이다. 즉, 근본적인 해결 방안을 먼저 준비해놓고 영업을 시작해야 한다.

나는 지금 내가 운영하는 펜션의 카페에 앉아서 이 글을 작성하고 있다. 지금 내가 글을 쓰고 있는 이 시기는 늦겨울 비수기 기간이다. 평일인 오늘은 손님이 단 두 팀밖에 없다. 난 그 손님들이 너무나도 고맙다. 하지만 사실 오늘은 손님을 기대한 날이 아니다. 한 팀이 와도 그만 두 팀이 와도 그만이다. 이렇게 여유를 부리는 이유는 오늘 같은 겨울 비수기 평일에 펜션에 찾아온 손님들은 그저 보너스처럼 생각하기 때문이다. 내가 계획한 비즈니스 전략에 따라 온 손님들이 아니다. 앞서도 펜션은 주말장사이고 한정된 기간에 확실히 수익을 만들어야 하니 여러 개의 객실이 있어야 한다는 내용을 담았다. 좀 더 자세히 설명하자면 다음과 같다.

나는 보통 여름 성수기 기간 가장 높은 객실료를 받는 시기를 약 20일에서 한 달로 정해 두고 있다. 내가 운영하는 펜션의 객실은 총 14개인데, 여름 성수기에 객실 평균 가격을 25만 원으로 잡고 하루 모든 객실을 채우면 350만 원이다. 즉, 하루 350만 원을 한 달 30일 동안 채우면다면 1억 500만 원이 된다. 이래저래 변수가 있다고 가정하고 500만 원을 빼도 1억 원이다. 그런데 보통 필자는 여름 준비를 열심히 해서 여름 성수기 전에 한 달 그리고 여름 성수기 한 달, 도합 60일을 거의 만실로 채운다. 물론 여름 성수기 앞의 한 달은 성수기 요금은 받지 못하고 평균 객실가 15만 원을 받는다. 평균 15만 원짜리 객실 14개 방을 모두 채우면 하루 210만 원이 된다. 210만 원이 30일이니 6,300만 원의 수익이 발생한다. 즉, 여름 성수기 기간을 중심으로 2달 동안 약 1억 6,000만 원의 수익이 발생한다. 사실 1억 6,000만 원 중 6,000만 원을 운영비로 쓴다고 해도 1억 원의 순이익이 남는 것이니 이것만으로도 만족할 수 있다. 순수익 1억 원! 여름철 두 달 장사를 하고 열 달을 쉬어도 1억 원이다. 넉넉한 객실 수와 영업력만 갖고 있다면 두 달 동안 열심히 일하고 1억 원의 순수익을 남길 수 있는 것이다. 하지만 나는 나머지 10달도 펜션 운영을 지속하고 있고 목표는 여름 기간 전체 1억 6,000만 원에 여유 있게 비수기 매출 5,000만 원을 더해 약 2억 원으로 잡았다. 15년이 된 오래된 펜션을 이용해 이 정도면 괜찮은 매출이라고 생각한다.

비수기 기간 중에는 여름방학 기간, 겨울 방학 기간이 있고 황금연휴도 몇 번이 끼어있다. 하지만 그런 특수를 예상하고 사업 계획을 잡을 수는 없으니 그런 특수한 날이 완전히 없는 비수기 한 달을 예를 들어 계산해보자. 주말 15만 원짜리 객실을 하루 13번을 판매하면 하루 195만 원을 벌 수 있다(앞서는 객실이 14개였지만 지금 13개가 된 이유는 평소비수기에 1개 객실은 펜션 관리자가 쓰고 있기 때문이다). 그리고 금요일의 경우에도 절반 이상은 채울 수 있다. 13만 원짜리 객실을 7번을 채우면 91만 원이 된다. 즉, 비수기 평일에 한 팀도 못 받아도 금요일과 토요일 이틀 동안 286만 원의 수익이 발생한다. 한 달이면 4주이니 결국 비수기 평일을 채우지 않아도 1,144만 원의 수익이 발생한다. 황금연휴나 크리스마스, 가정의 달, 해돋이, 해넘이, 방학, 송년회, 주변인근 부대의 퇴소식, 평일 회사들의 단체 워크숍, 운 좋게 드문드문 평일에 들어온 커플 여행자 등을 모두 제외한다고 해도 월 1,000만 원은 벌게 된다. 물론 시기에 따라 이 수치보다 더 벌 때도 있고 덜 벌 때도 있다. 평균 1,000만 원이라고 가정하고 계산하면 8달 동안 8,000만 원의 매출이 만들어지고 나머지 겨울 2달 동안은 수익이 현저히 떨어진다. 겨울철 두 달은 매출과 이익이 없었다고 해도 비수기 열 달 동안 8,000만 원이 된다.

즉, 앞서 두 달의 매출 1억 6,000만 원에 열 달 동안의 매출 8,000만 원을 합하면 2억 4,000만 원이 된다. 광고비와 금융비용, 인건비를 모두 제한다고 해도 1억 원이 넘지 않는다. 넉넉하게 펜션을 운영하며 운영비로 1억 원을 지출했다고 가정해도 1억 4,000만 원의 순수익이 남는다(사실 운영비로 1억 원씩이나 쓰지는 않는다).

작지 않은 펜션 14개의 객실을 갖고 운영하며, 1억 4,000만 원의 순수익을 올리는 건 꽤 괜찮은 이익이다. 만약 펜션을 잘 알고 있다면 이러한 계산법을 적용해 몇 개의 펜션을 더 돌릴 수도 있다(실제로 필자는 이런 시스템을 만들어 2~3개의 펜션을 더 운영할 준비를 하고 있다).

펜션을 몇 년 운영해본 분들이라면 모두 알겠지만, 펜션 사업은 겨울철에 큰 이익을 내기 위해 고군분투하기보다 일 년 전체 매출을 높일 방안을 먼저 구상해야 한다. 펜션은 여행업이고 매출의 차이가 시즌에 따라 매우 큰 편차를 갖는다. 그 편차는 요식업보다도 매우 크다. 회사 월급처럼 일정 금액을 벌 수 있는 사업이 아니다. 앞서 설명한 순수익 1억 원 이상의 수익을 만들고 싶은데 객실 수가 적다면 당연히 객실 퀄리티가 매우 높아야 한다. 객실 단가가 1박에 15만 원이 아니라 30만 원 이상을 받을 정도의 수준까지 돼야 1억 원 이상의 이익을 만들 수 있다. 실제로 거제도 P 펜션은 객실 6개로 3억 원의 매출을 만들기도 했다. 그러니 작은 땅에 적은 수의 객실을 만들어야 하는 창업자라면 창업자의 생각대로 뚝딱뚝딱 펜션을 만들지 말고 주 영업 대상을 잘 파악한 후 진짜 전문가에게 건축을 맡겨야 한다.

얼마 전 필자가 직접 컨설팅을 했던 사례가 있다. 충북의 N펜션을 컨설팅할 때였는데 해당 펜션은 겨울철 극심하게 매출이 떨어져 걱정을 하고 있었다. 대대적인 리모델링을 통해서 겨울철에도 예약률을 더 올리기를 원했던 N 펜션은 필자를 초대해 컨설팅을 받게 됐다. 당시 N 펜션 사장이 고민 끝에 생각한 컨셉이 하나 있는데 바로 '하와이'의 이미지였다. 펜션 바로 앞에 파랗고 큰 호수가 있고 넓고 푸른 잔디 가든이 펼쳐져있어 몇 가지 설치물만 들어가도 하와이의 느낌이 물씬 날 것만 같았다. 그렇게 컨셉을 잡고 꾸민다면 예뻐 보이긴 할 것 같았다. 그저 예쁘게 만들면 소비자들이 더 많이 찾아올 것이라는 기대감에 생각한 컨셉이였다. 하지만 예쁘게 꾸미겠다는 계획 외에 다른 이유는 없었다. 대부분의 펜션 사업자들은 여기까지는 잘 기획하지만 계절별 컨셉을 잡는 방법을 모르는 경우가 많다. 좋은 컨셉이란, 예쁘게만 보이도록 펜션을 업그레이드하는 것이 아니라 매출을 높일 수 있는 컨셉이여야 한다.

보통 우리나라의 펜션은 여름철은 걱정할 필요 없이 모두 영업이 잘된다. 문제는 겨울 비수기다. N 펜션 사장님도 겨울철이 문제라고 했는데, 하와이의 이미지는 겨울철 여행지의 컨셉과 맞지 않는다. 실제로 추운 겨울에 야자수를 보려고 두꺼운 패딩을 입고 찾아오진 않을 것이다. 따뜻한 여행지가 그립다면 아마도 진짜 하와이나 동남아로 겨울 여행을 떠날 것이고 겨울 여행지가 생각난다면 겨울에 더욱 멋진 여행지를 찾아갈 것이다. 결국 하와이 컨셉은 추운 겨울 충북의 펜션에 적용할 이미지는 아니었다. 오히려 겨울철 눈이 잔뜩 쌓인 큰 호숫가 앞에 모닥불을 피워놓고 텐트를 쳐도 운치가 있을 법한 이미지가 더 유리해 보였다. 즉, 하와이가 아니라 겨울철에도 여행을 떠나고 싶을 만큼 매력적인 겨울 여행지인 홋카이도, 핀란드, 아이슬란드 등 겨울철 인기 여행지의 이미지를 차용하는 것이 겨울철 모객에 더 유리하다. 결국 충북의 N 펜션은 겨울철에도 매력적으로 보일 수 있는 이미지를 차용해 곧 리모델링에 들어갈 예정이다(이 내용은 필자가 운영하는 유튜브 채널에도 자세히 소개했다. 채널명 : 김성택 TV 대박 펜션의 비밀).

여름철 기간에 매출을 확실히 끌어올릴 컨셉과 광고 기획을 명확히 하고 겨울 비수기 기간에도 불리한 상황을 벗어날 컨셉을 제대로 잡았을 때 비로소 펜션을 건축하고 오픈해야 한다. 그저 예쁘게만 꾸민다고 겨울철 손님들이 찾아오지 않는다. 그리고 앞서 설명한 부분 중 여름

한 달 외에 여름 성수기 전 약 한 달 기간을 더 만실을 채운다는 부분이 의아한 독자들도 있을 것이다(7월, 8월 만실). 하지만 이는 어려운 방법은 아니다. 여름 성수기 전에 30일 정도 더 만실을 채우는 방법은 내가 직접 펜션 사업자들에게 컨설팅을 할 때에도 많이 사용하는 방법인데, 바로 광고 시기에 있다. 여러 가지 방법이 있지만 그중 네이버 키워드 광고를 예를 들어 설명하자면 다음과 같다. 보통 여름 성수기 기간이 돌입하기 직전부터 성수기 기간이 닥치면 키워드 광고 비용은 천정부지 올라가게 된다. 입찰제이기 때문이다. 비수기 평균 500원 하던 키워드 값이 성수기 기간이 다가오면 1,000원이 넘고 2,000원이 넘어간다. 그러니 광고를 하는 시기를 성수기가 다가오기 훨씬 전부터 과하다 싶을 정도로 집행해야 한다. 그렇게 여름 성수기가 찾아오기 훨씬 전에 미리 과한 광고를 집행하면 당연히 여름휴가를 일찍 떠나려는 사람들을 경쟁 펜션보다 미리 잡을 수가 있게 된다. 너무나도 당연한 얘기다. 그리고 이처럼 미리 광고를 하게 되면 여름 성수기 기간 예약도 경쟁 펜션들에 비해서 먼저 채워놓을 수가 있다. 이런 식의 광고를 미리 집행하면 성수기 8월 기간 동안 약 8~90%의 예약을 7월 초 중순 정도에 모두 채우게 되는데 그때부터는 여유롭게 나머지 10%만 채우면 만실이 되는 것이다. 늦가을부터 겨울 비수기 그리고 신학기가 들어가는 시즌에 광고를 많이 할 의향이 없다면 이때 사용할 광고비 예산을 몰아서 여름 성수기 직전에 쓰면 된다. 보통 겨울 특수가 없는 지역이라면 이런 광고 방식이 유리하다. 그리고 막대하게 광고를 넣는다는 의미는 상대적이다. 성수기에 돌입한 상태에서 300만 원의 광고 비용은 그렇게 큰 비용이 아니지만 성수기 이전에는 300만 원의 광고 비용은 꽤 큰 광고 집행 비용이 될 수 있다.

키워드 광고 비용은 성수기 시즌이 다가올수록 점점 높아지는데 성수기 기간에 클릭당 1,000원 하는 광고를 10번 클릭하게 되면 1만 원이지만 여름 성수기 한참 전에는 같은 키워드라고 할지라도 경쟁이 붙지 않았기 때문에 3~400원이면 집행할 수 있다. 예를 들어 300원짜리 키워드를 10번을 클릭하도록 하면 3,000원이니, 1만 원을 갖고 미리 광고를 잘한다면 같은 키워드라고 할지라도 10번이 아니라 그 3배인 30번 이상을 클릭하도록 하는 효과가 난다. 이런 방법이 먹히는 이유는 최근 여행자들의 휴가 기간이 과거와 달리 성수기에 집중되지 않고 성수기 전후로 분산됐기 때문이다.

물론 이 방법은 키워드 광고에 한정한 것이고 키워드 광고 외에 구글 광고, 페이스북, 인스타그램 광고 모두 비슷한 방법으로 광고 계획을 짤 수 있다. 그럼에도 여름 전에 많은 분들이 적극적으로 광고를 집행하지 못하는 이유는 불안 때문이다. 광고를 모르니 광고로 인한 효과도 모를 뿐더러 직접 광고를 운영해본 적이 없으니 내 펜션에 대한 정확한 측정을 할 수가 없는 것이다. 그래서 가급적 펜션의 모든 광고는 직접 집행해보며 내 펜션에 맞는 예산을 설정하고 광고 시기를 설정할 줄 알아야 한다.

다시 정리하자면 비수기 기간은 어차피 돈을 버는 시기가 아니다. 돈을 벌 수 있는 시기에 최대치 매출을 만드는 방법을 익히는 것이 더욱 현명한 방법이다.

요즘 나는 비수기 기간에 그동안 필자에게 상담을 받길 원했던 펜션 창업 예정자 분들을 펜션에 초대해서 만나기도 하고, 연휴의 특수가 없는 완전한 겨울철에는 방을 막아놓고 해외의 유명 호텔들을 시찰할 겸 여행을 떠나기도 한다. 나는 비수기에 영업율이 크게 오르지 않는다고 조바심을 내지 않고 여유있게 운영하고 있다. 비수기에는 광고도 적극적으로 하지 않는다(내 메인 직업이 펜션 사장이 아닌 작가이자 강사인 것도 비수기에 여유를 부리는 이유일 수도 있다). 겨울철 비수기는 나에게 휴식을 갖는 시기가 됐다.

"나는 펜션으로 엄청난 부를 쌓겠다는 기대를 하지 않는다. 혹자는 펜션으로 엄청난 부를 쌓을 수 있을 것이라는 기대를 하는데 요즘 같은 과열경쟁 시대에 그런 일은 좀처럼 일어나지 않는다. 하지만 앞서 이야기했던 대로 펜션 사업을 전략적으로 잘해 나아간다면, 생활비 외에 꽤 많은 자산을 불릴 수도 있다."

53
환불 규정은
어떻게 되나요?

"하루 전에 취소를 한다고 하는데, 환불을 해줘야 하나요? 안 된다고 해야 하나요?"

많은 초보 사장들이 하는 고민이다. 그리고 이 환불 문제 때문에 소비자와 판매자 간 언성을 높이고 싸우는 경우도 꽤 많다. 하지만 이런 일에 많은 감정을 소모하며 힘들어 할 필요가 없다. 환불에도 기준이 있기 때문이다.

많은 펜션 사업자들이 예약과 계약에 대한 약관도 없이 각자의 재량으로 환불을 결정하는 경우가 있는데, 사실 「소비자기본법」에 따른 '소비자 분쟁해결 기준'이라는 것이 있다. 이 기준은 분쟁 당사자들의 의견이 충돌할 때 합의나 권고의 기준이 된다. 소비자들이 '숙박 이용계약'을 해제할 때 '소비자 분쟁해결 기준'에 따라 보상 기준이 어떻게 되는지 상세히 소개하자면 다음과 같다.

먼저 펜션 측의 사정으로 손님과의 계약을 해제하는 경우에는 「소비자기본법」에 따라 소비자에게 손해배상액을 지급해야 한다.(「소비자기본법」 제16조 제2항, 「소비자기본법」 시행령 제8조) 배상 기준은 성수기와 비수기에 따라 달라지는데 성수기는 보통 7월 15일~8월 24일까지로 본다.

🔍 펜션 측의 사정으로 계약을 이행하지 못 할 경우 : 성수기

손님이 객실을 사용하는 확정일이 **성수기 평일**일 경우, 10일 전에 손님에게 통보하고 거래를 취소할 경우에는 계약금 환급을 해주면 된다. 하지만 7일 전이라면 계약금 환급은 물론이고 객실료의 10%를 배상해야 한다. 5일 전까지는 환급 및 총 객실 이용료의 30%를 배상해야 한다. 3일 전까지는 전액 환급에 총 객실 요금의 50%를 배상해줘야 하며 1일 전의 경우나 당일 취소의 경우에는 전액 손해배상을 해야 한다.

손님이 객실을 사용하는 확정일이 **성수기 주말**일 경우, 손님의 객실 사용 확정 10일 이전이라면 계약금 전액 환급하면 된다. 즉, 10일 이전이라면 받은 돈만 그대로 돌려주면 된다. 7일 전은 전액 환급과 추가로 총 객실료의 20% 배상, 5일 전이라면 전액 환급과 추가로 총 객실료의 40% 배상, 3일 전은 전액 환급과 더불어 총 객실료의 60% 배상, 그리고 1일 전 또는 당일에 손님에게 사용불가 통보를 한다면 손해배상을 해야 한다. 물론 이러한 상황이 벌어지지 않도록 항상 정신없는 성수기에는 오버 부킹을(중복 예약) 꼭 체크해야 한다. 그리고 오버 부킹이 생겼을 때 어떻게 대처를 해야 할지도 염두하고 준비해놓아야 한다.

🔍 손님의 사정으로 계약을 이행하지 못 할 경우 : 성수기

손님이 예약 후에 펜션 사용 불가를 통보했을 때에도 역시 손해배상액을 손님으로부터 받게 된다. 이 경우에도 「소비자기본법」 제16조 제2항, 「소비자기본법」 시행령 제8조 소비자분쟁해결기준에 따라 적용하면 불필요한 감정 소모 없이 빠르게 해결할 수 있다.

손님이 일방적 취소를 **성수기 주중** 10일 전에 할 경우에는 전액을 환급해주면 된다. 손님이 7일 전에 취소를 할 경우에는 10% 공제 후 환급을 해주면 된다. 5일 전에는 30%를 공제 후 환급하면 되고, 3일 전에 취소를 한다면 50%를 공제 후 환급해주면 된다. 1일 전이나 당일 취소를 할 경우 총 요금의 80%를 공제 후 환급해주면 된다.

손님이 일방적 취소를 **성수기 주말** 10일 전에 할 경우에는 전액을 환급해준다. 손님이 7일 전에 취소를 할 경우에는 총 객실료의 20%를 공제 후 환급해준다. 7일 전에는 총 객실료의 40%를 공제 후 환급, 3일 전에 취소를 할 경우에는 총 객실료의 60%를 공제 후 환급하면 되고 1일 전이나 당일 취소를 할 경우에는 총 객실료의 90%를 공제 후 환급해주면 된다.

비수기에는 배상과 환급 기준이 조금 더 여유로워지는데 펜션 측 입장과 소비자 측 입장에서 취소를 할 때 배상과 환급 기준은 다음과 같다.

🔍 펜션 측의 사정으로 계약을 이행하지 못 할 경우 : 비수기

비수기 주중 2일 전까지 취소를 하면 전체 환급을 한다. 입실 1일 전에 취소를 할 경우에는 객실료 환급과 총 객실료의 10%를 배상한다. 손님에게 당일 취소 통보를 해야 할 경우에는 계약금 또는 객실료 환급과 더불어 총 객실료의 20%를 배상한다.

비수기 주말에 입실하는 손님에게 2일 전까지 취소 통보를 할 경우에는 계약금이나 객실료 전액을 환급해준다. 주말 입실 1일 전에 취소 통보를 할 경우에는 객실료 환급과 더불어 총 객실료의 20%를 배상해야 한다. 당일 취소 통보를 할 경우에는 계약금이나 객실료 전체를 환급하고 더불어 총 객실료의 30%의 배상해야 한다.

🔍 손님의 사정으로 계약을 이행하지 못할 경우 : 비수기

비수기 주중 2일 전에 손님이 취소를 할 경우에는 계약금이나 객실료 전액을 환급해준다. 입실일 1일 전에 취소를 할 경우에는 총 객실료의 10%를 공제 후 환급해준다. 입실 당일 취소를 하거나 노쇼(손님이 안 올 경우)의 경우에는 총 객실료의 20%를 공제 후 환급해준다.

비수기 주말에 2일 전에 취소를 할 경우에는 전액을 환급해준다. 입실일 1일 전에 취소를 해올 경우에는 총 객실료의 20%를 공제 후 환급해준다. 입실 당일 또는 노쇼의 경우에는 총 객실료의 30%를 공제 후 환급하면 된다.

이 내용은 펜션 홈페이지에 기재 후 손님들에게 환불정책을 쉽게 확인할 수 있도록 하고 손님이 계약을 또는 객실료를 결제한 후에는 문자로 공지해주는 것이 좋다.

54

미성년자를
받아도 되나요?

펜션을 운영하다 보면 미성년자들이 심심치 않게 예약을 한다. 최근에는 온라인으로 예약을 하는 경우가 태반이고 펜션에 방문한다고 해도 미성년자인지 아닌지 가늠하기 어렵다. 그리고 미성년자들이 펜션을 선택하는 기준은 가격이 큰 영향을 미치니 객실료가 낮은 펜션이나 단체로 많은 인원이 투숙하는 펜션의 업주는 사건사고가 생기기 전에 미성년자 투숙에 관한 사항은 알고 있어야 하며 펜션의 홈페이지에 미성년자 투숙에 관한 방침을 써놓아야 한다.

필자가 운영하는 카페에 '미성년자를 받아도 되는지'를 묻는 글을 여러 번 본 적이 있다. 결론부터 말하자면 가능하다. 법적으로 전혀 문제가 없다.

펜션과 게스트하우스는 원칙적으로 청소년 보호법상의 유해업소에 해당하지 않는다. 그렇기 때문에 미성년자 투숙은 전혀 문제될 것이 없다. 하지만 법적 조항이 하나 있다. 청소년보호법은 만 19세 미만의 남녀혼숙에 대해 금지하고 있으며 고용 역시도 금지된다. 그러니 동성 친구들끼리 놀러 와서 펜션을 이용한다면 전혀 문제없지만 이성 커플이나 이성 친구들이 섞여서 혼숙을 한다면 문제가 된다. 단, 미성년자가 투숙 시 친권자임이 확인되면 투숙이 가능하다. 만약 미성년자 혼숙으로 누군가가 신고라도 해서 걸린다면 풍기문란 및 장소 제공에 의해 해당 업주 역시도 법적 제재를 받게 되니 미심적은 커플이라면 꼭 다시 한번 체크해봐야 한다.

55

키워드 광고는
대행사에 맡기는 게
좋은가요?

키워드 광고란 네이버 광고가 거의 주가 되는데 '클릭초이스 플러스' 광고와 '파워링크' 광고가 대표적이다. 사실 펜션 영업에 가장 큰 영향을 미치는 중요한 광고는 네이버 키워드 광고이기 때문에 매우 신경 써서 집행해야 할 광고다. 그렇기 때문에 필자도 펜션 창업자들을 대상으로 컨설팅을 할 때 가급적 키워드 광고는 직접 하라고 권하고 있고 그에 맞는 교육을 하고 있다.

펜션의 키워드 광고는 매일 또는 매주 수시로 가격 변동에 따른 입찰가를 조절하고 시즌별로 키워드를 나눠 전략적으로 광고를 해야 한다. 사실 이 중요한 작업을 대행해서 집행할 경우 대행업체가 거래처 펜션 광고에 애정을 갖고 수시로 관리하는 경우는 많지 않다. 물론 광고를 성의껏 잘해주는 광고 대행사도 있긴 하지만 그런 좋은 광고 대행사를 찾고 구분해내는 것도 초보 사장 입장에서는 어려울 수 있다. 그리고 광고를 대행하지 않고 직접 할 경우에는 네이버에서 광고 시 현금처럼 쓸 수 있는 쿠폰이 나오기 때문에 약간의 추가 광고비를 공짜로 더 넣을 수도 있다. 그래서 가능하다면 키워드 광고는 업주가 직접 하는 것이 좋다.

키워드 광고에 대해서 이야기하자면 이 책 한 권이 모자를 정도로 할 얘기가 많으니 지금 단원에서는 어떻게 관리하는 것이 좋은지에 대해서만 간단히 이야기하려고 한다.

네이버 키워드 광고를 하기 위해서는 먼저 사업자등록증이 필요하고 일반적인 네이버 아이디가 아닌 광고주 아이디를 새로 만들어야 한다(최근에는 네이버 아이디와 네이버 광고주 아이디를 통합해 사용할 수도 있다). 그리고 네이버 키워드 센터에 들어가서 운영하는 펜션에 어울리는 키워드를 추출해서 깔아놓아야 한다. 예를 들어 강릉에서 펜션을 운영한다면 강릉펜션, 강릉여행, 경포대펜션, 강릉역펜션, 강릉1박2일여행 등 운영하는 펜션에 연관된 키워드를 다양하게 등록해야 한다. 이러한 작업은 초기에 한 번 정도만 세팅해 놓으면 된다. 그리고 그 이후부터는 일 광고비 설정과 필요한 단어나 단어의 묶음을 켜고 끄는 정도만으로 충분히 운영 가능하기 때문에 대행을 할 만큼 대단한 기술이 필요하지 않다. 물론 예외도 있다. 대형 펜션을 운영하는 경우나 인터넷 활용 능력이 조금 떨어지는 분들이라면 대행을 맡겨 운영할 수밖에 없다. 다만 대행을 맡기더라도 수시로 어떤 키워드가 펜션의 홈페이지 유입에 영향을 미치는지는 업주가 알고 있어야 하며, 대행사와 주기적으로 협의해 더 전략적이고 합리적인 광고를 할 수 있도록 요청을 해야 한다.

● 네이버 검색창에 가평 펜션 검색 후 광고 결과 모습

56

SNS 마케팅은
광고 대행사에
맡기는 게 좋은가요?

펜션 사업을 시작한지 어느 정도 시간이 지났으면 모를까, 창업 직후에 업주가 SNS 마케팅을 직접 운영해서 큰 효과를 보기는 힘들다. 10년 전에는 가능했지만 지금은 아니다. 예전에는 인터넷에 펜션에 대한 정보를 접할 수 있는 플랫폼(네이버, 다음 등)이 한정적이어서 블로그 또는 카페 등 한곳에 집중해서 잘 노출시켜도 소비자에게 광고가 잘 전달됐지만 지금은 네이버 블로그나 다음 카페 외에도 유튜브, 인스타그램, 페이스북, 소셜커머스 등 소비자가 펜션 정보를 접할 수 있는 플랫폼이 광대해졌기 때문에 잘 만들어진 콘텐츠(사진, 글, 동영상) 몇 개만으로 영업에 힘이 실리기는 힘든 시대가 됐다.

현재 효과적으로 마케팅을 하기 위해서는 정교하게 만들어진 하나의 콘텐츠보다 지속적으로 많은 양의 콘텐츠가 생산돼야 효과가 있다. 물론 시간이 여유롭게 주어진다면 펜션업주가 하나씩 하나씩 인터넷 공간에 펜션에 대한 콘텐츠를 확산시킬 수 있겠지만 창업 초기 정신없이 바쁜 초보 사장이 전략적인 마케팅을 위한 콘텐츠 제작과 확산까지 신경 쓰기에는 현실적으로 한계가 있다. 그래서 나는 창업 후 몇 개월 정도 펜션 영업이 안정화가 될 때까지 펜션을 잘 이해하는 광고 대행사에 맡기는 방법도 추천한다.

57

펜션의 이벤트는
얼마나 자주
해야 하나요?

꾸준한 활동으로 많은 사람들에게 펜션의 소식을 전달할 만큼 SNS 채널을 잘 키워놓았다면 가끔씩 소비자들이 주목할 수 있을 만한 소식이 전달돼야 한다. 물론 소비자들이 주목을 끄는 콘텐츠(글, 사진, 동영상)를 잘 만들어서 노출시키는 펜션도 있지만 역시 가장 눈에 띄는 이벤트는 할인 이벤트가 가장 효과가 크다.

보통은 이러한 이벤트를 큰 이슈가 있는 특별한 날에만 하는 경우가 있다. 예를 들어 '겨울방학 특별 가족 할인 이벤트', '벚꽃축제 펜션 이벤트', '크리스마스 이벤트' 등이다. 하지만 적극적으로 영업을 잘하는 펜션은 특별한 이슈가 없는 기간에도 지속적으로 주목받을 만한 이벤트를 노출시켜서 소비자들의 관심에서 멀어지지 않도록 노력하고 있다. 잘되는 펜션들의 경우에는 보통 분기별로 이벤트를 내놓으며 영업을 하고 있지만 작은 이벤트라도 매월 노출시키는 것이 더 효과적이다. 궁극적으로는 독특하고 잦은 이벤트를 통해서 영업 이익을 얻기 위함이지만 당장에 이벤트를 통한 매출 증대를 염두에 둘 필요는 없다. 이벤트의 목적은 매출 향상을 목표로 하는 경우도 있지만 주목을 받기 위한 이벤트도 있기 때문이다. 창업 초기라면 매출을 늘릴 목적의 이벤트보다는 주목받기 위해 노출하는 이벤트를 자주 만드는 것을 추천한다.

만들어진 이벤트는 펜션 영업을 위해 관리하는 모든 플랫폼에 공유하면 된다. 그리고 유명 호텔들의 이벤트를 눈여겨보며 소비자들의 반응을 이끌어내는 방법을 배워보는 것도 큰 도움이 된다.

58
펜션에서 음식을
판매해도
되나요?

투숙객들에게 아침 조식이나 저녁 바비큐(재료)를 판매하는 펜션들이
꽤 있다. 하지만 투숙객들에게 제공할 때 어떤 형태로 제공했느냐에 따
라 불법이 될 수도 있다.

"펜션에 오신 손님들에게 아침식사를 제공하는 게 펜션 영업에 도움
이 될까요?"라고 펜션 사업자들이 질문하지만 이는 마케팅 측면이 아
니라 법적인 측면에서 체크해봐야 할 부분이다.

음식은 모든 지역에서 판매할 수 있는 것이 아니다. 음식을 판매하려
면 먼저 해당 지역이「국토의 계획 및 이용에 관한 법률」에 따라 음식점
경영이 가능한 지역인지를 알아봐야 한다. 쉽게 말해 경치가 아름다운
깊은 산골은 음식점 허가가 불가능한 경우가 태반이고, 사람들이 많이
거주하는 지역이나 도로변에는 음식점 허가가 가능할 경우가 높다. 그
리고 음식점 허가가 가능한 지역이라고 해도 당연히「식품위생법」의 기
준에 맞도록 시설을 갖추고 영업신고를 한 후 허가를 받아야 한다. 그
리고「식품위생법」에서 정한 준수사항을 따라야 한다. 하지만 많은 펜

선들이 조식과 바비큐 세트를 제공하고 있다. 이유는 아직까지 펜션을 운영하며 투숙객들에게 단체 급식이 아닌 작은 양의 음식을 만들어서 파는 행위에 대한 처벌 규정이 없기 때문이다. 하지만 누가 봐도 식당처럼 메뉴판을 만들어놓거나 벽에 메뉴판이 걸려있으면 단속 대상에서 벗어나기 힘들어진다. 다시 말해 펜션 이용객 이외의 방문자들에게 음식을 판매하거나 집단 급식의 흔적이 보인다면 법망을 피해가기 힘들다. 그러니 펜션을 운영하며 음식을 판매해서 매출을 높이고 싶다면 제대로 요식업에 대한 허가를 받고 운영해야 한다.

59

전화 응대는
어떻게
해야 할까요?

내 직업의 특성상 많은 펜션 사업자들 또는 펜션을 창업하려고 준비하는 분들과 통화할 일이 매우 잦다. 30대부터 70대까지 다양한 분들과 전화 상담을 하는데 그분들과의 대화는 즐거울 때도 있고 유쾌하지 않을 때도 있고 심지어는 불쾌할 때도 있다. 그래서 나는 그중 불쾌한 느낌이 드는 사람(상담 의뢰자)과 거래가 이뤄지면 마치 나에게 불리한 일이 생길 것 같은 불안한 생각이 들기도 한다. 아주 솔직하게 말하자면 그런 사람의 컨설팅 의뢰를 맡고 싶은 생각도 없고 그저 빨리 전화를 끊어버리고 싶다. 가끔은 매너 없는 사람들과 상담을 하다가 컨설팅을 거절한 일도 있었다. 웃돈을 주고 배우고 싶다고 해도 상대하기 싫은 사람들이 있다. 아마도 대부분의 사람들이 나와 비슷한 경험을 해봤으리라 생각된다.

상대방을 불쾌하게 만들거나 밝은 기운을 전해주지 못하는 펜션 사장은 고객과의 전화 대화에서도 비슷한 방법으로 전화 응대를 할 것이고 당연히 전화 상담 후 예약률은 높지 않을 것이다.

물론 독자들 중에서 '나는 말투가 조금 무뚝뚝할 뿐 나한테는 해당되는 내용이 아니다'라고 생각하는 분들도 있을 것이다. 하지만 다양한 연령층의 고객을 상대해본 경험이 없는 사람들은 자신의 전화 매너에 대해서 스스로 체크하고 노력해야 한다. 앞서 설명한 안 좋은 전화 매너를 갖고 있는 사람이 '나'일 수도 있기 때문이다. 그저 본인만 모를 뿐.

'나는 꽤 밝은 사람인데 왜 전화 매너에 대해서 다시 생각해봐야 할까?'

우리가 상대해야 할 사람들은 내 나이대의 사람들이 아니기 때문이다. '나'와 공감대를 많이 갖고 있지 않는 젊은 층이 대부분 우리의 고객이기 때문에 그들은 '나'의 말투와 행동을 오해하기 쉽다.

최근에는 펜션을 창업하는 연령층이 많이 낮아지긴 했지만 그래도 아직까지는 중년 이상이 주로 펜션 창업을 한다. 그리고 그들 대부분은 주변에서 펜션이 돈이 된다고 하니까 예쁘고 숙박료가 높은 펜션을 잘 만들어놓고 젊은 층을 대상으로 영업을 한다. 하지만 주 영업 대상인 젊은 소비자들은 잘 먹고 잘 사는 시대에 태어나 좋은 서비스와 상품에 매우 익숙해져있다. 그러므로 전화 서비스마저도 그 젊은 층이 기대하는 수준에 맞출 수 있도록 노력해야 한다.

최근에는 네이버 예약이나 야놀자, 여기어때 등 숙박예약 어플 등을 통해서 많은 예약이 이뤄지고 있지만 아직도 펜션에 대한 더 정확한 정보를 얻고 예약을 하려는 고객들은 꼭 한 번씩 전화를 한다. 이를테면 바비큐 관련 문의, 입퇴실 시간 조정 가능 여부, 추가 인원 가능 여부, 주변 관광지 질문, 당일 예약 관련 가능 여부 등 전화로 답을 얻어야 하는 상황은 너무나도 많다. 만약 고객이 전화를 해서 얻은 정보와 전화 응대 방법이 만족스럽지 못했다면 당연하게도 예약은 이뤄지지 않는다.

그렇다면 고객의 전화 응대는 어떤 식으로 해야 할까?

1 가장 기본은 전화를 받는 속도다. 가급적이면 전화벨이 오랫동안 울리지 않도록 해야 한다. 영업을 해보지 않았던 분들은 저 멀리 핸드폰을 놔두고 4번 5번의 벨이 울려도 느긋하게 받는 경우가 있는데 영업용으로 사용되고 있는 핸드폰이라면 3번의 벨이 울리기 전에 받아야 한다.

2 전화를 받은 후에 "네", 또는 "여보세요"라고 답하는 펜션 사장도 있다. 이렇게 답하는 사장이 생각보다 너무나도 많다. 전화를 받은 후에는 펜션 이름을 명확하고 힘 있게 말해야 한다. "네, ○○펜션입니다", 또는 "안녕하세요. ○○펜션입니다", "반갑습니다. ○○펜션입니다" 등.

3 상대방이 밝은 느낌을 가질 수 있도록 목소리는 힘이 있고 부드러워야 한다. 맥 빠진 듯한 전화 응대를 하는 사람과는 거래하고 싶지 않다고 생각하는 것이 일반적이다.

4 고객이 펜션에 대해 문의를 할 때에는 펜션에 대한 확신이 들 수 있도록 강하고 명확하게 답해야 한다.

5 구매율을 높이기 위한 가장 좋은 방법은 상대방의 긴장을 해소시키는 것이다. 잦은 웃음소리로 친밀감을 높이는 방법이 가장 좋다. 웃음소리는 전화 영업의 가장 기본이다.

6 고객의 말을 끊지 않고 끝까지 듣는다.

7 모르는 질문에는 얼버무리지 않고 명확히 다시 파악한 후에 답을 한다.

8 고객이 질문하는 내용을 경청한 후 질문에 답을 했다면, 역으로 펜션 사장이 고객에게 여러 가지 질문을 건넨다. 다만 고객이 긍정적인 대화라고 느낄 수 있도록 노력해야 한다. 고객이 '네'라는 답을 여러 번 할 수 있도록 당연한 질문들을 건넨다.

9 긍정적인 대화가 오고 갔다면 마지막에는 펜션 예약을 위해 좀 더 적극적으로 구애(求愛)한다.

10 고객이 먼저 전화를 끊은 것을 확인한 후에 전화를 끊는다.

물론 전화 응대 방법은 상품의 서비스에 따라 수많은 방법이 있지만 보통 펜션을 운영하는 경우 위 10가지만이라도 실행한다면 전화응대로 인한 불만 사항은 만들어지지 않을 것이다. 그리고 위 10가지에 해당하는 방법으로 응대해서 전화를 끊은 후에도 할 일이 있는데 바로 문자 발송을 통해 다시 한번 내 펜션을 PR하는 것이다.

60
객실 안내는
어떻게
해야 할까요?

손님의 차가 주차장으로 들어오는 소리에 펜션 사장은 주차장으로 뛰어나간다. 손님은 펜션에서 머물기 위해 한 가득 짐을 가지고 왔기 때문에 차 시동이 꺼졌음에도 바닥에 짐들을 내려놓느라 한참 시간이 걸린다. 보통 펜션 사장은 이때 손님과 첫 인사를 나누게 된다. 그리고 손님은 펜션의 첫인상을 여기서 결정하게 된다. 이 시간은 자연스럽게 손님과 이런저런 대화를 나누며 고객과의 간격을 좁힐 수 있는 좋은 기회가 된다.

가장 먼저 해야 할 일은 손님의 짐을 들여놓고 투숙해야 할 방을 소개하는 것이다. 몇몇 펜션 사장은 이때 매우 친절한 목소리로 "저 앞에 보이는 건물 1층의 101호실을 사용하시면 됩니다" 하고 키를 건네는 경우도 있다. 솔직하게 말하자면 나도 펜션을 처음 시작할 때 몇 번 이렇게 객실 안내를 한 적이 있다. 이런 방법은 좋은 안내 방법이라고 할 수 없다. 객실 안내는 직접 문 앞까지 안내해주는 것이 좋다. 그러면서 손님과 이런저런 이야기를 나눌 수가 있는데 손님이 어디서 왔는지, 동행한 아이가 몇 살인지 등의 가벼운 대화를 하며 손님과의 경직

된 관계가 조금은 느슨해질 수 있기 때문이다. 그리고 객실 안내를 하면서 시설 이용 방법을 소개하는데 가장 중요한 냉난방, 바비큐, 조식, 가까운 슈퍼마켓 등을 간단히 소개한다. 이 부분은 손님들이 펜션에 왔을 때 꼭 한 번씩은 다시 묻기 때문이다. 하지만 이 외에도 손님들에게 꼭 전달해야 할 사항들이 있다. 객실의 전등 스위치와 화장실의 냉온수 사용 방법, 흡연 장소 그리고 안전사고에 대한 주의사항을 꼭 전달해야 한다. 그중 소화기 위치와 사용법은 꼭! 소개해야 한다. 펜션에서 하지 말아야 할 것과 해도 되는 것들을 열거하자면 수도 없이 많다. 하지만 들뜬 마음을 갖고 이제 막 숙소에 도착한 손님들에게 구구절절 긴 시간을 붙잡고 펜션 이용 방법에 대해서 소개를 할 수는 없다. 그렇기 때문에 각 객실에 펜션 이용 방법을 책자나 편지 형태로 만들어서 비치해야 한다. 하지만 안내 책자를 잘 만들어놓아도 안 읽는 손님들이 허다하다 그래서 싱크대 위, 거실 벽면, 출입문 등에 펜션 이용 수칙을 적어 붙여 놓는 경우가 있는데 역시 구독률이 매우 떨어진다. 손님들이 잠시라도 머무르는 공간이 아니기 때문이다. 가장 좋은 공간은 화장실 좌변기 옆 면의 두루마리 화장지 위에 붙여 놓으면 잠시나마 볼일을 보며 머무르는 공간이니 구독률이 더 높아진다. 이런 공간은 또 있다. 그 공간은 흡연 공간이다. 테라스나 야외 흡연 공간에 펜션 이용 수칙을 붙여 놓으면 역시 구독률이 높아진다.

가끔씩 손님들이 펜션 이용 수칙을 어겨서 펜션업주와 여러 분쟁이 일어나는 경우가 있다. 손님에게 말로 펜션 이용 수칙을 이야기하는 것보다 문자로 제작해 읽도록 하게 되면 더욱 구속력이 높아지므로 지켜야 할 규칙은 꼭 문서화해서 손님들이 읽도록 해야 한다.

〈펜션 안내 책자에 소개돼야 할 내용〉

-추천 여행지 및 주변 맛집

-냉, 온수 사용 방법

-냉, 난방 사용 방법

-바비큐 시간과 이용 방법

-조식 시간과 이용 방법

-가까운 슈퍼마켓

-객실 전등 스위치

-흡연 장소

-안전사고 주의사항

-소화기 위치

-양념 비치 장소

-정전 시 손전등 위치

● 펜션을 방문한 손님들에게 간단한 인사말과 펜션 이용 수칙 등을 담은 편지를
객실 테이블 위나 침대 위에 올려놓는 경우도 있다

61

추가 인원 입실료를
꼭 받아야
하나요?

당연히 받아야 한다. 그리고 추가 인원에 대한 추가 요금 공지는 예약 시 손님에게 꼭 전달해야 한다. 그리고 추가 인원에 대한 설명은 손님들이 잘 확인할 수 있도록 홈페이지에 잘 노출해야 하고, 예약 확정 시 문자를 발송할 때에도 이런 조항을 넣어 발송해야 한다. 이처럼 여러 번 잘 보이도록 노출해서 충분히 공지하지 않을 경우 가끔 매너 없는 손님들과 분쟁이 일어날 수 있다. 펜션을 운영하다 보면 입실 예정 인원에서 크게 벗어난 인원이 슬쩍 함께 들어와 투숙하는 경우가 종종 발생한다. 특히 커플 펜션보다는 가족, 단체 펜션에서 자주 발생하는데 애초에 5명이 예약을 했지만 어느 순간 6~7명으로 늘어나 함께 즐기는 경우가 많다. 보통 그런 경우는 손님이 처음부터 의도적으로 펜션 이용 수칙을 깰 생각을 했기 때문에 괜히 늘어난 인원 수를 지적했다가 분쟁만 더 커지게 될 수도 있다. 그래서 추가 인원에 대한 비용은 인원 대로 받기보다 이불 수로 받는 것이 좋다. 예를 들어 예약 인원이 5인 이라면 5인에 맞게 이불을 세팅해놓고 객실 내에는 이불로 대신 사용할 어떤 것도 들여놓지 않는다. 그리고 미리 이야기하지 않은 추가 인원이 온다면 추가 인원에 대한 비용은 받지는 않을 테니 이불이 필요하면 인원에 맞게 신청하라고 하면 된다. 보통 이불당 5,000원에서 1만 원까지 받는다.

앞서 설명했던 것처럼 가족 단체 펜션은 예약 인원수에 맞도록 이불을 준비해놓는 것이 중요하다. 간혹 단체용 큰 객실을 보면 이불장에 기준 인원을 훌쩍 넘은 양의 이불이 준비돼있는 경우가 있는데 이런 경우 이불 빨래 등의 일만 더 많아지는 경우가 있고 몰래 들어온 투숙객들의 공짜 이불로 사용될 확률이 크다. 추가 요금을 내지 않고 이불과 베개 없이 불편하게 잠자기를 선택하는 것도 손님들의 몫이다.

62

이정표가
필요할까요?

　내비게이션이 잘 발달했다고 해도 펜션 이정표는 꼭 필요하다. 펜션이 위치한 곳이 큰길가에 마치 호텔이 있을 법한 곳이라면 이정표가 없어도 상관없다. 하지만 대부분의 펜션은 시골에 있으며 기준을 삼을 만한 큰 건물이나 시설이 없는 지역에 위치한 경우가 대부분이다. 그렇기 때문에 손님들은 내비게이션을 켜 놓고 내비게이션이 안내하는 길로 잘 따라가더라도 '과연 이 길이 맞는 걸까?' 하며 불안해한다. 그렇기 때문에 펜션의 이정표는 꼭 필요하다. 지역에 따라 다르지만 보통 펜션 이정표는 펜션에 도착하기 3~4km 정도 앞에 여러 개를 표시한다. 큰길에서 작은 길(산길)로 들어가는 곳이나 두 갈래로 나뉘는 시점부터 이정표를 표시해놓으면 된다. 요즘에는 시골마다 수많은 펜션들이 만들어져서 각 마을의 앞 지정 게시대에 여러 개의 펜션 방향과 거리를 알리는 이정표를 설치한 곳들이 있다. 하지만 이러한 이정표를 지나 한참을 더 깊게 들어가야 하는 펜션이라면 중간 중간 말뚝으로 고정한 나무판 이정표가 있어야 한다. 갈림길에는 어김없이 이정표가 있어야 하고 중간 중간 손님들이 불안하지 않도록 펜션 방향을 가리키는 이정표도

있어야 한다. 하지만 아무리 산속에 작은 이정표를 만들어 놓는다고 해
도 모두 불법이다. 시골은 불법 이정표에 대한 단속이 도시만큼 심하지
는 않지만 까다로운 지역도 있다. 그렇다고 이정표를 안 만들어놓을 수
는 없으니 창업 전부터 이정표를 만들어 놓아도 될 만한 장소를 물색해
야 한다.

'작은 펜션 하나 운영하는 데 이런 것까지 신경 써야 할까?'라고 생각
하는 사람들도 있겠지만 실제로 대박 펜션을 운영하는 사람들의 광고
와 운영 기획을 살펴보면 너무나도 디테일하고 전략적이다.

지금까지 2장에서는 펜션 운
영에 대한 가장 궁금한 점과
그에 대한 답을 소개했다. 물
론 펜션을 운영하기 위해서는
2장에서 소개한 내용들보다
더 많은 운영 노하우와 변수들
이 있다. 만약 책에서 소개하
지 못한 부분이 궁금하다면,
필자가 운영하는 유튜브 채널
(김성택 TV) 또는 네이버 카페
〈대박 펜션의 비밀〉에서 답을
얻을 수 있다.

● 필자가 운영하는 펜션 사업에 대한 노하우를 담은
유튜브 채널 '김성택 TV 대박 펜션의 비밀'

PART

03

펜션 관리

펜션을 창업한다면 현재 유행을 꼭 파악해서 손님들이 좋아할 만한 디자인으로 건물을 만들어야 한다. 그리고 소비자들이 원하고 좋아하는 서비스를 내놓아야 한다. 마치 꼭 지켜야 하는 룰과도 같은 유행을 따르지 못한다면 펜션은 창업 직후부터 도태하게 된다. 광고도 마찬가지다. 마치 유행처럼 현재 사람들이 가장 많이 사용하고 있는 광고 도구를 사용해야 한다. 이를테면 소비자들이 요즘 가장 많이 보는 유튜브나 블로그, 인스타그램에 비중을 많이 둬야 하고, 규모가 더 큰 펜션이라면 키워드 광고에도 힘을 쏟아야 한다. 시대에 맞는 룰이 있는 것이다. 하지만 관리 부분은 펜션의 위치, 동선, 구조가 모두 다르기 때문에 각자의 펜션 관리 방법은 다양하게 나올 수 있다. 필자도 새로운 펜션을 다시 맡아 운영할 때에는 펜션의 시설과 구조를 익히는 데 오랜 시간을 들여 공부한다. 이번 장에서 소개하는 정보에는 정석이 없다. 오랜 시간 펜션을 관리하며 상황에 맞는 관리 방법을 익히는 것이 중요하다.

63

청소는 얼마나 깨끗하게 해야 할까요?

청결한 펜션 관리는 기본중의 기본이다. 하지만 그저 깨끗하게 청소한다고 해서 소비자의 만족도가 높아지는 것은 아니다. 손님들이 생각할 때 관리가 잘된 곳이라고 느낄 수 있도록 연출도 필요하다. 예를 들어 흙집이나 통나무집은 아무리 청소를 깨끗하게 해도 청소를 했는지 티가 잘 안 난다. 특유의 우중충한 분위기 때문이다. 이런 형태의 집은 이제 막 청소와 정리를 한 것처럼 손님들에게 보여줄 수 있는 연출이 꼭 필요하다. 최근에는 흙집이나 통나무집이 아닌 일반 펜션(목조, 콘크리트 등)도 청소 후에는 꼭 정돈된 연출을 하라고 조언한다. 이제 손님들의 만족도를 높이는 청소 방법과 정리 연출이 무엇이 있는지 알아보자.

① 펜션 객실 내의 일회용품들은 새것으로 비치한다

보통의 펜션은 화장실 안의 화장지를 새로운 손님이 와도 그대로 둔다. 객실 내에 여분의 두루마리 화장지가 있기 때문에 화장실의 남은 화장지를 별로 신경을 쓰지 않고 있다. 하지만 화장지를 차라리 싼 걸 비치하더라도 화장실의 화장지는 새로운 손님이 입실할 때마다 항상 새것으로 넣어야 한다. 만약 손님들이 퇴실 후 화장지가 많이 남아있다면 그 화장지는 회수해서 직접 사용하든지 바비큐장이나 공동 화장실에 비치해서 사용하면 된다. 단, 갑 티슈는 항상 새 것으로 교체 할 필요는 없다.

최근에 높은 수준의 펜션들은 어메니티를 비치하는 경우가 늘고 있다. 호텔에서 사용하고 있는 풀 패키지 어메니티는 필요 없다. 단지 작은 치약, 칫솔, 비누 정도만 들어가 있는 작은 어메니티 세트면 충분하다. 펜션에서 어메니티를 제공한다면 펜션의 수준이 좀 더 좋아 보이게 된다.

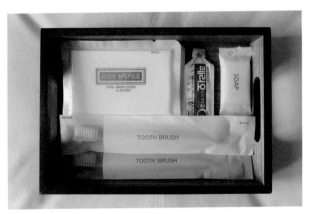

● 간단한 어메니티 용품

이불은 호텔식 침구를 사용하되 이불을 잘 정리해서 깔아놓았다고 해도 스팀다리미로 간단히 펴준다. 일반적인 스팀다리미는 가볍고 사용방법도 간단하다. 쓱쓱 문지르기만 하면 되기 때문에 3~4초면 깔끔한 이불 세팅을 마무리할 수 있다.

❷ 손님 입실 직전에 스프레이 방향제를 뿌려놓는다.

펜션의 불만사항 발생건 1위가 바로 냄새 문제다. 손님이 들뜬 마음을 갖고 펜션 객실에 입실 후 이전 투숙객이 아침밥을 해먹었던 음식 냄새, 잘못된 하수처리로 인한 오물냄새, 쾌쾌한 담배 냄새 등이 난다면 바로 클레임을 걸 확률이 크다. 그렇기 때문에 손님이 퇴실을 하면 즉시 모든 문을 열어 놓고 냄새를 빼야 하고 새로운 손님 입실 직전에는 과하지 않은 스프레이 방향제를 뿌려놓는 것이 좋다. 다만 너무 과한 꽃향기에 거부감을 갖고 있는 사람들도 있으니 가벼운 향이 좋다.

❸ 수건을 제대로 잘 접어 비치한다

해외의 호텔 침실을 가면 수건으로 예쁘게 새나 코끼리 등을 접어서 꽃잎과 함께 연출을 한 곳들을 자주 볼 수 있다. 왜 그런 예쁜 수건 접

● 태국 푸켓의 더쇼어 풀빌라 침대에 연출된 수건 접기

기까지 해서 연출해놓는 것일까? 이러한 연출을 하는 호텔은 손님들에게 아늑한 잠 잘 공간뿐 아니라 객실 선택의 만족감을 더욱 높이기 위한 방편으로 연출을 한다.

펜션 역시도 잠자리 외에 더욱 만족감을 높이기 위해서 스파나 개인 수영장, 게임기 등 여러 가지를 더 제공하는 경우도 있다. 하지만 마음이 따뜻해질 정도의 만족감을 주는 펜션은 많지 않다. 그렇다고 럭셔리 호텔에서나 볼 수 있는 수건 접기 작품까지 보여줄 필요는 없지만 적어도 사용할 수건은 깔끔하게 정돈된 모습을 보여줘야 한다. 수건은 일회용이 아니다. 빨아서 또 쓰고 또 쓰기 때문에 손님의 눈앞에 정돈되지 않은 수건을 그대로 내놓으면 마치 남이 몸을 닦던 수건을 그대로 쓰는 것 같은 기분이 들 수 있다. 몇몇 펜션들은 표백제로 인해 색이 빠진 수건을 그대로 사용하는 경우도 있다. 반면에 호텔에서 사용하는 진한 색감의 수건을 멋진 포장지에 담아서 손님에게 제공하는 펜션도 있다.

④ 커튼을 포물선이 그려지도록 잘 묶어놓는다.

펜션은 사랑하는 사람을 내 집으로 맞이하듯 집을 꾸미고 연출해야 한다. 이 의미만 기억한다면 펜션 객실 연출에 대해서 별로 할 말이 없다.

보통은 객실 청소 후에 커튼을 양쪽으로 밀어놓는다. 하지만 커튼의 주름을 잡아서 잘 묶어 큰 포물선이 만들어지도록 한다면 어떤 손님이 봐도 고객을 맞이하기 위해서 신경 쓴 모습으로 비춰진다. 이러한 연출이 필요하다.

5 남녀 한 쌍의 실내용 슬리퍼를 침대 아래에 가지런히 놓는다.

실내에서 슬리퍼를 안 신고 맨발로 다니는 사람들이 더 많다. 슬리퍼를 신는 것이 더 찜찜하다고 느끼는 투숙객들도 있기 때문이다. 하지만 이런 모습도 연출을 통해 정돈된 모습으로 보여야 한다.

6 화장실과 싱크대의 물기를 제거한다.

비수기 기간엔 대부분 주말에만 손님들이 차기 때문에 월요일부터 금요일까지 충분히 마른 상태의 싱크대나 화장실을 손님에게 제공할 수 있다. 하지만 연휴나 여름 성수기 기간에는 새로운 손님에게 싱크대와 화장실의 물기가 그대로 보이는 채로 방을 내어줄 때도 있다. 객실을 깔끔하게 청소하는 건 기본 중의 기본이다. 화장실을 물로 잘 청소했다고 하더라도 바닥이나 세면대에 물기가 그대로 있다면 소비자는 누군가 사용했던 화장실이라고 인식한다. 그 물기 하나 때문에 새것의 이미지가 희석돼버리게 된다. 그래서 객실 청소를 할 때에 화장실 청소를 가장 먼저하기도 한다.

앞서도 설명했지만 잘 정리된 상태의 객실을 손님에게 전달하는 것은 기본이다. 이처럼 화장실의 물기 외에 청소 후 꼭 체크해야 할 것들은 더 있다. 창문 틈의 먼지, 천정 형광등 안의 작은 벌레들, 세면대와 수챗구멍의 머리카락 확인, 거미줄 제거, 냉장고 이물질 제거 등이 있다. 그리고 헤어드라이어는 둘둘 잘 말아서 TV 옆이나 선반에 두지 말고 작고 예쁜 서랍 안에 두는 것이 좋다. TV 옆 선반에 놓는다면 모텔의 느낌을 심어줄 수 있기 때문이다. 물론 이 외에 객실을 정리하는 방법은 수없이 많다.

각자의 펜션이 다르듯 정리 방법도 각양각색이지만 잊지 말아야 할 것이 있다. 그저 청결을 위한 청소가 아니라 객실을 마치 새것으로 보이도록 하는 연출 방법을 배우는 것이 중요하다.

64

청소 아르바이트를
쓰는 게 좋을까요?

객실이 15개~20개 이상이라면 정직원을 뽑을 수도 있지만 8~10개 사이라면 평소에는 부부가 직접 청소하고 일요일이나 월요일에만 아르바이트를 구해야 할 수도 있다. 비수기 기간에는 부부가 충분히 관리가 가능하지만 연휴 기간이나 여름 성수기 기간은 추가 인력이 필요하다. 물론 성수기 기간에도 부부 둘이서만 해내는 분들도 있다. 손이 빠른 사람이 있고 느린 사람이 있다. 그래서 추가 인력이 몇 명이 필요한지 정의를 내리기 어렵다. 다만, 창업 초기부터 좀 더 제대로 된 고객 응대를 하기 위해서 롤플레잉을 해봐야 한다. 주말 지인들을 불러 하루를 보내고 다음 날 오전 11시부터 오후 3시까지 몇 개의 방을 청소할 수 있는지 체크해보면 된다. 펜션 청소 아르바이트를 하는 분들은 따뜻하고 성실한 분들일 수도 있지만 펜션을 관리하는 직원이 아니기 때문에 청소를 해야 할 담당 구역 외에는 별 관심이 없다. 그리고 손님에게 잘 응대해야 할 의무도 없다. 하지만 손님들 대부분은 청소하는 분을 펜션 운영자로 착각하고 질문을 하거나 부탁을 하는 경우가 있다. 물론 응대가 깔끔했다면 문제없지만 가끔은 시크한 표정과 말투로 응대했다가 불만사항으로 인터넷 댓글로 남겨지는 경우도 있다. 그런 이유로 고객을 상대해야 할 사람들은 더 적극적으로 앞에 보이도록 해야 하고 청소하는 분들은 가급적 고객과 마무치지 못 하도록 청소 스케줄을 짜야 한다.

65
고객 응대
연습은 꼭
필요할까요?

초보 사장들을 보면 고객 응대에 매우 서툴다. 물론 최선을 다해서 손님에게 응대하는 건 좋지만 지켜야 할 선을 분명히 정해야 한다. 손님들이 기대하는 건 엄청나게 매너 있는 서비스가 아니기 때문이다. 손님들은 그들 자신이 지불한 금액에 대한 가치를 충분히 인지하고 있다. 그래서 본인들이 지불한 금액 이하의 가치라면 다시는 찾지 않을 것이고 입소문도 내주지 않는다. 반면 본인들이 지불한 금액 이상을 얻었다면 다시 찾거나 누군가에게 추천해줄 수도 있다. 이런 단순한 논리를 잘못 이해한 초보 펜션 사장들은 가끔 선을 넘는 경우가 있다. 손님들은 국밥집에서 턱시도를 입은 중년의 멋진 웨이터가 서빙을 하는 걸 기대하지 않고, 특급호텔 레스토랑에서 할머니가 나와서 고급스테이크를 테이블에 던지듯 놓고 갈 거라고 상상하지 않는다. 운영하는 펜션이 편한 가족형 펜션이라면 펜션을 운영하는 사장의 접객 매너나 복장도 좀 자유로운 것이 좋다. 반면에 운영하는 펜션이 럭셔리 풀빌라인데 막 농사일을 마친듯한 복장을 한 사장이 접객을 하는 것은 옳지 않다. 손님이 기대하는 건 그런 모습이 아니기 때문이다. 펜션은 두 가지 컨셉이 만들어져야 한다. 펜션(상품)에 대한 컨셉 그리고 사장(사람)에 대한 컨셉이다. 그리고 그 컨셉에 맞도록 고객을 응대해야 한다. 이미지를 잘 만들었다면 오픈 직전에 롤플레잉을 꼭 해봐야 한다. 단, 오픈 직전에 아는 지인들을 드문드문 불러서 바비큐에 술 한 잔 같이 기울이며 자신의 펜션이 좋은지, 안 좋은지를 묻는 쓸데없는 자리는 만들 필요가 없다. 오픈 직전에 실전을 뛰어봐야 한다. 먼저, 나 또는 우리 가족들의 지인들을 모두 한 날에 초대한다. 가장 좋은 날은 토요일이다. 객실이 10개일 경우 지인으로 토요일 만실로 채운다. 그리고 실제로 펜션을 운영할 사람만 응대를 해야 한다. 보통은 부부가 하는 경우가 많은데, 토요일 모두 입실한 상태에서 바비큐를 위한 숯불을 만들어주고 고객이 원하는 응대를 하면서 문제점을 파악해야 한다. 절대로 전 가족이 총출동해서 응대하면 안 된다. 실제로 해당 펜션을 운영할 사람만 롤플레잉에 참여해야 한다. 그리고 손님들을 다 내보내고 객실을 정해진 인원만 열심히 청소를 해본다. 과연 몇 개의 객실을 언제 완벽하게 청소할 수 있는지를 체크해서 추가 인력이 필요한지도 체크해야 한다. 그리고 이런 롤플레잉을 오픈 전 주말에 몇 번 해봐야 한다.

66
펜션 사장의 복장은
어떤 스타일이
좋을까요?

　손님과 마주하는 첫 순간부터 잘못된 방향으로 가는 펜션들이 있다. 나에게 컨설팅을 받는 펜션을 불시에 찾아가서 보면 잘못된 모습을 쉽게 찾아볼 수 있는데, 가장 먼저 눈에 띄는 것이 옷차림이다. 예를 들자면, 펜션 사장 아들로 보이는 젊은이가 반바지 차림으로 나와서 손님을 어영부영 맞이하고 키를 건네주는 경우다. 이런 모습이 가장 한심한 모습이다. 앞서 고객 응대에 대해서 잠깐 언급했지만 펜션 사장의 복장은 펜션의 이미지를 만드는 데 매우 중요한 역할을 한다. 펜션은 내가 살고 있는 집이 되기도 하지만 24시간 일을 해야 하는 내 근무지이기도 하다. 그렇기 때문에 펜션에서 일하는 동안의 복장은 평상복이 아니라 근무복이라는 생각으로 착용해야 한다.

　펜션 사장 또는 스텝들의 복장이 매출에 큰 영향을 미치는 펜션 형태는 바로 단체 펜션이다. 단체 펜션은 그저 '많은 투숙객들을 수용하는 곳'이라는 이미지보다 소비자들에게 전문적인 이미지를 심어주는 것이 유리하다. 이를테면 근무복을 단체로 맞춰 입고 일사 분란하게 움직이는 모습은 전문적인 단체 행사 진행도 척척 해낼 것 같은 기대감을 높여줄 수 있다. 실제로 내가 컨설팅 한 펜션들 중 큰 규모의 펜션들은 직원 전체가 근무복을 맞춰 입고 단체 사진을 홈페이지와 블로그 등에 노출시켰다. 그리고 대기업과 다양한 중소기업의 행사를 전문적으로 진행한 경험이 풍부한 스태프들로 이뤄져있다는 문구를 홈페이지에 넣어 전문성을 부각시켰다.

럭셔리한 커플 펜션의 경우, 구수하고 착한 인상의 사장님의 얼굴도 좋지만 단체 펜션은 더 전문적으로 보이는 것이 좋다. 쇼핑몰을 예를 들어도 상황은 비슷하다. 인터넷에는 수많은 쇼핑몰들이 있다. 실제로 쇼핑몰들의 옷들은 대부분 동대문에서 사입을 해와서 같은 제품을 수백여 개 쇼핑몰에서 판매가 되고 있다. 하지만 장사가 잘되는 쇼핑몰을 보면 쇼핑몰 사장이 마치 연예인처럼 관리하고 모델과 같은 멋진 모습으로 연출한 경우가 많다. 똑같은 상품을 판매한다고 해도 쇼핑몰 사장이 관리도 하지 않고 수수하다 못해 어디서나 볼 수 있는 아저씨나 아줌마처럼 보인다면 소비자들의 기대감은 크게 떨어지게 된다. 물론 소비자와 만나는 방법이 쇼핑몰과 펜션의 차이는 분명히 있지만 이미지 연출이 무엇보다 중요한 펜션 사업이야말로 이런 부분(연출)에 더욱 신경을 써야 한다. 실제로 필자는 펜션을 운영하는 분들을 컨설팅을 할 때 복장과 스타일 등도 조언한다. 한 예로 플로리스트가 운영하는 풀빌라 펜션으로 이미지를 만들기 위해 항상 청바지에 와이셔츠 그리고 앞치마를 두르고 일을 보라고 한 적도 있었다.

67

픽업 서비스는
꼭 필요할까요?

"남편은 직장에 나가고 저는 운전이 서툴러서 손님들을 픽업하는 게 위험하고 두려운데 손님들 픽업을 꼭 해드려야 하나요?" 물론 픽업, 샌딩 서비스는 업주 입장에서 선택사항이다. 그리고 요즘에는 대부분 직접 운전해서 여행지에 찾아오기 때문에 픽업을 해달라고 부탁하는 사람들의 수가 많이 줄었다. 하지만 그래도 픽업과 샌딩 서비스는 하는 것이 좋다. 특히 젊은 연령층을 타깃으로 한 커플 펜션을 운영한다면 무조건 픽업 서비스는 해야 하고 픽업 서비스에도 매우 신경을 써야 한다.

픽업과 샌딩을 해주는 장소는 펜션 측에서 명확하게 설정해놓아야 하고 펜션과 가장 가까운 거리여야 한다. 간혹 열의에 불타는 펜션업주는 손님이 30분 거리에 있음에도 태우러 가겠다고 나가는 경우가 있다. 만약 30분이나 되는 거리를 차를 타고 달려간 후 손님이 약속된 시간보다 30분만 늦게 나타나면 다시 펜션까지 돌아오는 데 총 1시간 30분 또는 그 이상이 소요될 수 있다. 만약 펜션 내에서 펜션 운영자를 급하게 찾거나 다른 펜션 업무가 생긴다면 이 한 시간 삼십 분은 매우 긴 시간이 돼버린다.

68

픽업 차량은 어떤 차를
이용하는 것이
좋을까요?

　강원도의 H 펜션은 차를 가지고 오지 않는 젊은 커플 여행자들을 위해서 중고 스포츠카를 구입해 픽업 서비스를 해준다. 그저 손님들을 펜션으로 이동시키는 것이 목적이 아니라 펜션으로 가는 길부터 손님들을 즐겁게 해주기 위해서다. 특히 커플 여행자들이 여행을 떠나는 이유를 보면 매우 의미 있는 날일 경우가 많기 때문이다. 프러포즈, 생일, 만난 지 100일 등 젊은 커플 여행자들은 별별 기념일을 다 챙기며 의미를 만든다. 이런 특별한 날을 펜션 측에서 더욱 멋지게 만들어줄 수 있다면 당연히 펜션의 만족도는 높아지게 된다. 귀찮을 수도 있는 이런 일도 매출에 매우 큰 영향을 미치는 영업 전략이 될 수 있다. 실제로 이러한 서비스를 통해 만족도를 높인 이후라면 반대로 손님들에게 대가를 바랄 수도 있다. 실제 H 펜션은 스포츠카로 픽업을 해 준 후 손님들에게 그 자리에서 인스타그램에 올려달라고 부탁을 하고 한참 기분이 들뜬 여행자는 그 부탁에 쉽게 응대를 해준다. 만약 1주일에 5팀을 픽업해주면서 펜션 측에서 의도한 대로 슬로건과 해시태그(#)를 부탁한다면, 한 달이면 20개, 3달이면 60개의 인스타그램 사진이 펜션 사장이 원하는 해시태그로 노출이 될 수 있다(최근엔 픽업 요청 수가 많이 줄었다).

〈럭셔리 스포츠카와 럭셔리 펜션에 도착! #강원도펜션 #럭셔리펜션 #멋진펜션 #예쁜펜션 #커플펜션 #강원도펜션추천 #프러포즈펜션 #강원도가볼만한곳 #강원도커플여행지〉

이런 멋진 해시태그로 만들어진 인스타그램 사진이 1년이면 240개가 쌓이게 된다. 물론 펜션업주가 마케팅에 적극적인 사람이라면 내 펜션과 관련된 해시태그가 달린 사진을 1년에 1,000~2,000개 이상 확산하게 만들 수도 있을 것이다. 그 외 다른 방법도 있다. 손님을 태우고 펜션으로 향하는 도중에 네이버 리뷰 댓글을 써달라고 부탁할 수도 있고, 펜션 사장이 이전에 올린 인스타그램이나 페이스북에 좋아요를 눌러달라고 할 수도 있다. 또는 펜션 인스타그램을 팔로우해달라고 부탁할 수도 있다.

그저 손님들을 위한 작은 서비스인 픽업 하나만으로도 대단한 영향력을 발휘하는 영업으로 활용할 수 있다. 손님들이 기대하지 못했던 멋진 서비스를 해줬다면 그것을 어떻게 돌려받을지 고민해야 한다. 무작정 퍼주기만 하다 보면 자신에게 아무런 이득도 없는 서비스에 금방 스스로 지쳐 멋진 서비스를 쉽게 중단하고 만다. 꼭 멋진 서비스에는 보상을 받을 수 있는 시스템을 만들어야 서비스를 길게 유지시키고 영업전략으로 발전시킬 수 있다.

가족형 펜션이라면 스포츠카처럼 작은 차는 불가능하다. 그렇다면 멋진 차로 환심을 사는 방법으로 손님들의 만족도를 높일 수는 없을까? 대부분 그룹 여행자들은 짐이 많다. 그렇기 때문에 가장 기본이 되는 차량은 실내가 넉넉하게 커야 하고 많은 짐들을 실을 수 있도록 트렁크도 큰 차가 좋다. 피곤해 지친 여행자 그룹을 맞이할 때 미리 준비한 찬 물수건이나 시원한 음료수를 제공하는 것만으로도 쉽게 손님들의 마음의 문을 열 수도 있다. 또는 픽업 차량을 타고 가다가 잠시 내려 과일이나 음료수를 사주면서 손님에게 좀 더 부담을 안겨줄 수도 있다.

'상대방의 어깨에 납덩어리를 먼저 올려놓는 사람이 비즈니스에 승리한다' 너무 큰 부담이 아닌 작은 부담을 손님들에게 안겨주면 받는 사람은 자신의 부담을 떨쳐버리기 위해 펜션 사장의 작은 부탁을 흔쾌히 들어주게 된다. 그때 앞서 소개한 여러 가지 방법 중 펜션에서 원하는 것을 얻으면 된다. 마지막으로 대규모 단체 그룹은 굳이 픽업을 안 해도 되는 경우가 많다. 그런 큰 그룹은 대부분 모임 자체에서 대형 버스를 이용해서 오기 때문이다.

69
오버부킹 예약 시
해결방법이 있나요?

펜션이 가장 바쁠 시간 토요일 오후 2시.

막 도착한 A 손님을 〈101호〉 객실로 안내하고 약 30분 후가 지나니 B 손님이 펜션 주차장에 주차를 한 후 트렁크를 열어 많은 짐들을 바닥에 내려놓는다. B 손님은 본인이 예약한 〈101호〉 객실을 지금 입실할 수 있냐고 펜션 사장에게 묻는다.

이런 상황이 가장 최악의 상황이 아닐까 생각된다. 오버부킹!

손님에게 불편한 방을 제공했다가 컴플레인이 걸리는 것과는 차원이 다르다. 있어서는 안 되는 큰일이지만 펜션 사장들과 이야기를 나누다 보면 정신없이 바쁜 시즌에 오버부킹이 생겨 곤혹스러웠다고 답하는 분들이 종종 있다. 오버부킹이 생기는 이유는 여러 가지가 있지만 가장 큰 이유는 빈번하게 변하고 있는 예약 시스템에 있다. 이전에는 펜션 사장이 펜션 홈페이지의 예약 시스템만 잘 들여다보면 됐는데 언제부터인가 '네이버 예약'이라는 시스템이 생겨서 관리해야 할 예약 시스템이 두 개가 생겨버린 것이다. 거기에 '야놀자'나 '쿠팡' 등 새로 관리해야 할 예약 시스템이 더해지면서 점검해야 할 예약 시스템만 두세 개가 넘어버리게 된다. 평소라면 괜찮지만 정신없는 시즌에 돌입하면 예약이 된 방인 줄도 모르고 중복으로 손님을 맞게 되는 경우가 생길 수도 있다.

오버부킹은 전적으로 펜션 측이 책임이다. 어려운 시간을 내어 먼 길까지 찾아온 손님에게 돈을 돌려 드릴 테니 없던 일로 하고 돌아가라고 할 수도 없다. 만약 이렇게 초보다운 대응을 한다면 인터넷 공간에 온통 펜션 측의 잘못과 초보적인 응대에 대한 악플로 넘쳐나게 될 것이다. 그리고 이런 불미스러운 사건을 겪은 손님은 추후에 악플뿐만 아니라 손해배상에 대한 청구를 할 수도 있다. 그러므로 펜션 측의 손해를 감수하고 깔끔하고 빠르게 해결해야 한다. 이러한 상황의 대처는 소비자들이 예상하지 못할 정도의 제안을 해야만 진정시킬 수 있다. 그래서 보통 이런 상황에 가장 좋은 방법은 객실을 업그레이드하는 방법이다. 만약 업그레이드를 할 방이 없다면 인근의 펜션 중 더 좋은 펜션을 예약해서 보내는 방법이 있다. 만약 인근에 아무리 찾아봐도 손님이 예약한 방보다 더 좋은 방이 없다면, 비슷하거나 낮은 객실을 펜션 측에서 결제해준 후, 이전에 입금했던 숙박료까지 돌려주는 방법도 있다. 간혹 이런 큰일에 절대로 손해를 보지 않으려는 사장도 있지만 20만 원 아끼려다 1,000만 원을 손해 볼 수 있다는 걸 명심해야 한다.

70

펜션 사업용 휴대전화기를 따로 둬야 할까요?

전화기를 그저 예약전화를 받거나 손님 응대를 하는 용도라고 생각하는 펜션 사업자들이 있다. 이미 핸드폰이 있으니 펜션의 대표번호를 평소에 쓰던 핸드폰 번호로 등록해서 사용을 하는 경우가 있다. 하지만 핸드폰은 단순히 전화만 받는 용도가 아니라 마케팅용으로 너무나도 활용도가 큰 도구가 될 수 있다. 꾸준히 손님들의 연락처를 저장해놓으면 자동으로 카카오톡 친구 추가가 되니 카카오톡 마케팅을 활용할 때도 매우 큰 도움이 된다. 물론 전화번호가 등록돼있다면 페이스북이나 인스타그램에도 자동으로 친구 추천이 뜨게 된다. 결국 손님 한 명의 연락처를 저장해놓는 것만으로 손님 주변 지인들에게도 내 펜션이 노출될 가능성도 생긴다는 것이다. 반면에 평소에 사용하는 개인 핸드폰에 고객의 연락처를 계속 등록해놓으면 내 지인들과 고객들의 정보가 뒤섞여버리기 때문에 마케팅으로 활용하는 데 불편해질 수도 있다. 그리고 펜션 사업용 휴대전화기가 있어야 하는 더 큰 이유가 있다. 만약 급한 일이 생겨서 다른 지방으로 잠시 외출을 해야 하는 경우가 생길 때 사용하는 개인 폰을 넘겨주고 갈 수는 없다. 그렇기 때문에 사업용 핸드폰을 만들고 펜션 손님들만 저장된 사업용 핸드폰은 또 다른 펜션 관리자에게 넘겨주고 외출해야 한다. 가급적 두 가지 OS를 사용하는 것이 좋은데, 평소 안드로이드 폰을 사용하고 있다면 사업용은 IOS 기반의 폰을 구입하는 것이 좋다. 쉽게 말하자면 삼성폰을 두 개를 쓰지 말고 삼성폰이 있다면 아이폰으로 구입하는 것이 좋다. 이 두 종류의 폰은 거의 비슷한 어플리케이션을 사용하지만 서로에게 없는 앱(App)도 있으니 두 종류를 다 갖고 있는 것이 유리하다.

71

예약 전화는
어떻게 받아야
할까요?

물론 친절하게 웃음을 띤 목소리로 응대하면 된다.

 상황 1

손님 : "안녕하세요. 인터넷 보고 전화했는데요."

펜션 : "네, 안녕하세요. ○○펜션입니다. 어떤 객실 예약하시려고요?"

손님 : "101호 예약 가능한가요?"

펜션 : "네, 가능합니다. 예약하시려면 입금해주시고요. 입금 완료되면 예약 확정
이 됩니다."

손님 : "네, 알겠습니다. 바로 입금할게요. 입금자 명은 김유나입니다. 안녕히 계
세요."

대부분 이런 식의 과정으로 예약을 한다. 아주 깔끔한 과정이지만 펜
션 사업자 입장에서 봤을 땐 매우 좋은 영업할 거리를 놓친 전화 응대
라고 할 수 있다.

예약 전화를 받는 데에도 펜션 마케팅을 위한 전략이 있어야 한다.

즉, 펜션업주가 원하는 방향으로 손님들이 예약하고 액션을 취하도록 해야 한다. 결국 그들을 움직이는 건 돈이다.

여러 가지 방향이 있는데 첫 번째로 원하는 곳에서 예약을 하도록 유도하는 방법이다. 최근에는 '네이버 예약'의 영향력이 무척 높아졌다. 네이버에서 강릉 펜션을 검색하면 가장 위에는 광고가 보이고 바로 아래는 '네이버 예약'이 보인다. 네이버 예약은 광고를 하는 자리가 아니지만 인기가 있는 펜션들을 우선으로 앞에 보이도록 하는 매우 좋은 시스템을 갖고 있다. 네이버 예약에서 상단에 보이고 싶다면, 네이버 예약으로 예약을 유도할 수도 있고 리뷰 등을 남기도록 유도해서 '네이버 예약 건'의 숫자를 높여갈 수도 있다.

● 네이버에서 '제주도 펜션' 검색 후 보이는 네이버 예약 상황

註 : 네이버 예약으로 들어온 숫자가 많으면 상단으로 노출된다. 네이버 예약은 수수료에 부담도 있지만 상황에 따라 수수료를 감내하고도 마케팅의 목적으로 네이버 예약을 권할 수도 있다.

상황 2

손님 : "안녕하세요. 인터넷 보고 전화했는데요."

펜션 : "네, 안녕하세요. ○○펜션입니다. 어떤 객실 예약하시려고요?"

손님 : "101호 예약 가능한가요?"

펜션 : "네, 가능합니다. 그런데 지금 저희가 이벤트 중이라서 네이버 예약으로
하시면 1만 원 행사 진행 중인데요. 네이버로 하시겠어요?"

손님 : "아! 그럼요, 만 원 할인이 어딘데요. 알겠습니다. 네이버로 예약할게요. 안
녕히 계세요."

이런 방법으로 네이버로 유도를 할 수도 있고 만일 쿠팡의 평이나 야
놀자 등의 리뷰 평을 늘리고 싶다면, 예약 상담 시 펜션 이용 후 리뷰
를 남겨주면 1만 원 할인이나 바비큐 무료 제공을 해준다고 권하며 펜
션 측에서 원하는 것을 얻을 수 있다. 이 외에도 유튜브에 펜션의 동영
상을 잘 편집해서 올린 후에 내 펜션을 소개한 유튜브 동영상에 댓글과
좋아요를 누른 후 확인시켜주면 혜택을 주도록 해서 유튜브 내에서 인
기도를 높여갈 수도 있다. 그러므로 펜션 응대를 할 때에 조금만 더 디
테일하게 영업을 한다면 더 많은 것을 얻을 수 있게 된다.

72

저녁 10시가 넘어
걸려온 문의 전화도
받아야 할까요?

본인이 필요한 것을 요구하기 위해 상대방에 대한 배려 없이 늦은 시간에 전화를 하는 사람들이 있다. 실제로 저녁 12시가 넘어 객실 문의를 하는 사람들도 있는데 그런 사람들에게는 객실료의 몇 배를 준다고 해도 객실을 내놓을 마음이 생기지 않는다.

대부분의 펜션 운영자들이 그러하겠지만 매너 없는 사람들까지 상대하며 돈을 벌고 싶은 마음은 없다. 그리고 꼭 그런 사람들이 대부분 문제를 일으킨다. 하나를 보면 열을 안다고 그런 매너 없는 사람들이 꼭 밤늦게 와서 새벽까지 떠들며 주변 투숙객들에게 방해가 되고 객실도 난장판을 만들어 놓고 없어진다. 그런 사람들을 위해 늦은 밤까지 대기 상태로 기다릴 필요는 없다.

'밤 12시가 넘어서 전화를 해도 객실이 있다고 응대를 하는 펜션을 소비자들이 어떻게 생각할까?' 그저 아무 때나 전화를 받아주고 예약도 너무 쉬운 펜션이라고 생각할 것이다. 그런 마음을 먹고 보통은 늦은 시간에 전화해서 객실료를 깎아달라고 하고, 펜션에 와서는 자기들 마음대로 난장판을 만들어버린다. 그러므로 10시가 넘으면 현재 펜션이 머물고 있는 투숙객들 외의 전화는 안 받아도 상관없다. 다만 투숙객인지 아닌지를 구분하기 위해서 가급적 투숙을 하는 손님의 전화번호는 꼭 사업용 핸드폰에 저장해놓도록 해야 한다. 그렇다면 모르는 전화번호와 투숙객 전화번호가 명확히 구분되기 때문이다. 그리고 저장된 고객 연락처를 이용해서 이후 카카오톡 마케팅, 문자, 페이스북, 인스타그램 마케팅을 진행할 수 있다.

작은 구멍가게를 운영하는 것도 아니고 수억 원을 들여서 시작한 펜션이다. 또는 수천만 원을 들여서 연, 월세를 내며 운영하는 작지 않은 사업을 하는데 몇몇 매너 없는 손님들 때문에 속상해할 필요가 없다. 지금까지 나는 수많은 고급 호텔과 리조트를 시찰해왔는데 그중 몇몇 호텔은 로비에서 큰 소리로 떠들면 안 될 것 같은 위압감 같은 것이 느껴지는 곳도 있었다. 우리 펜션이 그런 위압감까지 들 수 있도록 만들 필요는 없지만 적어도 내 책을 읽은 독자들만이라도 가벼운 펜션이 되지 않기를 바란다.

● 손님이 퇴실한 후의 객실이지만 놀라울 정도로 깨끗하다

73

바비큐 이용 시간과 비용은 어떻게 정해야 하나요?

바비큐 세팅을 해주는 시간과 바비큐장 사용 시간은 명확히 정해놓아야 한다. 그리고 정리된 내용을 펜션의 홈페이지와 객실 내부에 명확히 명시해놓아야 하고 손님과 첫 대화를 나눌 때에도 다시 공지해줘야 한다. 이렇게 공지를 하는 이유는 운영자의 손을 덜기 위함도 있지만 더 큰 이유는 다른 손님들에게 피해가 가지 않게 하기 위해서다. 만약 이런 공지를 하지 않으면 저녁 10시나 12시가 넘어서 바비큐를 해달라고 부탁을 하는 경우도 빈번하게 생기게 된다. 물론 바비큐장이 객실과 멀리 떨어진 곳이라면 늦은 시간 바비큐를 해줘도 상관없다. 그리고 평일 다른 투숙객이 없을 경우에는 조금 늦은 시간이라도 바비큐를 해줄 수도 있다. 여기서 중요한 것은 바비큐를 위한 숯 세팅 비용을 받는 것이다. 펜션 운영자 입장에서 보면 늦은 시간에 바비큐 숯을 빼와서 세팅을 하는 것도 참 귀찮은 일이다. 하지만 돈이라도 받는다면 조금이라도 위안이 될 수 있다. 바비큐 세팅 비용도 1만 원, 2만 원이 쌓이면 결코 적은 돈은 아니다. 여름 한 철만 해도 200~300만 원은 족히 나온다. 그리고 비용을 받아야 하는 이유는 또 있다. 예전에는 펜션의 객실료를 넉넉히 받을 수 있어서 숯을 제공하는 데 돈을 받는 것 자체가 미안스러울 때도 있었다. 하지만 지금은 많은 펜션들이 경쟁을 하면서 이미 객실료는 최저가로 낮아진 상태이기 때문에 객실료 외에 추가 비용 청구는 납득할 만한 수준이라고 생각한다. 물론 객실 단가가 매우 높은 펜션은 바비큐 숯을 포함하는 것이 좋다.

그리고 바비큐 세팅에 돈을 받아야 하는 이유는 또 있다. 만약 바비큐 세팅이 객실료에 포함된 금액이라고 생각한다면 소비자는 바비큐 세팅을 당연히 받아야 하는 서비스라고 인식하게 된다. 펜션에 일찍 도착하든 늦게 도착하든 자신들의 권리를 찾기 위해 바비큐 세팅을 꼭 해달라고 한다. 그런 분위기에서 바비큐 시간과 지켜야 할 펜션 수칙 등을 손님에게 이야기한다는 건 실상 매우 어렵다. 그러니 바비큐 세팅 비용은 받아야 한다.

펜션 바비큐를 고객을 위한 작은 서비스가 아닌 바비큐를 통해 큰 수익을 얻고 있는 펜션도 있다. 펜션에 요식업에 대한 허가를 받고 운영하는 펜션인데, 밥, 반찬에 고기까지 모두 포함해 1인 2만 원~5만 원까지 받기도 한다. 하지만 기념일 이벤트를 하기 위해 비싸고 멋진 객실을 선택했다고 해도 1인당 3~4만 원씩이나 하는 바비큐 세트를 쉽게 선택하는 이들은 많지 않다. 그럼에도 추가 수익을 올리고 싶은 펜션은 고기가 포함된 바비큐 세팅이 아닌 몇 가지 반찬과 쌈 재료만 제공하는 상차림만으로 추가 수익을 얻을 수 있다. 상차림에 5,000원에서 1만 원은 크게 부담스럽지 않은 금액이므로 오히려 이런 상품을 더 많이 이용하게 되며 상차림이 바비큐 전체 세팅보다 더 큰 매출을 만들기도 한다.

74

가구나 비품 등의
교체는 얼마나 자주
해야 하나요?

이 사람 저 사람 손을 많이 탄 물건은 금방 망가진다. 펜션 객실 내에서 사용하는 가구나 비품들은 일반 가정집에서 사용하는 것들에 비해서 비교할 수 없을 정도로 교체 주기가 빠르다. 펜션은 항상 깔끔하게 보여야 하기 때문에 식탁 모서리가 벗겨졌거나 깨졌다면 교체나 수리를 해야 하고 소파의 한 부분이 망가졌다면 역시 교체나 수리를 해야 한다. 보통 가정집에서는 그런 작은 부분이 망가져도 이용하는데 큰 불편이 없다면 그냥 사용하는 경우가 태반이다. 하지만 펜션 사업자는 완벽하고 멋지게 보이는 객실을 판매해야 한다. 객실 내에 결함이라는 건 있을 수 없다. 결함은 곧 미완의 모습, 초보의 모습, 저가의 객실 모습으로 밖에는 비춰지지 않는다. 여러 형태의 펜션 중에서도 이처럼 완벽하게 꾸며야 하는 펜션은 커플 펜션이다. 하지만 최근에는 소비자의 눈높이가 높아지면서 커플 펜션이 아닌 가족형 펜션이나 단체 펜션들의 수준도 점차 높아지고 있으니 설령 단체 펜션을 운영한다 해도 완벽한 모습을 보여주는 데 신경을 써야 한다.

그렇기 때문에 펜션에서 사용되는 제품들은 굳이 비싼 제품을 살 필요가 없다. 펜션 사장은 비싸지는 않지만 비싸 보이는 소품들을 고르는 안목도 키워야 한다.

보통 나는 한 주에 한두 곳의 오픈되는 펜션을 방문하며 오픈 직전의 펜션들을 둘러본다. 그중에 오픈하는 몇몇 펜션은 객실에 어울리지도 않는 너무 비싼 소품을 이용하는 경우도 있다. 반면에 예쁘고 럭셔리한 객실에 너무나도 저렴해 보이는 소품과 침구, 테이블 등이 세팅돼 멋진 펜션의 분위기를 스스로 떨어뜨리는 곳도 있다. 사실 이 질문엔 정답이 없다. 펜션을 운영하는 사장의 기준이 제각각이기 때문이다.

최근에는 호텔, 펜션 등 디스플레이 전문가로 활동하는 분도 있는데 만약 펜션의 소품이나 가구들이 제대로 들어왔는지가 궁금하다면 한 번쯤 그런 전문가에게 점검을 받아보는 것도 좋다.

75

손님의 기물파손
어디까지 보상받아야
하나요?

여러 손님들이 사용하는 펜션이기에 기물 파손 또는 분실이 자주 발생한다. 그래서 고가의 제품들이나 자재를 사용한 펜션들의 경우에는 꼭 체크아웃 점검을 해야 한다.

통념상 손님이 기물을 파손했을 경우 수리비용을 청구하고, 수리가 안 되는 제품일 경우 물건의 감가를 생각해 새 제품 가격의 일부 금액을 돌려받아야 한다. 하지만 대부분은 웬만큼 큰 파손이 아니라면 그냥 넘어가는 경우가 많다. 괜히 걸고 넘어갔다가 말싸움으로 번지고 또 악플 등 불미스러운 사건들이 생길 수 있기 때문에 그저 모르는 척할 때가 많다. 펜션과 게스트하우스를 운영해봤던 내 생각을 이야기하자면 굳이 불미스러운 상황을 만들지 않는 것을 권한다. 손해에 대해서 강력하게 손님에게 어필한 후 돈을 돌려받는다고 해서 본전을 찾는 경우는 없었다.

인터넷 구석에 적어놓아서 눈에 잘 띄지도 않는 악플 그리고 홈페이지가 아닌 여러 SNS의 악플 때문에 더 많은 스트레스를 받게 된다. 물론 객실 운영을 하기 힘들 정도의 파손이 생겼다면 당연히 보상받아야 한다. 잦은 경우는 아니었지만 필자도 펜션을 운영할 때 손님들의 부주의로 펜션의 기물이 파손된 적이 있었다. 헤어드라이어가 자주 망가졌는데 잘못 놓았다가 떨어지면서 여기저기 깨진 경우가 있었다. 하지만 미안해하는 손님들에게 금전적 보상을 해달라고 하지 않고 대신 나중에 내 펜션을 많이 소개해달라고 부탁했다. 그리고 내가 원하는 곳에(SNS) '좋아요'와 '리뷰' 등을 그 자리에서 올리도록 권하고 상황을 넘겼다.

펜션은 공중이 이용하는 시설에 의한 거래를 영업하는 곳이다. 그래서 상법이 그대로 적용된다. 앞선 사례와 반대로 펜션에 손님으로부터 받은 물건 또는 손님이 가지고 온 물건이 분실되거나 훼손된 경우에 펜션에서 배상해야 한다. 그리고 일반적으로 펜션 내 시설에서 분실이나 물건이 훼손된 경우에도 손님의 손해에 대해 배상할 책임이 있다.(「상법」 제152조 제2항) 손님의 물건에 대해서 책임을 지지 않는다고 손님에게 알린 경우도 상법의 범위 내의 책임을 면하지 못한다. 그러니 도난 등에 대한 대비를 철저히 해야 하고 CCTV 설치를 꼭 해야 한다.

76

세탁실이 있어야
하나요?

물론 소수이기는 하지만 펜션 초보 사장들이 자주 하는 실수가 바로 세탁실의 부재(不在)다. 아직도 많은 사람들이 지인을 통해 펜션을 짓는 경우가 많다. 물론 그들도 열심히 잘 만들어주긴 하겠지만 전문적으로 숙소를 만드는 사람들이 아니기 때문에 디자인은 말할 것도 없고 세탁실, 비품실과 같은 공간을 빼놓고 건축하는 경우가 의외로 많았다. 또는 너무나도 작게 만들거나 세탁실을 안 만드는 경우도 있었다.

'우리 펜션은 세탁물을 외주 업체에 맡길 거니까.'

'우리는 객실 수가 적어서 세탁실은 따로 필요 없을 것 같다.'

등 여러 이유로 세탁실이 없어도 된다고 생각하는 경우도 있었다. 물론 건축이 들어가기 전부터 나에게 컨설팅을 받는 분들은 이런 실수를 못하도록 세탁실의 필요성을 꼭 전달해준다. 이 단락은 독자를 이해시키기 위한 불필요하게 긴 문장이 필요 없다고 생각한다. 펜션에 세탁실은 무조건 있어야 한다. 그리고 세탁기와 건조기, 대형 건조대을 함께 비치할 만큼 내부가 넉넉해야 편리하다. 세탁실과 건조실이 떨어져있으면 세탁을 마친 것들을 들고 나와 이동시킨 후 건조실로 가지고 가는 것도 너무나도 번거로운 일이 될 수 있다. 그리고 세탁기 용량은 가급적 큰 것이 좋다. 펜션을 창업 할 때 이불의 수와 세탁기의 용량 등을 충분히 감안해서 세탁실에 비치해놓는다고 해도 여름 성수기와 같이 핫한 시즌이 돌입하게 되면 이불의 교체 시기가 빨라져 적당하다고 생각했던 세탁기와 건조기로도 벅찬 경우가 생길 수 있다.

세탁실에 대해서 좀 더 자세히 소개하자면 다음과 같다. 세탁기의 용량은 무조건 커야 한다. 대부분이 이불빨래이기 때문에 특대형 사이즈를 구입해서 사용해야 한다. 그리고 전기 건조기보다는 가스 건조기가 활용도가 높다. 가전제품에 대해 전문가가 아니라서 상세히 소개하긴 어렵지만 직접 사용해본 결과 가스 건조기가 성능이 월등이 좋았다. 그리고 제품에 따라 다를 수도 있지만 내 경험으로 보면 가스 건조기가 전기세가 덜 나왔다.

세탁실의 크기는 세탁기, 건조기 외에 건조대를 설치할 수 있을 정도가 돼야 한다. 보통 침구의 커버들은 구김이 생기지 않게 하기 위해서 건조기에 넣지 않고 자연건조를 시키는 것이 좋다. 손님이 없는 날은 마당에서 건조를 시킬 수도 있지만 겨울이나 비가 오는 날에는 실내 건조를 해야 하기 때문에 대형 건조대는 필수다.

세탁실은 세탁기 하나 들어가는 작은 크기가 아니다. 이런 공간이 없는 펜션들은 마당에 빨래줄을 달아 건조하거나 본인이 거주하는 공간에 주렁주렁 이불과 수건을 널어놓고 살게 된다. 수천만 원에서 수억 원을 들여서 전원생활의 로망을 갖고 시작하는 펜션 사업을 하면서 빨래들과 뒹굴면서 산다는 건 별로 윤택한 삶으로 보이지 않는다. 그러므로 세탁실은 건조기와 건조대, 다림질이 가능할 정도로 크게 만들어야 한다.

77

추가 이불은 얼마나 비치를 해야 하나요?

펜션 홈페이지에 투숙객의 기준 인원을 2인으로 적어놓고 최대 인원을 4인으로 표시했다면 4인이 사용하기 넉넉할 정도의 이불을 린넨실에 준비해 놓으면 된다. 다만 객실 최대 투숙 가능 인원이 4인이라고 해도 실제로 2인만 펜션에 놀러왔다면 이불은 2인이 사용할 것만 내어준다. 그리고 갑작스럽게 이불이 사용할 수 없도록 훼손될 것을 대비해서 1~2세트를 더 준비해놓아야 한다. 그리고 사람마다 체질이 다르니 겨울 한 철에도 이불이 너무 두껍다고 불평하는 사람도 있고, 여름에도 춥다고 두꺼운 이불을 달라고 하는 사람도 있으니 다양한 두께의 이불을 준비해놓아야 한다. 보통 1년 중 11달은 호텔식 이불인 구스다운 용품을 사용하고, 여름 1개월 정도만 간절기용 이불을 사용하게 된다. 동남아시아의 더운 나라 호텔들은 침구로 구스다운을 사용한다. 우리나라의 펜션에서도 여름에 구스다운 이불을 사용할 수도 있지만 가급적 여름 한 달은 '여름 이불'을 사용하는 것이 좋다. 요즘에는 호텔식 침구류를 판매하는 곳에서 호텔형 여름 이불도 판매하지만 가격이 비싸기 때문에 적극 추천하기는 어렵다. 그러니 여름 한 철 사용할 이불은 호텔식이 아니라도 싸고, 안감과 겉감이 붙어있는 깔끔한 단색의 이불을 사용하는 걸 추천한다. 이런 이불을 권하는 이유는 청소 속도 때문이다. 여름철 한 달은 많은 사람들이 수시로 입실 퇴실을 반복하는데 안감과 겉감을 나누어 빨래를 하고 다시 끼워 넣는 작업을 반복하는 건 바쁜 성수기를 보내는 데 현명한 객실 관리 방법이 아니라고 생각한다 (단, 직원이 여럿이고 부티크 호텔에 준하는 펜션이라면 끝가지 최상의 컨디션을 유지하는 것을 추천한다).

● 구스다운 이불이 세팅된 침대

78

레노베이션(인테리어)은
얼마나 자주
해야 할까요?

많은 펜션 사장들은 비슷한 고민을 한다. 창업 시 건축에 수억 원이 들어가는 걸 보면서 '금방 또 유행이 지나 리모델링에 목돈이 들어가면 어떻게 할까?' 하는 고민이다.

이런 고민을 하는 분들은 내가 운영하는 유튜브 채널(김성택 TV)의 구독자 분들 중에도 많은 듯하다. 비슷한 질문이 꽤 많이 올라온다.

"인테리어를 얼마나 자주 해야 하나요?" 하지만 이 질문은 사실 본질을 조금 벗어난 질문이라고 할 수 있다. 보통 영업을 잘 하는 펜션은 매년 레노베이션을 하고 있고 대부분의 펜션들은 3~4년에 한 번씩은 레노베이션한다. 말 그대로 '레노베이션'이다. 많은 사람들이 레노베이션과 리모델링, 인테리어를 헷갈려하는데, 레노베이션은 '수리', '수선'의 뜻으로 펜션을 운영하다가 객실 내부에 깨진 부분이나 벗겨져서 낡아 보이는 부분을 보기 좋게 수리한다는 뜻이다. 그리고 리모델링은 객실이나 부엌 또는 주방 등의 부분을 시설, 디자인 등을 변경해서 업그레이드한다는 뜻이다. 예를 들어 최근에 스파가 유행한다고 하니 모객을 더 잘하기 위해 오래된 펜션의 화장실을 넓히고 그 안에 제트 스파를 집어넣고 멋지게 욕실을 만든다면 이런 공사는 '레노베이션'이라기보다는 리모델링 공사라고 해야 맞다. 많은 사람들이 리모델링을 일컬어 그냥 '인테리어'를 한다고 말하는 듯하다. 사실 레노베이션은 평균적으로 3년에서 4년이 될 때마다 새롭고 깔끔한 펜션처럼 보이기 위해 보수를 하는 것이다. 이 주기는 정해진 것은 없다. 내 지인 중엔 항상 새 펜션과 같은 느낌을 유지하기 위해서 페인트칠, 필름 작업 등을 매년 하는 분도 있다. 펜션 레노베이션의 목적은 손님이 객실에 들어왔을 때 깔끔한 느낌을 전달하는 정도의 작업이면 충분하다.

앞서 나에게 질문했던 "인테리어는 몇 년에 한 번씩 하는 것이 좋나요?"라고 질문한 뜻은 '몇 년에 한 번씩 대대적인 객실 디자인을 변경하는 공사가 필요하느냐?'를 묻는 질문인 것을 잘 알고 있다. 하지만 펜션의 틀이 만들어지고 전체적인 구성이 잡히면 건축수준의 공사를 하지 않고서는 전체의 이미지를 완전히 바꾸기는 쉽지 않다. 이처럼 완전히 새로운 펜션으로 거듭나는 공사는 3~4년에 한 번이 아닌 5년이나 10년이 지나 하는 것이 좋다. 실제로 세계의 스몰럭셔리 호텔들을 보면 오픈한 지 10년이 지났다고 해서 완전히 다른 느낌의 호텔로 변신하는 경우는 없다. 예를 들어 스몰럭셔리 호텔 체인인 '반얀트리 리조트'의 경우 10년 전의 디자인이나 지금의 디자인이나 거의 변함이 없다. 푸켓의 사라 풀빌라도 발리의 불가리 리조트도 마찬가지다. 디자인의 변함이 거의 없다. 그 스몰 럭셔리 호텔들은 자신만의 색을 명확히 만들고 유지한다. 그 이유는 고객의 니즈가 각기 다르기 때문이다. 전통적이고 고급스러운 분위기를 좋아하는 손님은 계속 반얀트리 리조트를 찾을 테고 여성 취향적인 예쁜 호텔을 찾는 사람들을 계속 사라 풀빌라 같은 곳을 찾게 된다. 만약 반얀트리 리조트가 어느 날 갑자기 마치 세련된 북유럽풍 호텔 분위기처럼 바뀌면 결국 반얀트리 리조트는 자신만의 색을 잃게 될 것이다. 그러니 명확한 이미지가 확립이 된 호텔이나 펜션의 이미지는 오랜 시간 그 멋을 유지하고 발전시켜야 한다. 이를테면 반얀트리 리조트는 오랜 시간 운영해오면서 수십 번의 레노베이션과 리모델링 공사를 해왔다. 하지만 전통적이고 고급스러운 모습을 점차 요즘 시대에 맞도록 그리고 손님들이 불편함이 없도록 발전시킨 것일 뿐 완전한 디자인 변경을 한 것은 아니다. 물론 영업이 최악일 경우에 기존 펜션의 이미지를 다 없애버리고 마치 새로운 펜션처럼 거듭날 수도 있지만 창업 초기부터 컨셉이 잘 잡힌 펜션이라면 기존에 확실히 자리 잡은 컨셉을 지속적으로 발전시키는 것이 가장 바람직하다. 그러니 펜션 영업을 수년간 하다가 전체적인 틀을 변경할 생각을 하기 보다는 건축 초기 경쟁자들의 우위에 설 수 있는 완벽히 차별화된 이미지를 잘 만들고 고객이 좋아할 만

● 필자의 컨설팅으로 리모델링 중인 강원도의 1세대 펜션

한 디자인을 컨셉에 입히는 것이 무엇보다 중요하다. 초기 컨셉을 잘 잡지 못 하고 건축을 하게 된다면 이후 3년 또는 5년이 지난 후에 거의 건축에 가까운 공사비용이 들어갈 가능성이 매우 커지게 된다. 실제로 최근에 필자에게 컨설팅을 받기 위해 연락 오는 분들을 보면 오래된 1세대 펜션을 새롭게 변신시키기 위해 큰 공사를 앞둔 분들이 꽤 많다.

대대적인 변화는 새로운 펜션을 하나 더 짓는 것과 같으니 창업 초기 확실하게 차별화된 컨셉을 잡도록 노력해야 한다.

79

고객은 어떻게
관리를 하는 것이
편한가요?

보통은 고객관리를 작은 노트 등에 열심히 수기로 적어서 관리한다. 입실 날짜, 퇴실 날짜, 특이사항 등 빼곡하게 적힌 노트는 그야말로 생명줄이나 다름없이 소중히 관리한다. 하지만 효율적인 고객 관리를 위해 가장 편리한 도구는 노트가 아니라 스마트폰과 카카오톡이다. 물론 분실에 대비하기에도 스마트폰이 더 유리하다. 앞서도 이야기했지만 스마트폰은 정말 좋은 고객관리 도구다. 고객의 연락처를 스마트폰에 저장하고 '네이버 주소록' 어플을 다운 받아 연락처 연동을 해놓는다면 스마트폰을 분실해도 PC 버전 네이버 주소록에서 열람할 수도 있고 어떠한 스마트폰에서라도 앱을 다운받아 열람해 볼 수 있다.

고객의 연락처를 스마트폰에 저장할 때에는 '날짜, 이름, 객실명, 특이사항' 순으로 입력해놓는다. 이렇게 해놓으면 오늘 입실할 손님에게 단체 문자나 카카오톡을 발송시키기도 쉽고, 오늘 퇴실한 손님에게도 후기나 한줄평을 남겨달라고 문자를 보낼 때에도 손쉽게 보낼 수 있게 된다. 물론 매출 등을 표기해놓은 장부는 노트나 프로그램을 사용해야 하지만 고객 관리만큼은 스마트폰을 활용하는 것이 가장 효과적이다.

80

진상 고객은 어떻게
대처해야 할까요?

결론부터 말하자면 안 싸우는 게 상책이다. 그리고 가급적 싸움은 빨리 끝내야 하며, 손님이 생각하기에 펜션 측에서 먼저 고개를 숙이는 듯한 느낌을 받도록 해야 더 이상의 싸움이 진행되지 않는다. 무승부로 끝나도 안 되고 펜션 측의 승리로 끝나도 안 된다. 설령 펜션 측의 이득이 많을 경우라 할지라도 손님 스스로 싸움에서 이겼다는 느낌을 전달해야 한다.

펜션을 운영하다 보면 내 상식의 범위 안의 사람들만 상대하는 건 아니다. 이해할 수 없는 잣대를 들이대며 화를 내고 주변 사람들을 모두 곤란하게 만드는 사람들도 상대를 해야 한다. 문제는 그런 사람들도 가끔은 여행을 떠난다는 것이다. 그리고 운이 없다면 그들이 나의 펜션에 방문할 수도 있다.

필자가 오래전 여행과 호텔 관련 일을 했을 때에도 이런 일들은 가끔씩 일어났는데 상식적이지 않은 사람들은 1년에 꼭 한두 번씩은 나를 괴롭게 했었다.

30대 한국인 여성이 필리핀의 5성급 호텔 로비에서 큰소리를 지르며 객실을 바꿔달라고 고함을 치고 있다고 했다. 이유를 알아보니 객실에서 개미가 나왔다는 것이다. 좋은 호텔의 경우 고객의 만족도를 높이기 위해서 체크인을 할 때 객실에 과일 바구니를 넣는 경우가 있는데 그 과일 때문에 개미가 모였을 수도 있다. 그리고 필리핀은 겨울이 없는 동남아시아다. 개미가 나오지 않도록 관리를 하는 것이 좋겠지만 더운 나라이기 때문에 개미가 있을 수도 있다. 하지만 투숙객은 너무나도 큰 소리로 불만사항을 토로하며 방 업그레이드를 원했다. 말 그대로 진상 손님인 것이다. 개미 알레르기가 있어서 건강에 큰 위협이 되니 객실을 바꿔달라고 합리적으로 조곤조곤 이야기할 수도 있지만 몇몇 사람들은 우리의 상식선 밖에서 행동한다. 결국 호텔은 더 이상 주변이 시끄러워지는 것을 염려해 동급의 룸으로 바꿔주고 룸 업그레이드는 해주지 않았다. 객실이 여유가 있었기 때문에 가능했지만 펜션에서는 이런 진상 손님의 요구를 다 받아주는 데 한계가 있다.

지인의 펜션에서도 비슷한 경우가 있었는데, 그 펜션은 산속에 자리한 경치가 매우 아름다운 펜션이었다. 당시 많은 투숙객들이 있었는데 그중 한 투숙객이 펜션에 벌레가 많다고 클레임을 걸며 펜션 사장을 계속 귀찮게 했다. 하지만 까칠한 펜션 사장은 그 투숙객의 불만에 퉁명스럽게 대꾸하며 불만 처리를 위해 어떤 노력도 하지 않았다. 많은 펜션이 그러하지만 요즘 펜션을 하나 만들어서 운영하는 데 1~2억 원 가지고는 어림도 없다. 작은 식당 하나 운영하는 것과는 차원이 다른 투자가 된다. 소위 옛날에 한가락 했던 사람들이 재산을 축적하고 펜션을 하는 경우가 많다. 이 펜션 사장도 이전에는 중견 기업의 임원으로 재직했고 퇴사 후 제조회사를 운영을 하며 십여 년간 사장 소리를 들었던 사람이다. 그리고 더 나이가 들어 노년을 준비하며 10억 원 정도를 들여서 펜션을 시작하게 된 것이다. 지난 세월 동안 어디서도 남한테 싫은 소리를 들을 필요 없는 위치에서 살아온 대단한 사람이다. 지기 싫어하는 펜션 사장은 자질구레한 일로 자꾸 시비를 거는 손님에게 다시 숙박료를 돌려주며 나가라고 소리쳤다. 예상했던 대로 싸움으로 번졌고 다른 투숙객들도 불편하게 할 만한 상황이 돼버렸다. 서로 반말에 욕설까지 오가며 싸움이 커졌다. 투숙객은 그곳에서 잠을 잘 수 없다고 생각해 돈을 돌려받고 펜션을 나왔고, 펜션 사장은 씁쓸하기도 했지만 한편으로는 악을 몰아낸 듯 후련한 마음이 들었다. 하지만 사실 싸움은 여기서 끝난 게 아니었다. 싸움에서 패배했다고 생각한 투숙객은 다시 전의를 불태우며 인터넷 곳곳에 해당 펜션에 대한 악플을 달기 시작했고 결국 그 많은 악플들도 인해 펜션은 거의 2개월가량 영업에 큰 지장을 받게 됐다. 물론 이런 악플에 대처하는 방법도 있다. 영업 방해를 이유로 각 포털에 삭제 요청을 할 수도 있고 사실 근거하에 법적으로 마무리할 수도 있다. 하지만 보통은 내용증명을 보내는 것만으로도 지레 겁을 먹고 싸움은 거기서 끝이 난다. 보통 이런 싸움이 길어지면 펜션 측의 승리로 싸움이 끝난다. 하지만 이런 싸움은 누가 이기든 결국 펜션 측에서는 영업에 큰 손해가 아닐 수 없다.

반대로 펜션 측에서 분쟁의 명분을 만들어서 문제가 생기는 경우도 있다. 특히 새로 오픈한 펜션이 손님과 트러블이 종종 생기는데, 그 이유는 시설 관리 때문이다. 새로 장만한 물건들이 망가지는 걸 염려한 나머지 필요 이상으로 손님들을 간섭하는 경우가 있다. 일단, 투숙객들이 객실료를 지불하고 객실에 들어오면 그 공간은 훼손을 시키지 않는

한 그들의 방식으로 사용하도록 놔둬야 한다. 모 펜션 사장은 손님에게 에어컨을 오랫동안 사용한다고 꾸중을 하다가 트러블이 일어난 경우도 있다고 한다.

어차피 펜션 내에 물건들은 여러 사람들이 사용하는 만큼 교체 시기가 매우 빠르다. 아무리 아낀다고 해도 우리 집의 소파나 냉장고, 헤어드라이기만큼 오래 사용하지 못 하기 때문에 새것으로 비치했더라도 내 것이 아닌 양 마음을 좀 내려놓아야 한다. 그리고 설령 마음에 들지 않는 부분이 있더라도 손님과 얼굴 붉히는 상황 자체를 안 만드는 것이 중요하다. 펜션을 시작하는 순간 잘나가던 이전 시절의 '나'는 벗어버려야 한다.

필자는 오래전부터 펜션은 호텔처럼 운영돼야 한다고 누누이 이야기해왔다. 펜션은 혼자 또는 부부가 함께 적은 인원으로 운영되는 숙박사업이다. 그러니 펜션 사장은 때로는 호텔 오너처럼 생각해야 하고, 때로는 호텔 하우스키퍼처럼 일해야 하고, 때로는 호텔의 관리 기술자처럼 일해야 하고, 때로는 가장 낮은 직급인 도어맨처럼 행동해야 할 필요가 있다. 이렇게 하지 못 한다면 펜션 사업은 애초에 시작하지 않는 것이 좋다. 필자 역시도 지기 싫어하는 성격 때문에 투숙객들과 언쟁을 한 경우도 몇 번 있었고 내 집요함으로 그들에게 사과를 받아낸 경우도 여럿 있었다. 하지만 결과는 항상 나한테 불리한 경우가 많았다. 때론 싸움이 있을 수도 있지만 싸움의 결말은 가급적 펜션 측에서 고개를 숙이는 듯한 모습이 연출돼야 싸움이 길어지지 않는다.

81

인터넷에 올라온 악의적인 글들을 없앨 수 있을까요?

인터넷이 발달하면서 소비자들의 목소리가 커지게 됐다. 이런 소비자들의 목소리는 결국 더 합리적이고 더 좋은 상품을 만들려는 제조사에게도 영향을 미치기 때문에 이런 상황은 대체로 매우 좋은 방향으로 발전해가고 있다고 할 수 있다. 하지만 일부 소비자는 이를 악용해 펜션 측에 불만이 생기거나 분쟁이 생기기라도 하면 인터넷에 글을 올리겠다고 협박을 하며 목소리를 높인다. 이런 상황까지 오면 결국 '을'인 펜션 측은 분하지만 결국 머리를 숙이며 분을 삭인다. 비단 이런 상황은 펜션만이 아니라 모든 기업들이 다 같은 상황이라고 생각한다.

인터넷의 악플. 펜션을 아무리 잘 운영한다고 해도 악플을 피할 수는 없다. 많은 사람들이 몰릴수록 악플은 늘어난다. 물론 고객과의 관계의 폭을 좁히는 방법을 아는 펜션 운영자는 악플에서 조금은 자유로워질 수 있다. 그만큼 우리는 노련한 장사꾼이 돼야 한다.

사실 너무 심각한 악플이 아니라면 다양한 의견을 바탕으로 더 발전하는 펜션이 될 수도 있다. 개선하고 또 개선할 방법을 고객이 제시를 해주는 것과 같으니 악플이 꼭 부정적인 효과만을 낳는다고 볼 수도 없다. 하지만 일부 악의적인 악플로 인해 스트레스는 물론이고 영업에 큰 타격을 입는 경우도 있다. 그러한 악플들이 쌓여간다면 먼저 자신의 펜션을 돌아보되 영업을 방해할 목적으로 작성된 악플이라고 판단될 경우 작성자와 협의할 필요 없이 없애는 것이 상책이다.

악플 관리

얼마 전 나에게 컨설팅을 받고자 연락했던 분이 이렇게 말했다.

"작년까지 매출이 너무도 좋았어요. 그리고 올 초까지만 해도 이 동네에서는 가장 예약이 잘 되는 펜션이었는데 2~3개월 사이에 심각할 정도로 예약률이 떨어졌어요. 광고나 홍보 방법은 그전과 조금도 다르지 않게 똑같이 하고 있는데도 말이죠. 문제가 뭐죠?"

이전과 모든 상황이 같은데 갑자기 매출이 떨어졌다면 가장 먼저 '객실료'와 '악플'을 확인해봐야 한다. 인터넷의 모든 글을 다 뒤져볼 수는 없지만 적어도 요즘 많은 사람들이 정보 검색과 소통을 위해 살펴보는 공간들은 꼭 확인해야 한다. 당연히 네이버 블로그, 카페, 인스타그램, 페이스북, 유튜브 등이 된다.

1 홈페이지의 악평과 악플

물론 악의적인 글들은 손쉽게 지울 수 있다. 펜션 운영자가 직접 홈페이지 관리자 모드에 들어가서 지울 수도 있고, 불가능하다면 홈페이지 제작회사에 전화해서 지워달라고 하면 된다. 그럼에도 악의적인 악플이 계속 올라온다면 새로운 글쓰기 게시판을 잠시 닫고 운영을 한다.

그리고 이전 악의적인 글들을 모두 스크랩을 해놓고 영업방해죄로 법적 대응을 할 수도 있다. 하지만 문제는 악플러들은 펜션 홈페이지처럼 쉽게 지울 수 있는 공간에만 글을 남기지 않는다는 것이다.

② 블로그 또는 카페의 악평과 악플

이 공간의 악플도 지울 수 있다. 단, 방법은 조금은 번거롭다. 가장 기본적인 방법은 블로그를 직접 쓴 사람과 연락을 해서 삭제해달라고 요청할 수 있다. 그리고 카페의 글은 카페 담당자(카페지기)에게 연락해서 해당 글로 인해 영업방해가 되고 있다고 삭제 요청을 한다. 만약 이 방법도 안 될 경우에는 네이버 측에 영업방해 등의 신고로 내용증명을 제출해서 문제의 글을 삭제 할 수 있다. 단, 시일이 오래 걸리는 단점이 있다. 이런 방법으로 플랫폼을 제공한 기업(네이버, 다음, 인터파크, 쿠팡)에 앞서 소개한 동일한 방법으로 악플을 처리할 수 있다.

③ SNS(페이스북, 인스타그램)

지울 수 있다. 다만 글을 쓴 사람에게 다이렉트 메시지 등을 남겨서 지워달라고 요청을 해야 한다. 페이스북 페이지에 리뷰나 댓글의 경우에는 바로 신고 처리를 하고 삭제를 할 수도 있다.

④ 네이버 예약(예약평)

지울 수 없다. 그러니 가장 조심스럽게 신경 써야 할 부분이 이 부분이다. 네이버 예약의 예약자평에 남긴 글을 지우기 위해서는 실제 예약을 한 후 글을 남긴 사람과 연락해서 지워달라고 요청해야 한다. 이 방법이 가장 빠르고 현재로서는 이 방법 외에 지울 수 있는 방법은 없다. 만약 네이버 예약에 악평이 너무나도 많아서 영업에 너무나도 큰 손실을 입고 있다면 차라리 다시 시작하는 것이 좋다. 네이버 예약을 탈퇴한 후에 재가입을 해야 한다. 하지만 그동안 쌓였던 네이버의 예약 지수는 초기화가 되므로 지수 등급을 위한 작업을 처음부터 다시 해야 한다. 그런데 영업에 큰 타격을 입을 정도의 악플이 한두 개도 아니고 여러 개가 달렸다면 악플을 단 사람을 욕할 것이 아니라 펜션을 다시 돌아봐야 한다. 수많은 악플이 달렸다면 펜션 측의 문제일 경우가 많다.

82

객실 냄새를
빨리 빼는 법이
있나요?

불만사항 첫 번째는 바로 냄새다. 객실에 들어왔는데 냄새가 난다면 아무리 객실이 예쁘게 디자인돼있고 깔끔하게 정리가 돼있더라도 펜션의 이미지는 추락하게 된다. 그러니 깔끔히 청소하는 것만큼 냄새 제거에 매우 신경을 써야 한다.

펜션 관리는 각자의 관리 방법이 있어서 이 책에서 정의를 내리긴 힘들지만 일반적인 펜션이 냄새를 없애는 방법을 소개해보도록 하겠다.

펜션 관리자는 펜션 객실을 청소하면서 환기도 시키고 청소를 마친 후에 객실 내에 냄새가 남아있는지 체크해본다. 하지만 그런 방법은 아무 소용이 없다. 사람의 인체 중에서 코의 감각이 가장 둔하다고 한다. 이미 펜션 객실에서 오랜 시간 머물며 청소를 하다 보면 코는 냄새에 무감각해지게 된다. 그러니 냄새 체크는 다른 사람이 하거나 청소를 마친 후에 다시 객실에 들어와 체크해봐야 한다. 냄새 제거를 위해 공기청정기도 필요하지만 가장 빠른 건 역시 환기와 탈취제다.

냄새 제거의 첫 번째는 환기다. 투숙객이 퇴실을 하면 바로 모든 문을 열어 환기를 시킨다. 그리고 모든 방에는 탈취 기능이 있는 방향제를 설치해야 한다. 청소를 다 마친 후에도 냄새가 심할 경우에는 스팀 방식의 살균소독기를 사용해서 냄새를 없애면 되는데 필자의 경험으로 보면 '플루건'이라는 살균소독기가 탈취에 상당한 도움이 된다.

그리고 평소에도 탈취제를 자주 뿌리는 것이 좋은데 모든 방을 돌아가면서 탈취제를 계속 뿌리는 것도 비용이 만만치 않게 들어가니 천연 탈취제를 만들어 사용하는 것도 좋은 방법이 된다.

 TIP **천연 탈취제 만들기**

1 주먹만 한 병에 레몬이나 오렌지 껍질과 녹차 티백 한 개를 넣고 그 병에 에탄올을 붓는다.

2 뚜껑을 닫고 하루 동안 숙성을 시킨다.

3 곰팡이 냄새가 많이 나는 곳에 뿌린 후 환기시킨다.

83

손님이 객실 열쇠를
분실하면 돈을
받아야 할까요?

종종 있는 일이다. 이런 일이 있을 때마다 굉장히 곤혹스러워하는 분들도 있는데 사실 이런 돈은 미안해할 필요 없이 받아야 한다. 설령 돈으로 받지 못한다면 그에 상응하는 대가를 받아야 한다.

펜션뿐만 아니라 대부분의 숙박업소들도 이런 경우를 대비하는데 그 방법으로 디파짓(보증금)을 걸도록 한다. 저가의 호텔부터 고가의 럭셔리 호텔들까지 체크인을 할 때 5만 원에서 10만 원 이상 디파짓(보증금)을 걸도록 하고 있다. 사실 투숙객과 펜션 업주의 관계에서 더 민망한 상황을 만들지 않기 위해서라도 디파짓 제도는 펜션에서도 꼭 필요하다고 생각한다. 하지만 아직 우리나라는 디파짓이란 단어도 생소하게 생각하는 사람들도 많고 입실 전에 보증금을 걸도록 하는 것 자체가 껄끄럽다고 생각하는 이들도 있다. 물론 지금 당장 디파짓을 하도록 권할 수는 없으나 문제가 발생하면 피해금을 받도록 분실, 파손 등에 따른 펜션 수칙은 소비자들이 잘 볼 수 있도록 홈페이지와 객실 내에 잘 노출시켜야 한다.

<펜션 내 시설물 이용시 고객의 과실로 인한 기물 파손 및 분실 건은 반드시 펜션업주에게 신고 후 원만한 합의로 처리되도록 합니다. 펜션 내 재물손괴 후 미신고 퇴실 시에는 [형법 제366조]에 따라 처리됩니다>

이런 문구가 조금은 무섭고 딱딱하다고 생각할 수도 있겠지만 실제로 이런 무서운 문구마저 없다면 기물 파손뿐 아니라 분실 건도 매우 많이 발생한다. 실제로 내가 컨설팅을 한 강릉의 C 펜션은 창업 초기 좋은 주방 용품들을 객실에 넣어놓았는데 손님들이 프라이팬까지 훔쳐 갔다고 한다. 그러니 이 외에도 객실의 호텔용 큰 수건이나 슬리퍼, 촛불 등을 비치 할 때에는 싼 제품을 집어넣고 마음 비우고 펜션을 운영해야 한다.

84

여름 성수기
아르바이트를 꼭
써야 할까요?

10개의 객실이 있는 펜션을 운영해도 3~4월과 같은 비수기 평일에는 느긋하게 펜션을 관리할 수 있다. 보통은 주말에 입실을 하고 일요일에 모두 퇴실하기 때문이다. 그럼 또다시 다음 주말이 찾아올 때까지 천천히 10개의 객실을 청소하고 펜션 내에 필요한 부분을 정비하면 된다. 하지만 퇴실 후 바로 다시 입실 손님들을 맞이해야 하는 연휴나 성수기 시즌에는 혼자 또는 부부만의 힘으로 운영하기 힘들다. 보통 퇴실 시간은 11시부터 12시 정도가 된다. 그리고 입실 시간은 2시에서 3시 정도가 된다. 약 3시간 정도 이내에 10개의 객실을 침대커버 주름까지 잘 펴서 완벽하게 청소한다는 건 벅찬 일이 아닐 수 없다. 하지만 그 짧은 시간에 청소만 하는 것은 아니다. 청소만 해도 시간이 꽤 빠듯하지만 때때로 투숙객들의 요청을 들어주고 전화를 받고 손님들 맞이하다 보면 3시간 내에 10개의 객실을 모두 청소하는 건 매우 벅차게 느껴지게 된다. 물론 작은 펜션을 운영하는 업주들 중에는 여름 성수기에 혼자 관리하는 분들도 있다. 하지만 작은 펜션이라 할지라도 어마어마한 노동량 때문에 성수기 시즌을 마치고 나면 육체적 정신적으로 매우 지친다. 그러니 처음부터 혼자 할 생각을 하지 말아야 한다. 펜션 관리란 생각보다 노동력이 꽤 들어가는 일이다. 내가 알고 있는 강원도의 한 펜션 사장은 객실 10개를 운영하고 있는데 평소 청소를 도와주는 아르바이트 아주머니 세 분을 모시고 일하고 있다. 물론 그분들이 펜션에 상주하거나 매주 펜션으로 찾아와 일을 하는 건 아니다. 번갈아가면서 펜션의 청소 일을 맡기고 있다. 여러 인원을 확보한 이유는 갑작스럽게 인력이 빠져나갈 것을 대비한 것이다. 지방에서는 인력을 구하기가 정말 힘들다. 아르바이트 아주머니들 한 분 한 분 관리를 매우 잘해야 한다.

고로 필자의 경험을 토대로 이야기하자면, 비수기 시즌은 직접 넘길 수 있지만 성수기만큼은 운영 보조를 할 아르바이트를 미리 구하기를 권한다.

85

와이파이 설치는
어떻게 해야
할까요?

케이블 TV와 달리 인터넷은 펜션에 1개 회선만 들어와도 와이파이 모뎀을 통해 여러 사람들이 인터넷을 사용할 수 있도록 설치가 가능하다. 최근에는 객실 벽면에 콘센트와 인터넷 모듈을 함께 설치해 메인 인터넷 회선에서 신호를 가져와 각 방에 분배를 하도록 시공하고 있다.

● 콘센트와 인터넷 모듈

하지만 오래된 1세대 펜션은 앞의 사진처럼 인터넷 모듈이 없는 곳들도 많다. 이럴 경우에는 와이파이 모뎀기기의 확장 단자가 많은 것을 사용해서 각 방에 직접 선을 배분 후 공유기를 설치해야 한다. 한 건물에 객실들이 붙어있을 경우 그리고 목조건물일 경우에는 각 방에 모뎀이 설치되지 않아도 된다. 와이파이 공유기의 간격이 일정하게 한다면 4~5개의 공유기만으로 건물 건체 와이파이 존을 만들 수 있기 때문이다. 하지만 건물이 콘크리트거나 간섭이 있는 벽면이 많을 경우에는 인터넷 선을 각 객실로 빼내 공유기를 설치해야 한다. 그리고 카페 또는 야외 바비큐 테이블, 운동장 등에서도 와이파이가 가능하도록 하려면 와이파이 증폭기를 달아 와이파이 범위를 넓힐 수도 있다.

86

케이블 TV는
각 방에 설치해야
할까요?

　케이블 TV는 헬로우 TV, SK 브로드밴드 등 여러 브랜드가 있는데, 할인율 등을 파악해서 설치한다. 아주 오래전에는 하나의 케이블이 들어온 것을 여러 갈래로 나눠 시청할 수도 있었지만 지금은 그렇게 할 수가 없다. 각 방에 각각의 케이블 TV 셋톱박스가 있어야 하기 때문에 각 방에 케이블 TV 회선이 들어가야 한다. 객실이 5개면 5개 케이블 TV가 들어와야 하고 객실이 10개면 10개의 케이블 TV가 들어가야 한다. 객실에 설치할 케이블 TV는 가장 저렴한 기본형으로 설치하고 유료상품(영화 및 다시보기 서비스)은 핸드폰 결제를 통해서 볼 수 있도록 세팅해놓는다. 보통 10개 정도의 객실을 보유한 펜션이라면 케이블 TV 사용료는 월 10만 원 정도가 나온다. 하지만 최근 여행자들은 펜션에 와서 영화나 티비를 진지하게 보는 사람들의 수는 많이 줄고 있다. 요즘 젊은 소비자들은 TV 시청 시간이 많이 줄고 있고 유튜브나 인스타그램 등의 스마트폰 사용시간이 늘었기 때문에 케이블 TV보다 무선 인터넷 환경을 잘 만드는 데 더 많은 신경을 써야 한다.

87

바비큐를 꼭
해야 할까요?

아주 가끔이지만 펜션에서 바비큐를 해줘야 하는지를 묻는 창업 예정자들도 있다. 당연히 펜션이라면 바비큐는 해야 한다. 펜션이 다른 숙소들과(호텔, 모텔, 콘도) 다른 점이 있다면 분위기 좋은 바비큐장에서 캠핑을 즐기는 기분으로 바비큐를 해먹을 수 있다는 점이다. 사실 펜션을 찾는 다수가 이 바비큐 때문에 펜션을 찾는다.

바비큐를 제공할 때에는 숯불에 통 그릴이 제공되는 경우도 있고 전기나 가스 그릴을 제공하는 경우도 있다. 물론 소비자들은 숯불에 더 만족감을 느낀다. 잘되는 펜션들의 경우에는 바비큐를 하는 중에 손님들의 만족감을 더 높이기 위해서 인삼주나 막걸리를 돌리거나 비어캔 치킨 등을 내놓는 경우도 있다.

몇몇 펜션은 안전사고의 위험 때문에 전기 그릴을 사용하는 경우도 있다. 또는 바비큐장이 없거나 객실 테라스에서 바비큐를 할 때 전기그릴을 사용하기도 한다. 하지만 여행지에서 좀 더 이색적인 경험과 분위기를 위해 숯불을 사용하는 것이 만족도가 더욱 높다.

바비큐 통은 여러 가지 형태가 있다. 드럼통을 절반으로 잘라서 사용할 수도 있고 흙을 쌓아 올려 화로를 만들 수도 있다. 하지만 가장 깔끔하고 소비자의 만족도가 높은 바비큐 그릴은 '웨버'다. 뚜껑을 덮을 수 있는 웨버 바비큐 통은 훈제 바비큐가 가능한 그릴이다.

● 가장 많이 사용되는 훈제용 웨버 바비큐 그릴통

가스 그릴도 활용도가 매우 좋다. 단, 가스 그릴을 이용할 때에는 고기 양을 많이 구울 수 있는 큰 가스 그릴이 좋다. 대형 가스 그릴은 한번에 많은 양을 순식간에 구워낼 수 있기 때문에 가족 펜션이나 단체 펜션에 비치해놓으면 여러 상황에 유용하게 사용할 수 있다. 가스를 사용하지만 훈연칩을 넣어 고기의 향을 더욱 맛깔스럽게 만들 수도 있다. 다만 가스 그릴을 사용할 때에는 가급적 쇠고기 스테이크를 구울 때 이용하는 것이 좋다. 돼지고기의 경우 연기가 많이 나기 때문이다.

88

바비큐장 설치가
꼭 필요할까요?

날씨가 좋은 날에는 대부분 밖에서 바비큐를 하기를 원한다. 시원한 나무 그늘 아래에서 마치 캠핑을 즐기는 듯한 분위기는 도심에서는 쉽게 접할 수 없다. 그렇기 때문에 손님들은 이런 분위기를 즐기기를 기대를 하고 여행을 떠난다. 하지만 비라도 내린다면 여행자들의 기대는 한순간에 무너져버리고 말게 된다. 추적추적 내리는 비를 바라보며 실내에서 바비큐를 하는 것도 실망스러운데 필로티 형태로 만들어진 건물의 1층 주차장을 대충 막아서 사용하는 바비큐장이라면 실망감은 배가될 것이다. 여행을 떠나온 손님들이 비가 와도 실망하지 않을 만큼 멋진 바비큐장을 만드는 것은 너무나도 중요하다. 객실에는 엄청난 투자를 하면서 실상 이런 부분에는 투자를 하지 않는 펜션들이 많은데 소비자의 만족도를 높이기 위해서 제대로 된 실내 바비큐장을 만드는 것은 너무나도 중요하다. 하지만 민박사업자로 등록을 해서 추가 건물을 만들 수 없는 펜션이나 건물 구조상 추가로 실내 바비큐장을 만들 수 없는 펜션은 결국 객실과 연결된 바비큐장을 만들어야 한다.

부득이하게 실내 바비큐장을 만들지 못하고 객실과 붙어있는 개별

바비큐장을 만들 경우에는 구조에 조금 신경을 써야 하는데 그 이유는
바로 냄새 때문이다.

● 펜션 객실과 연결된 테라스를 개별 바비큐장으로 이용하는 펜션

　객실과 연결된 개별 바비큐장을 설치할 때는 가급적 현관과 연결된
방향으로 설치하는 것이 좋다. 많은 펜션이 객실 테라스에 개별 바베큐
장을 만드는 경우가 많다. 하지만 이런 형태는 안전사고의 위험도 높고
무엇보다 객실 내 냄새가 꽤 오랫동안 배어나게 된다. 바비큐를 하는
동안 손님들은 테라스의 창문을 열고 바로 방이나 거실을 오가며 그릇
을 찾으러 다닐 수도 있고 화장실도 들락거릴 수 있다. 테라스 창문이
꼭 닫혀있다고 해도 침실로 들어오는 냄새를 막을 길이 없다. 매일 펜
션을 관리하며 냄새에 둔감해진 펜션업주들은 잘 모를 수도 있겠지만
지금 막 펜션에 도착한 손님들은 객실에서 나는 매우 역하고 강한 냄새
때문에 불쾌감을 느끼기 쉽다. 이 냄새를 조금이라도 잡겠다고 숯이 아
닌 전기 그릴을 사용하는 경우도 있는데 그것도 마찬가지다. 고기 기름

냄새는 잘 빠지지도 않는다. 객실과 붙어있는 개별 바비큐장을 꼭 만들어야만 한다면 객실 테라스가 아닌 현관 앞 쪽에 설치해서 만드는 것이 좋다.

89

고기는 직접
구워줘야
할까요?

펜션을 창업한 지 얼마 안 된 펜션 사장은 손님들이 바비큐를 하면 계속 바비큐장을 맴돌며 고기를 구워주기도 한다. 손님 입장에서 보면 고마운 일이지만 방해 받기를 원치 않는 여행자들이라면 고기를 구워주는 것도 꽤 불편하게 느낄 수 있다. 그렇다고 펜션에 대해 좋은 인상을 심어주기 위한 접객의 기회를 갖지 않는 것도 아쉽다. 그러니 꼭 필요한 부분만 도와주고 빠지는 것이 좋다.

손님이 원한 바비큐 시간에 바비큐를 하기 위한 세팅을 해놓으면 손님들은 음식들을 잔뜩 들고 바비큐장에 나타난다. 펜션 운영자는 테이블 옆에 바비큐통을 가져다놓은 후 간단히 바비큐를 하는 방법을 가르쳐준다. 그때 손님과 이런저런 이야기를 나누며 펜션에 대해 좋은 인상을 심어줄 수 있다. 보통 훈제로 많이 하지만 직화로 할 때는 꼭 안전사고에 대한 내용을 전달하고 소화기 사용도 꼭 일러줘야 한다. 이 정도 전달하면 사실 바비큐를 옆에서 해줄 것도 없다. 하지만 가스 그릴의 경우에는 좀 다르다. 200도 이상 바비큐 통 안을 달군 후에 직화로 빠르게 구워내는 가스 그릴은 커플보다는 가족 여행 이상의 단체 여행자들이 왔을 때 사용하게 되는데 복잡할 건 없지만 가급적 펜션 운영자가 직접 고기를 구워주는 것이 좋다.

● 웨버 대형 가스 그릴. 가격은 약 160만 원대

만약 손님들에게 고기를 구워주며 불필요한 접객을 원치 않거나 커플 여행자를 대상으로 운영할 펜션을 계획 중이라면 대형 가스 그릴은 구입하지 않는 것이 좋다.

90

청소나 바비큐 등
펜션 관리 방법을
배우는 곳은 없을까요?

"청소나 바비큐, 수영장 관리 같은 펜션 관리 방법을 배우는 곳은 없을까요?" 많은 펜션 창업 예정자 분들이 이와 같은 질문을 자주 해왔다. 물론 소수지만 그런 교육을 해주는 전문가가 몇 분 있다. 그래서 가끔 필자에게 이처럼 문의하는 분들에게는 펜션 관리에 숙련된 분의 코칭을 받을 수 있도록 대박 펜션으로 알려진 펜션 사장을 소개하기도 한다. 초보 사장에겐 십여 년 동안 펜션 관리를 하며 익힌 노하우를 제대로 배울

● 필자의 주최로 강원도에서 모인 펜션 사업자와 펜션 창업 예정자 분들. 김성택 작가는 매월 이런 모임을 진행하고 있다.

수 있는 좋은 시간이 될 수 있고, 실전 경험이 많은 업계의 선배와 인연이 된다면 펜션을 운영해나가며 많은 조언을 들을 수 있기 때문이다.

객실 청소나 비품 관리, 비품 구입, 소품 세팅, 보일러 관리, 수영장 관리, 바비큐 장비 구입 및 관리 방법들은 펜션을 운영하면서 충분히 스스로 익힐 수 있는 것들이다. 하지만 좀 더 전문적인 모습으로 보여야 하는 펜션이라면, 처음부터 완벽한 서비스를 제공해야 한다. 특히 호텔 수준에 준하는 커플 펜션이나 1박에 30~40만 원 이상을 하는 펜션이라면 서비스와 관리 부분까지도 완벽해야 한다. 50만 원짜리 객실임에도 선반 위 컵의 방향이 제각각이고, 침구가 틀어져있다면 고객은 숙박료에 준하는 서비스를 못 받았다고 생각할 수도 있다. 결국 어설픈 펜션 관리와 고객 응대로 제값도 못 하는 펜션으로 비춰진다면 펜션의 이미지 메이킹에 큰 타격을 입을 수 있다. 그래서 가급적 펜션이 창업되기 전에 경력이 풍부한 펜션 사장을 찾아가서라도 하나씩 하나씩 배워보는 것을 추천한다.

● 펜션 시설 관리 방법을 교육중인 코치와 수강자들

91

검증받은 지하수를
식수로 제공해도
될까요?

　서울시에서 수년 전부터 대대적인 물에 대한 홍보를 하고 있다. 아리수는 깨끗하게 정화돼 나온 물이니 수도꼭지를 틀어서 바로 마셔도 좋다고 한다. 하지만 대부분의 사람들은 수돗물을 그대로 받아 마시지 않는다. 나 역시도 마찬가지다. 찜찜하기 때문이다. 서울의 수돗물은 옛날에 비해서 훨씬 더 깨끗해졌는데도 불구하고 정수기 판매율은 매년 증가하고 있다. 그만큼 현대 소비자는 건강에 매우 민감하다. 우린 이런 민감한 사람들을 상대해야 한다.

　몇몇 펜션에서는 손님들이 물을 달라고 하면 그냥 수도꼭지에서 받아서 마셔도 된다고 말한다. 하지만 "우리 펜션 지하수는 깨끗하니까 그냥 드세요"라고 말해선 안 된다. 식수로 사용해도 될 만큼 깨끗한 지하수가 수도꼭지에서 나온다고 설명해도 손님들 중 일부는 거부감을 갖게 된다. 손님들에게 거부감이 들만큼 익숙하지 않은 행동을 권하는 일은 가급적 피해야 한다. 만약 놀러온 손님들 중 배탈이 나거나 음식으로 인해 문제가 생겼을 경우 물 때문이라는 오해를 사지 않기 위해서라도 수도꼭지에서 흘러나오는 물을 그냥 받아 마시도록 해서는 안 된다. 손님이 오기 전에 지하수를 따로 받아 객실의 냉장고에 넣어두거나 물병을 펜션 카페나 관리실에 보관하고 있다가 전달해야 한다.

92

조식이 꼭
필요할까요?

"조식 서비스를 하면 예약률이 좀 더 높아질까요?" 이처럼 질문하는 분들이 꽤 많다. 하지만 조식 서비스는 소비자가 펜션을 선택하는 첫 번째 목적이 아니기 때문에 펜션 예약률에 큰 영향을 미치지는 않는다.

커플 여행을 떠날 때는 스파나 개인풀장 등 둘만의 시설이 완벽하게 갖춰진 펜션을 우선으로 찾아본다. 어린아이와 함께 가족여행을 준비하는 사람이라면 아이가 안전하고 즐겁게 놀 수 있는 펜션을 찾는다. 그리고 반려견과 함께 여행을 떠나길 원하는 사람은 반려견이 하루 잘 지내기 위한 편의시설이 잘 갖춰진 펜션을 선택한다. 이런 이유들이 펜션을 선택하는 첫 번째 목적이 된다. 이 원래의 목적만 해결된다면 조식 서비스는 있으면 좋고 없어도 그만인 서비스가 된다. 물론 작은 빵과 커피가 간단히 제공되는 조식이 아닌 매우 독특한 조식이 나오는 경우라면 모객에 좀 더 도움이 되는 홍보 무기가 될 수 있지만 실상 대단히 멋진 조식을 만들어내는 펜션은 많지 않다. 손님 상대하는 것만으로도 바쁜데 독특한 조식을 만드는 것은 쉽지 않으니 심사숙고해서 시작해야 한다. 조식 서비스는 펜션을 선택하는 첫 번째 이유가 아닌 부가

적인 서비스이기 때문에 필요 이상의 시간과 돈을 들여 투자하지 않는 것이 좋다.

여러 종류의 컵라면을 테이블 위에 가득 진열하고 그중에 선택해서 먹도록 하는 펜션도 있다. 오히려 이런 방식이 더 효율적이고 독특한 조식 제공 방법일 수 있다.

그리고 꽤 괜찮은 조식을 제공한다고 해도 조식에는 추가 비용을 부과하지 않는 것이 좋다. 소비자들은 아침식사는 간단히 해결하는 것이라고 인식하고 있다. 수년 전부터 아침과 점심을 한 번에 해결하는 '브런치'라는 단어만 봐도 그렇다. 간단히 하는 식사에 추가 비용을 들인다는 건 필요 이상의 지출이라고 생각할 수도 있기 때문이다. 그리고 대부분의 펜션은 아침 조식을 무료로 제공하고 있다. 만약 식사를 이용해 수익을 올리고 싶다면 이런 방식보다는 저녁 바비큐와 아침 식사를 모두 포함해서 제공하는 방식으로 매출을 올리면 된다.

93
객실 내에서
금연하게 할
방법은 없을까요?

방에서 담배를 피웠을 경우 한두 시간 안에 다음 입실할 손님이 전혀 눈치 채지 못할 정도로 냄새를 뺄 수 없다. 사실 이 부분은 좀처럼 해결하기 어려운 부분이다. 객실 내 금연을 지키도록 하는 건 꽤 어렵다. 그렇다고 손님들을 볼 때마다 잔소리를 할 것인가? 펜션 업주가 펜션에 방문한 손님들을 볼 때마다 금연해달라, 전기를 아껴달라, 바비큐장을 깨끗하게 써달라며 손님이 머무는 내내 이야기하는 경우도 있다. 물론 이런 방법은 손님들을 피곤하게 만드는 방법이고 좋은 반응이 나올 수가 없다. 그러니 처음 손님을 만나서 객실 안내를 할 때 객실 내 금연에 대해서 강조하며 직접 전달하는 것이 가장 좋다. 그리고 객실의 벽면에는 잘 보이는 곳에 금연 표시를 잘해둬야 한다. 이런 금연 표시를 할 때에는 훤히 보이는 넓은 벽면에 하기보다는 시선이 고정되는 공간에 붙여야 하는데 그런 공간은 이를테면 냉장고 문, 현관문, 화장실 화장지 걸이 위 등이다. 그 공간에 금연에 관한 내용을 적을 때에는 흡연 장소도 함께 소개해야 한다.

94

폭설 후 쌓인 눈 제거는 어떻게 할까요?

사계절이 명확한 우리나라는 계절별로 해야 할 일들도 참 많다. 여름에는 비에 대한 대비를 해야 하고 겨울에는 폭설에 대한 대비를 해둬야 한다. 강원도나 충북 지역 등 눈이 많이 오는 산지의 경우 제설 시스템이 매우 잘돼있어서 눈이 한번 내리고 나면 금방 대로변은 깨끗이 치워진다. 하지만 대부분의 펜션이 위치한 곳은 아파트 단지가 있는 도심이 아니기 때문에 수시로 대로에 차들이 지나다니면서 눈을 녹이지 못하고 금세 길이 얼어버린다. 특히 산 길 그늘이 진 곳은 쉽게 얼어 사고가 많이 나기도 하기 때문에 매우 조심해야 한다. 길이 익숙한 인근 거주자에게는 큰 문제가 아닐 수도 있지만 도시에서 주로 운전을 하고 시골 초행길인 손님들에겐 위험한 길이 될 수 있다. 그들은 어떤 구간이 위험한지 모르기 때문에 눈길 안전운전에 대한 부분을 꼭 전달하고 제설에도 대비해야 한다.

요즘에는 갑작스런 폭설이 내린 후 신고를 하지 않아도 쌓인 눈을 금세 잘 제거해준다. 하지만 집 앞 길이나 펜션 내의 마당 등은 펜션 운영자가 직접 제거해야 한다. 그래서 눈이 많이 내리는 지역의 펜션은 보통 제설기와 송풍기를 갖춰 눈에 대비하고 작은 트랙터까지 준비해놓는 곳들도 있다.

마치 잔디깎이처럼 생긴 제설기는 약 100만 원대부터 500만 원대까지 다양하며, 성능은 조금씩 차이가 난다. 기계마다 제설을 하는 땅의 특성을 타는 편인데 눈을 빨아들이기 때문에 펜션의 마당이 자갈로 된 곳보다는 잔디나 단단한 흙바닥에서 더 효과적으로 사용이 가능하고 단단한 콘크리트 바닥과 같은 곳에서 효과적으로 눈을 치울 수 있다.

● 송풍기

그리고 펜션을 운영하는 데 필수 장비인 송풍기는 40~80만 원대이고 약간의 눈이 쌓였을 때 바람으로 눈을 치우기에 매우 좋다. 이 장비는 눈을 치울 때 외에 낙엽을 치울 때에도 효과적으로 사용되기 때문에 펜션 관리에 매우 도움이 되는 장비다. 하지만 폭설이 내릴 때에는 제설기와 송풍기만으로는 해결이 안 되는 경우도 있다. 1 미터 이상 눈이 쌓이게 되면 결국 포클레인이나 트랙터와 같은 중장비로 눈을 치워야 하는데 그럴 때를 대비해 중장비 업체도 미리 알아둬야 한다.

　내가 아는 초보 펜션 사장은 몇 해 전 강원도 폭설 때 엄청난 눈이 내려 손님들과 함께 완전히 고립이 됐었다고 한다. 당시 이틀을 손님들과 함께 고립이 됐었는데 무엇보다 염려스러웠던 것은 식수와 음식이었다고 한다. 당시 펜션에는 3객실에 약 10명이 있었는데 먹을 음식이 없어서 펜션업주가 갖고 있는 음식을 꺼내 와서 조금씩 나눠 먹었다고 한다. 작년 여름에도 전국적으로 엄청난 비가 내렸고 강원도 일부에는 하루 정도 고립돼 불편을 겪었던 펜션들도 있었다. 이럴 때를 대비해서 펜션에는 간단히 먹을 수 있는 음식을 여분으로 준비해놓아야 한다. 라면이나 쌀 그리고 캔 음식이 보관하기가 좋다. 이 외에도 자동차 점프 스타터도 구비해 놓아야 한다. 여러 이유로 자동차가 방전이 된다면 점프 스타터를 써야 하는데 보험사 AS직원이 산골 깊은 곳까지 오는 시간을 기다려야 하는 번거로움을 조금이라도 줄일 수 있기 때문이다.

　펜션 사장이 당황해서 허둥거리는 모습을 보면 손님들은 더욱 불안해한다. 안 좋은 상황일지라도 원칙대로 척척 문제를 해결해나가는 모습을 보여주며 손님들을 안심시키는 것도 펜션 사장의 몫이다.

95

입실과 퇴실 시간은
몇 시로 해야
할까요?

얼마 전 가평의 한 펜션을 컨설팅하러 갔을 때 일이다. 그때 시간이 오전 10시 30분이었는데 펜션 사장이 손님이 투숙하는 펜션 문 앞에 가더니 문을 두드리며 퇴실 시간 됐으니 객실을 비워달라고 소리쳤다. 그리고 11시가 될 때까지 손님이 투숙하는 객실 문 앞에 가서 3번이나 퇴실을 하라고 소리쳤다. 당시 투숙했던 손님들은 나이가 어린 커플이었는데 만약 나이가 좀 있는 투숙객이었다면 아마 서로 언성을 높일 수도 있었을 것 같다. 펜션 객실은 손님이 구입한 시간만큼은 손님들의 것이다. 그리고 손님은 프라이빗한 공간이 필요해서 펜션을 선택한 것인데 퇴실 시간도 아니고 단지 퇴실 시간이 다가왔다는 이유로 문을 두드린다면 당연히 손님은 불쾌함을 느낄 것이다. 이런 상황을 방지하고자 입실시간을 조금 늘리더라도 퇴실 시간은 좀 여유 있게 정하는 것이 좋다.

일반적으로 많은 펜션들이 입실 시간을 오후 3시로 하고 퇴실을 11시로 하는데 펜션 입퇴실 시간은 정해진 것은 아니기 때문에 펜션업주가 펜션 이용 수칙을 정하면 된다. 그런데 펜션을 자주 이용해보지 못

했던 손님들은 당연히 입실은 오후 2시부터, 퇴실은 낮 12시라고 인지하는 경우도 있다. 2시 입실, 12시 퇴실은 사실 대부분 호텔에서 주로 설정한 체크인, 아웃 시간대다. 손님들이 이를 잘못 알고 있는 경우에 약간의 트러블이 발생하기도 하는데, 입퇴실 시간대 때문에 문제를 발생시키지 않도록 하려면 입퇴실 시간은 잘 보이는 곳에 표시하고 손님이 예약할 때 잘 전달해줘야 한다.

펜션에서 입퇴실의 여유 시간을 길게 정한 이유는 다음 손님이 오기까지 충분한 객실 세팅의 시간을 벌기 위해서인데, 만약 펜션 관리 인력이 충분한 펜션이라면 퇴실과 입실 시간은 조금 더 좁히는 것이 좋다.

96

펜션의 비품은
어떻게 구입해야
할까요?

꽤 오래전에는 오프라인 상점의 소매가격과 도매가격이 매우 큰 차이가 있었다. 그래서 펜션 창업자는 주방용품이나 화장지, 숯, 그릴 등을 구입할 경우를 대비해 좋은 상점을 알아 놓는 일부터 시작했다. 하지만 지금은 어떤 상품이라 할지라도 터무니없는 값으로 판매를 하는 곳들은 거의 없다. 인터넷 판매 때문이다. 수많은 업체들이 인터넷에서 경쟁을 하고 있고 하나라도 더 팔기 위해서 가격경쟁을 하고 있다. 네이버에 검색하면 가격별로 보기 좋게 소개된 것을 확인할 수 있다.

국내의 인터넷 쇼핑몰이 참 편리하지만 누구나 다 구입할 수 있는 상품은 차별화를 둬야 하는 펜션이 사용하기에 무리인 경우가 있다.

다른 펜션에서 갖지 못한 독특함은 큰 홍보 무기가 될 수가 있다. 그렇기 때문에 소품 하나하나에도 차별화된 독특한 것들을 사용하게 된다. 그래서 몇 가지 포인트가 되는 소품은 우리나라에서 구입하기보다는 해외 직구 사이트를 더 자주 이용하게 된다. 이베이나 타오바오 등의 물건들을 인터넷에서 살펴보면 정말 없는 게 없다. 우리나라의 인터넷 시장이 아무리 크다고 해도 해외 인터넷 쇼핑 사이트와 비교하면 초라할 정도다. 쇼핑할 거리가 풍부해 좋긴 하지만 이런 해외 쇼핑몰에서 물건을 구입할 때 항상 생각해봐야 할 것이 있다. 바로 관세다. 우리나라 관부과세 범위인 15만 원 이상이 넘게 되면 관세를 내야 하기 때문에 물건을 구입할 때는 관세를 계산하고 구입해야 나중에 예상치 못한 금액에 당황하지 않게 된다. 그리고 비품들을 대량 구매를 할 때에는 먼저 소량으로 구입한 후 테스트를 해야 한다. 필자도 그동안 많은 펜션들을 창업하는 데 도움을 주면서 수없이 많은 소품들을 쇼핑해봤다. 하지만 아직도 인터넷의 모습만 보고 구입했다가 실제 모습과 달라 당황한 적이 한두 번이 아니다. 여러 방법을 통해 제품이 사진과 실제의 모습과 같은지 잘 파악해보고 직접 사용해본 후에 대량 구매를 해야 한다.

97

펜션 주변
지역 모임에
가입해야 할까요?

각 지역에는 여러 단체가 만들어져있다. 지역 민박협회, 지역 펜션연합회, 조합 등 다양한 명분으로 만들어진 단체들의 목적은 단합을 위한 이유도 있지만 결국 펜션 사업을 잘하기 위한 하나의 목적을 갖고 있다. 그러니 당연히 가입하는 것이 좋다. '인터넷으로 펜션 사업에 대한 동향을 알아보면 되지 않을까?' 하고 생각하는 이들도 있겠지만 지역의 세세한 동향까지 인터넷으로 살펴보는 건 쉽지 않다.

최대한 펜션 사업에 대한 동향과 정보를 얻는 폭을 넓혀야 한다.

실제로 펜션 사업자들과 대화를 나누다 보면 펜션 사업에 대한 최신 정보들을 모임에서 들었다고 하는 이들이 꽤 많다. 예로 나는 전국의 지자체나 단체에서 강연을 하고 있고 특히 가평군 농업기술센터에서는 벌써 10년째 강의를 하고 있다. 한 기수에 100여 분 정도이니 벌써 1,000명 가까이 내 강의를 듣고 있다. 내가 직접 발품을 팔아 전국을 다니며 얻은 정보를 이분들에게 제공하고 있는 것이다. 그리고 단체 내에도 펜션 운영을 매우 잘하는 분들이 항상 있다. 그런 분들과 가까워지면 어디서도 들을 수 없는 좋은 정보를 하나씩 듣고 배울 수 있게 된다. 그러니 이러한 모임은 되도록 많이 가입하고 활동하면 할수록 펜션 사업의 정보는 풍부해진다.

● 양평군 펜션협동조합 초청 강연 중인 김성택 작가

몇몇 펜션 운영자는 펜션을 멋지게 만들어놓고 나면 펜션 사업을 위한 완성을 시켰다고 생각하는 이들도 있다. 하지만 펜션 사업은 오픈 직후부터가 시작이다. 펜션을 계속 발전시키고 영업을 위한 소스를 계속 주입해야만 잘 운영될 수 있다. 이 외에도 필자가 운영하는 네이버 카페 〈대박 펜션의 비밀〉은 펜션 사업을 잘하기 위한 노하우를 배우고 정보 교환을 하고 필자에게 컨설팅을 받기 위한 공간으로 사용되고 있는데, 이 모임만 해도 4,500명이 넘는 수가 활동하고 있다. 전국의 펜션이 3만 개 정도가 있는데 그중 4,500명이 넘는 수가 활동하고 있으니 〈대박 펜션의 비밀〉 카페에 얼마나 많은 사람들이 모여 있는지 짐작해볼 수 있다. 이렇게 열심히 활동하는 사람들 사이에서 혼자의 힘으로 펜션 사업이라는 어려운 문제를 풀어간다는 것은 쉽지만은 않을 것이다.

펜션의 대부분 업무는 혼자 또는 부부가 함께 하는 경우가 많고 펜션이 위치한 곳은 도심이 아닌 시골 한적한 곳에 위치한 경우가 많기 때문에 정보의 교류가 많지 않다. 외부의 목소리를 듣기 위해서는 온라인, 오프라인을 막론하고 다양한 채널에 귀 기울여야만 한다.

● 정기적으로 모임을 갖고 활동하는 〈대박 펜션의 비밀〉 카페 회원들. 수준 높은 펜션을 운영하고 있음에도 열심히 공부하는 펜션 사장들은 너무나도 많다

98

CCTV 설치 꼭
필요한가요?

넓은 공간에 주차를 여러 대 넉넉히 할 수 있는 펜션이라면 상관없지만 작은 펜션의 경우 넉넉지 않은 주차 공간에 차량을 다닥다닥 붙여서 주차를 해야 한다. 복잡한 주차장에서 주차를 할 때 또는 아이들의 실수로 차량이 파손될 때 시시비비를 가릴 증거는 오직 CCTV밖에 없다. 예전에 필자의 지인이 운영하는 펜션에서 손님의 차량 일부가 밤새 파손이 된 일이 있었다. 산속이라 외부 사람이 와서 사고를 냈을 리는 없고, 투숙객 중 누군가 사고를 내고 간 것인데 도저히 밝혀낼 수가 없었다. 결국 주차장 관리 소홀로 펜션업주가 파손 정도에 따른 손해배상을 해준 적이 있었다. 이런 일을 당하지 않으려면 주차장을 비추는 CCTV는 꼭 설치해야 한다. 하지만 아직도 작은 펜션은 보안 카메라가 없는 경우가 더 많다. 하지만 CCTV는 큰 펜션이든 작은 펜션이든 꼭 설치하기를 권한다. CCTV는 도난 방지 등 보안을 더 강화하기 위함이 목적이 우선이지만 사실 수퍼 '을(乙)'인 펜션 사장을 위한 최소한의 안전장치라고 생각해야 한다. 최근에 뉴스를 보면 펜션에서 일어난 안 좋은 사건 사고를 많이 접하게 된다. 항상 그런 뉴스를 보면서 느끼지만 모든 사고의 발단이 마치 펜션 측의 잘못으로 비춰지는 것 같아 안타깝다. 고객에게 치이고 정책에 치이고 정말 수퍼 '을(乙)'이다. 억울한 상황에 피해액을 전면 보상하거나 모든 책임을 이유도 모르고 뒤집어쓰길 원치 않는다면 최소한의 안전장치인 CCTV를 설치하고 펜션을 운영해야 한다. 나는 지금까지 펜션 사장들이 당했던 억울한 상황을 많이 접해왔다. 최소한 이 책을 읽은 나의 독자들은 억울한 상황에 놓이는 일이 없길 바란다.

99

폐업과 매각을
잘하려면 어떻게
해야 할까요?

"제가 계획했던 대로 좋은 가격에 펜션을 팔게 됐습니다" 작년 가을
에 나에게 컨설팅을 받았던 평창의 펜션 사장님이 어제 전화를 해왔다.
그분은 작년 가을 부모님이 운영하던 펜션을 받아 리모델링을 하고 영
업을 한 후에 펜션을 활성화시켜 좋은 가격에 판매할 목적을 갖고 있었
다. 쉽지 않은 과정이었지만 합리적인 리모델링 비용과 적극적인 광고
로 많은 이들에게 관심을 받게 됐고 결국 좋은 가격에 펜션을 매각하게
됐다. 펜션이 거래되기가 참 힘들다고는 하지만 이처럼 좋은 거래가 되
는 펜션들은 생각보다 많다.

나는 유튜브(김성택 TV), 네이버 카페(대박 펜션의 비밀), 네이버 블로
그(대박 펜션의 비밀) 등의 여러 채널을 갖고 있고 펜션에 관한 많은 책
을 집필했기 때문에 항상 주변에 펜션을 매수하려는 분들과 매도하고
자 하는 분들을 자주 접하고 있다. 그래서 그들을 꽤 많이 이해하고 있
다고 생각한다.

거래 시 매수자가 가장 궁금해하는 것은 매수할 펜션의 매출이다. 매
출만 확실히 보인다면 지금처럼 부동산 경기가 안 좋을 때에도 거래는

이뤄진다. 그래서 지금까지 매매가 잘된 펜션을 보면 매매 직전까지 영업을 활발하게 하던 펜션들이 거래가 잘 이뤄진다. 어떤 이들은 펜션을 닫아 놓은 상태로 다른 일을 하면서 부동산에 펜션을 내놓는 경우도 있다. 하지만 이런 경우는 거래가 쉽게 이뤄지지 않는다. 펜션을 매각하고 싶다면 매매 직전까지 활발하게 영업활동을 하는 것이 중요하며, 펜션 매수자가 관심있게 펜션을 볼 수 있도록 영업이 잘되는 펜션으로 보이도록 연출하는 것도 중요하다. 네이버 예약에는 계속 예약이 들어오고 홈페이지 질문 게시판에는 질문과 후기글이 넘쳐난다면 매수자는 큰 매수 금액을 치르는 것에 대해 좀 더 신뢰하고 안심하게 된다.

이름을 밝힐 수는 없지만 펜션 창업 단계부터 나를 찾아와 펜션 매각을 염두에 하고 있으니 펜션 매수에 관심 있는 분들이 더욱 만족할 수 있도록 컨설팅을 해달라고 찾아오는 이들도 여럿 있다. 물론 그런 계획을 갖고 매각 작업을 하신 분들의 펜션은 대부분 매매가 잘됐다. 매도 전략이 있었기 때문이다.

이제 폐업은 어떤 방식으로 하고 필요한 사항들은 무엇이 있는지 간단히 알아보자.

「공중위생관리법」에 따른 펜션을 폐업하려면 숙박업을 폐업한 날부터 20일 이내에 시장, 군수, 구청장에게 폐업을 신고해야 한다. 폐업신고를 하려면 '숙박업폐업신고서'를 제출해야 한다. 이를 위반해서 폐업신고를 하지 않으면 300만 원 이하의 과태료가 부과된다.

「관광진흥법」에 의해서 관광 편의시설업의 지정을 받아 운영한 관광펜션업을 폐업할 경우에는 폐업한 날부터 30일 이내에 시장, 군수, 구청장에게 폐업신고를 통보해야 한다. 폐업 통보를 할 때에는 '관광사업 휴업 또는 폐업통보서'를 제출해야 한다.

사업을 시작하기 위해 '사업자등록'을 내야 하듯이 폐업을 하려면 '사업자도 폐업신고'를 해야 한다. '부가가치세법'에 의해 등록된 사업자를 폐업하려면 사업장 관할 세무서장에게 사업자폐업신고를 해야 한다. 신고 시 필요 서류는 폐업신고서, 사업자등록증, 폐업신고확인서다.

작가님,
어떻게 펜션 컨설팅을 하는
직업을 갖게 됐나요?

많은 분들이 나의 직업을 매우 신기해하고 궁금해한다.

"어떻게 이런 일을 하게 된 건가요? 당시엔 펜션이 지금처럼 치열하게 경쟁하던 시절도 아니었을 텐데요."

맞다. 내가 처음 이 일을 하게 된 14~15년 전에는 마케팅이라는 단어도 생소했고 인터넷이 있었지만 여전히 발로 뛰는 고전적인 영업 방법이 강세였다. 당시엔 인터넷을 활용한 마케팅 방법이 조금씩 커지고 있는 시기였다.

나는 20대 후반부터 해외의 유명 호텔이나 리조트를 국내에 마케팅하는 일을 해왔다. 여기까지만 들으면 젊었을 때부터 참 대단한 일을한 사람처럼 보인다. 하지만 실상은 그렇지 않다. 변변치 않은 작은 여행사 몇 곳을 전전하며 초년 사회생활을 시작하다 운 좋게 호텔과 리조트 마케팅 일을 한 것이다.

사실 좋게 말해 마케팅이지 경력도 많지 않은 20대인 나에게 주어진 영업은 그저 맨땅에 헤딩하기 영업이 거의 대부분이었다. 당시엔 고생을 정말 제대로 했다. 여행과 호텔 광고를 하기 위해 글을 쓴 후 기자들에게 연락을 했고 조르고 졸라 기사를 신문이나 잡지 등에 올리기도 했다. 그리고 직장 생활의 대부분 시간은 길거리에서 보내야 했다.

비가 오나 눈이 오나 폭염이거나 상관없이 엄청난 양의 리조트 브로슈어를 들고 나와 서울 일대를 다 돌았다. 럭셔리한 호텔이나 리조트로 여행을 할 가능성이 큰 고객들은 신혼여행자들이었기 때문에 결혼 관련 업체들을 공략했다. 당시 나는 웨딩홀, 웨딩컨설팅 업체, 한복집, 드레스숍, 웨딩전문 포토 스튜디오까지 발품을 팔아가며 안 들어간 곳이 없었다. 그리고 업체 담당자나 사장님들 앞에서 내가 근무하는 회사에서 판매하는 호텔이나 리조트를 수 없이 설명하고 설득하는 말을 수 없이 되풀이 했다. 땀에 젖을 걸 대비해서 출근할 때 와이셔츠를 두 벌을 챙겨 나가기도 했다. 그리고 나는 특히 비 오는 날을 좋아했는데 홀딱 비를 맞고 거래처 사무실로 들어가면 안쓰러운 마음에 따뜻한 커피라도 주며 나에게 시간을 좀 더 내어줬기 때문이었다. 결국 나는 일반적인 영업 사원들보다 더 많은 사람들을 만나서 내 상품을 소개하게 됐고 그 시간만큼 럭셔리 호텔에 대해서 공부하게 됐다. 그리고 많은 사람들에게 상품을 판매하다 보니 소비자들이 무엇을 원하는지를 더 명확하게 알게 됐다. 소비자들이 무엇을 원하는지 알게 됐다는 확신을 갖게 된 이후부터는 회사의 매출은 더욱 높아지게 됐고 내 활동 범위가 좀 더 커지게 됐다.

영업에 경력을 쌓은 이후엔 사진작가, 기자들과 함께 해외의 유명 호텔들을 시찰하며 호텔에 관한 글을 썼다. 내가 쓴 글은 여행 관련 잡지, 신문에 기고가 됐고, 당시 경쟁사에서도 광고를 할 때엔 나에게 글을 써달라며 의뢰를 하게 됐다. 당시에는 지금보다 더 많은 여행 관련 잡지들이 있었고 구독자들도 꽤 많이 있어서 내가 쓴 글로 인해 마케팅을 한 호텔, 리조트가 빛을 발할 때도 있었다.

무식하면 용감하다고 했던가? 난 당시 자신감에 넘쳐있었다. 유명 연예인 중 누군가가 결혼을 한다는 소식을 들으면 일면식도 없지만 바로 연예인을 수소문해 찾아가서 완벽한 신혼여행을 보내줄 테니 나에게 허니문을 맡기라고 권하기도 했다. 유명 연예인에게 스폰서 비용 하나 없이 그냥 무식할 정도로 밀어붙였다. 사실 당시에 스폰서 비용도 없이 이런 식으로 유명 연예인들을 섭외하는 영업사원들은 없었다. 일반적으로 연예인 섭외 방식은 지인을 통해 매니저나 기획사 사무실로 전화를 하거나 협조 메일 등을 먼저 보내는 방식이었다. 하지만 당시 나는 자신감도 있었지만 절박함에 되든 안 되든 부딪혀보자는 심산이었기 때문에 앞뒤 안 가리고 뛰어들었던 것이다. 이렇게 연결된 연예인 부부와 함께 신혼여행을 떠났고 동행한 사진 기자와 함께 연출한 사진을 국내의 여러 매체에 배포했다. 이런 작업으로 인해서 아직도 가깝게 지내는 유명 연예인 친구들이 많이 생기기도 했다.

맨땅에 헤딩하기식 영업부터 유명인 섭외, 언론사 배포 등의 작업을 열심히 하던 중 내가 소속된 회사는 점차 좋은 매출을 내기 시작했고 나는 회사를 나와 독립을 하게 됐다. 그리고 오래전부터 알고 지내던 경쟁사에서 나를 고용해 나에게 해외 호텔 마케팅 일을 맡기기 시작했다. 그리고 나는 그때부터 본격적으로 해외 호텔 인스펙션(시찰)을 시작하게 됐다. 해외의 호텔 시찰은 당시부터 지금까지 약 15년 동안 지속하게 됐다. 전 세계 휴양지에서 직접 투숙한 5성급 이상의 호텔이 약

200여 곳이 됐고, 시찰을 한 호텔은 약 800곳이 넘는다. 물론 지금도 매번 바쁜 시간을 쪼개서 해외 휴양지에 있는 호텔이나 풀빌라를 시찰하고 있다. 그리고 펜션을 컨설팅할 때마다 직접 답사를 다녀오고 있으며 십여 년간 컨설팅한 펜션만 약 600여 개가 넘는다.

수백 개의 해외 호텔, 풀빌라와 수백 개의 펜션을 돌아보며 쌓은 경험

젊은 시절 고생도 많이 했지만 수많은 호텔과 풀빌라를 접해본 경험은 누구나 쉽게 따라올 수 없는 값진 경험을 했다고 자부한다. 우리나라의 펜션 디자인이나 호텔, 리조트의 좋은 디자인들은 자체적으로 만들어졌다기보다는 해외의 유명 호텔들의 아이템을 벤치마킹한 것들이 많다. 보통 내가 국내의 펜션의 컨셉을 잡을 때도 해외의 유명 휴양지의 호텔이나 리조트에서 힌트를 얻어 국내 펜션에 접목하는 경우가 많기 때문이다.

나름 젊은 시절 바쁘게 잘 살아왔다고 생각한다. 하지만 이 글을 쓰며 내 과거를 돌아보니 '젊은 놈이 고생 하나는 제대로 했구나' 하는 생각이 든다.

펜션에 대한 일을 시작한 건 약 15년 전쯤으로 내가 회사를 나와 독립했을 무렵이다. 경기도청에서 가장 먼저 나에게 연락을 해왔는데, 당시 내가 휴양지와 리조트에 관해 쓴 칼럼을 보고 연락해 왔다고 했다. 당시 경기도청의 교육 담당자는 당시 나에게 이렇게 말을 했다. "펜션 사업 붐이 일어나기 시작해서 펜션들이 많이 생겨나고 있습니다. 누군가 방향을 잡아줘야 할 거 같은데 이 분야에 전문가이니 경기도에서 강의를 한번 해주세요."

그 제안을 듣고 나는 이렇게 생각했다.

'외국의 좋은 호텔을 우리나라 사람들에게 소개하는 것이나, 국내의 좋은 호텔이나 펜션을 우리나라 사람들에게 소개하는 것이나 다를 게 없다!'

나는 강의 요청에 흔쾌히 응했고 몇 번의 강의를 마치고 나니, 서울시청부터 시작해 남쪽의 여수시청까지 다양한 지역에서 나에게 강의를 요청해 오게 됐다. 지자체, 민간 기업, 민간 모임까지 정말 많은 강의를 하게 됐다. 이전에 군 단위 지역에서 강의를 한 일이 있었는데, 나의 3시간짜리 강연을 위해 군에서 집행한 예산이 2,000만 원이었고 지역 의원님들과 군수님까지 총출동한 적도 있었다. 그리고 강의가 시작되기 전 군수님이 나를 찾아오셔서 지역 발전을 위해 좋은 강의를 부탁한다고 말하고 떠났다. 너무나도 부담스러웠다.

'대단치도 않는 나를 위해 이렇게까지 할 필요가 있나?' 하는 생각에 약간은 불안한 마음도 들었지만 '이젠 내 이름이 알려질 대로 알려졌구나!' 하고 생각하니 스스로 뿌듯하기도 했다. 그리고 강의와 칼럼 그리고 내 책을 통해 나를 찾아온 펜션 사업자들을 한 분 한 분 컨설팅을 맡아 대박 펜션으로 만들면서 내 이름이 더 알려지기 시작했다.

어제 강원도 홍천에 새로 펜션을 짓는 분이 나에게 이런 질문을 했다.

"인터넷에서 찾아보니 선생님처럼 활동하는 사람들이 없던데 경쟁자가 없어서 좋으시겠어요" 하지만 그건 모르는 말씀이다. 그동안 많은 사람들이 내가 하는 이러한 컨설팅 일을 하려고 나를 흉내 내려 했던 걸 잘 알고 있다. 대부분은 광고 대행사에서 나를 벤치마킹해서 영업을 했다. 그들은 펜션을 마케팅해준다는 명목으로 전문가 행세를 한 경우가 참 많았는데 그중 몇 몇은 내가 열심히 쓴 소중한 글을 훔쳐서 본인들 홈페이지에 무단으로 올리기까지 했던 일도 있었다(물론 처벌 대상이므로 법적 대응을 하겠다는 경고 이후 모두 삭제됐다).

하지만 호텔이나 리조트, 펜션을 보는 눈을 키우지 못하고 몇 가지 인터넷 마케팅 방법을 내세워 펜션 사업자들에게 전문가 행세를 하던 그들은 결국 오래 버티지 못하고 대부분 사라지게 됐다. 그래서 나는 요즘 젊은 시절 고생했던 지긋지긋했던 시간들이 너무나도 소중하게 느껴진다. 소비자를 설득시키기 위해 떠들었던 수많은 영업 자리와 객실 하나라도 더 팔겠다고 기고했던 수많은 글들 그리고 십여 년이 넘는 시간 동안 해외의 유명 호텔과 풀빌라들을 시찰하고 공부한 시간들 모두 소중하게 느껴진다. 그리고 내가 고생하며 얻은 지식을 나의 독자와 클라이언트들에게 아낌없이 전달하고 있다.

나는 그렇게 이 일을 시작하게 됐다.

지금까지 펜션의 창업, 운영, 관리, 폐업까지 간단히 알아봤다. 이처럼 펜션 사업에 알아야 할 질문을 100가지나 뽑아 소개한 이유는 필자가 운영하는 네이버 카페와 유튜브 채널에서 가장 많이 받았던 질문이기 때문이다. 그 외에 다른 이유는 그만큼 이 사업이 만만치 않고 알아야 할 것들도 많다는 것을 소개하고 싶었기 때문이다. 물론 펜션을 하기 위해서는 이 책에서 소개한 내용보다 더 많은 것들을 익혀야 한다. 이제 민박업, 숙박업은 이전처럼 주먹구구식으로 오픈해서 운영하는 시대는 오래전에 지나가버렸다. 창업 초기부터 완벽한 계획이 필요하며 확실한 사업 계획이 없다면 쉽게 접근해선 안 되는 어려운 사업이 된 것이다.

예전에는 펜션 사업자들에게 조언을 할 때에는 가급적 감정을 담지 않으려고 노력했고 명확한 답을 전달하면 그걸로 끝이라고 생각했다. 하지만 이 일을 한 해, 두 해 벌써 15년 가까이 해오다보니 컨설팅을 받기 위해 내 앞에 앉아 있는 분들의 마음을 좀 더 이해하게 됐다. 내가 이렇게 이야기할 수 있는 이유는 나도 펜션을 직접 운영하고 있는 수많은 펜션 사업자 중 한 명이기 때문이다.

펜션 사업의 목적은 제각각일 수밖에 없다. 펜션 사업으로 월 1,000만 원 이상의 이익을 만드려는 사람도 있고, 월 2~300만 원만 벌어도 전원생활이 좋아서 펜션 사업을 하는 경우도 있다. 모두 숙박업이라는 틀 안에서는 동일한 서비스를 판매하는 것은 맞지만 펜션 사업에 필요한 땅, 건축 디자인, 광고 기획 모두 제각각이다. 펜션 사업을 처음 시작하는 사람들 대부분은 이 차이를 모르고 시작하는 경우가 많다. 이 책이 펜션 사업을 시작하는 데 길잡이 역할을 해줄 수 있길 바라며 글을 마친다.

김성택 작가는 유튜브 채널(김성택 TV)과 네이버 카페(대박 펜션의 비밀)를 통해 펜션 컨셉을 잡는 방법부터 광고 방법까지 모두 공유하고 있으니 이 채널에서 도움을 받을 수 있다.

**나는 펜션 창업으로
억대 연봉 사장이 되었다**

제1판 1쇄 발행 | 2019년 5월 1일
제1판 2쇄 발행 | 2022년 4월 15일

지은이 | 김성택
펴낸이 | 유근석
펴낸곳 | 한국경제신문*i*
기획 · 제작 | ㈜두드림미디어

주소 | 서울특별시 중구 청파로 463
기획출판팀 | 02-333-3577
E-mail | dodreamedia@naver.com(원고 투고 및 출판 관련 문의)
등록 | 제 2-315(1967. 5. 15)

ISBN 978-89-475-4473-3 (03320)

**책 내용에 관한 궁금증은 표지 앞날개에 있는 저자의 이메일이나
저자의 각종 SNS 연락처로 문의해주시길 바랍니다.**

책값은 뒤표지에 있습니다.
잘못 만들어진 책은 구입처에서 바꿔드립니다.